"十三五"江苏省高等学校重点教材
（编号：2017-1-130）

U0689045

信号
与系统分析

第3版。微课版。支持H5交互

解培中 魏昕 周波◎编著

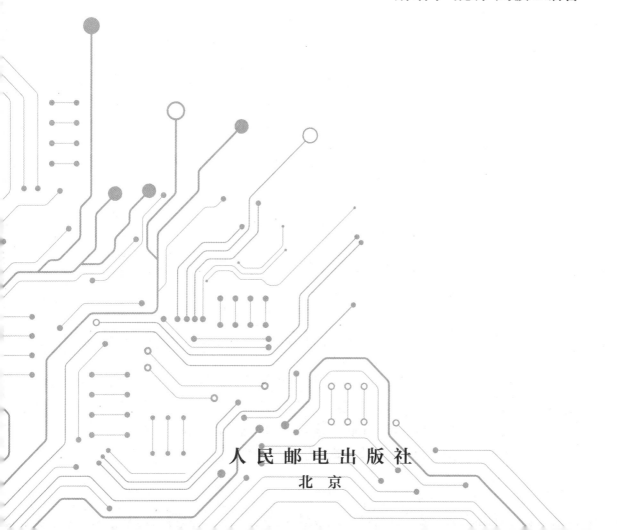

人民邮电出版社
北京

图书在版编目（CIP）数据

信号与系统分析 : 微课版 : 支持 H5 交互 / 解培中,
魏昕, 周波编著. -- 3 版. -- 北京 : 人民邮电出版社,
2025. -- (新工科电子信息类新形态教材精品系列).
ISBN 978-7-115-67957-4

Ⅰ. TN911.6
中国国家版本馆 CIP 数据核字第 2025ZB9392 号

内 容 提 要

本书系统介绍了信号与系统的基本概念、基本理论和基本分析方法。本书共分为 7 章，主要内容包括信号与系统的基本概念，连续时间信号与系统的时域分析，离散时间信号与系统的时域分析，连续时间信号与系统的频域分析，连续时间系统的复频域分析，离散时间信号与系统的变换域分析，连续时间系统的状态变量分析法。

本书取材合适，难度适中，引入大量工程应用案例，可作为"信号与系统"相关课程的教材，也可作为相关领域工程技术人员的参考用书。

◆ 编　著　解培中　魏　昕　周　波
　　责任编辑　徐柏杨
　　责任印制　胡　南

◆ 人民邮电出版社出版发行　　北京市丰台区成寿寺路 11 号
　　邮编　100164　　电子邮件　315@ptpress.com.cn
　　网址　https://www.ptpress.com.cn
　　三河市君旺印务有限公司印刷

◆ 开本：787×1092　1/16
　　印张：15　　　　　　　　　　2025 年 8 月第 3 版
　　字数：423 千字　　　　　　　2025 年 8 月河北第 1 次印刷

定价：56.00 元

读者服务热线：(010) 81055256　印装质量热线：(010) 81055316
反盗版热线：(010) 81055315

第 3 版前言

我们正处在一个信息化的时代，在日常生活和工作中都离不开信息，需要对各种信息进行获取、存储、传输和处理。信号与系统的理论正是人们对信号传输和信号处理等工程实际问题进行科学抽象和理论概括后形成的理论。随着现代科学技术的发展，信号与系统的理论正在不断地被丰富和完善。

信号的理论包括信号分析、信号处理和信号综合，系统的理论包括系统分析和系统综合。本书只讨论信号与系统的分析。"信号与系统分析"作为一门基础课程，在通信工程等专业的系统学习中起着承上启下的作用。

本书共 7 章，具体内容如下。

第 1 章介绍信号与系统的基本概念，内容包括信号的描述与分类、系统的描述与分类、信号与系统分析概述。

第 2 章介绍连续时间信号与系统的时域分析，内容包括典型的连续时间信号、连续时间信号的基本运算、信号的时域分解、连续时间系统的零输入响应、连续时间系统的冲激响应、连续时间系统的零状态响应、连续时间系统的全响应、时域卷积的应用案例。

第 3 章介绍离散时间信号与系统的时域分析，内容包括典型的离散时间信号、离散时间信号的基本运算、离散时间系统的零输入响应、离散时间系统的单位脉冲响应、离散时间系统的零状态响应、离散时间系统的全响应、离散时间系统建模应用案例。

第 4 章介绍连续时间信号与系统的频域分析，内容包括傅里叶级数的形成历史回顾、周期信号分解为傅里叶级数、周期信号的频谱、非周期信号的频谱密度函数——傅里叶变换、傅里叶变换的性质及其应用、希尔伯特变换及小波变换简介、取样信号的频谱、连续时间系统的频域分析、信号的无失真传输和滤波器、频域分析应用案例。

第 5 章介绍连续时间系统的复频域分析，内容包括拉普拉斯变换、拉普拉斯变换的性质、拉普拉斯反变换、连续时间系统的复频域分析方法、系统函数、连续时间系统的模拟、拉普拉斯变换的应用案例。

第 6 章介绍离散时间信号与系统的变换域分析，内容包括 Z 变换、Z 变换的性质、Z 反变换、离散时间系统的 Z 变换分析、离散时间系统的系统函数与系统特性、离散时间系统的模拟、离散时间傅里叶变换与离散时间系统的频率响应特性、离散时间系统设计分析应用案例。

第 7 章介绍连续时间系统的状态变量分析法，内容包括状态变量分析法概述、构建连续时间系统的状态方程、连续时间系统的状态方程的复频域求解。

随着数字化时代的到来，信息技术的迅猛发展对教育的方式和内容提出了新的要求。作为现代教育的重要组成部分，教材不应仅是学习知识的载体，更应当成为培养创新思维、解决实际问题的重要抓手。为了适应这一变化，本书对第 2 版内容进行了修订，在理论知识的基础上，新增了丰富的数字资源和应用案例，旨在为读者提供更加直观和生动的学习体验。本书新增多种形式的数字资源，包括互动学习工具、课程讲解视频和习题讲解视频等。这些资源的加入，使得读者不仅能够通过纸质书籍进行传统学习，更能通过数字化手段拓展学习的深度和广度，掌握更多实践导向的知识与技能。应用案例方面，本书特别加入了涵盖多个领域的案例分析，涉及通信技术、控制理论、神经网络、数学计算、经济等多个重要领域。这些案例在相应章的最后进行详细阐述，帮助读者将理论知识与实际问题结合，拓展他们的实际应用能力。通过这些案例，读者不仅能够更好地理解所学知识，还能在面对实际挑战时，运用所学技能提供解决方案。

修订后，与同类书相比，本书具有以下特色。

（1）反映本学科国内外科学研究和教学研究的先进成果。例如，本书在频域分析部分引入了频谱的有效性和认知无线电等科学前沿知识；在取样定理部分介绍了基于信号的稀疏性质建立的信号采样新理论——压缩感知，还引入了小波变换的介绍；在第 2 章~第 6 章增加了相应分析方法在科学和工程领域方面的应用，进一步拓展了与课程相关的方法论。

（2）符合人才培养目标及教学要求，取材合适、难度适宜。本书将一般的信号与系统教材中关于电路的部分单独列为一节，作为教学中的可选内容。国内的信号与系统教材通常基于电路分析的基础编写，而目前信号与系统的概念越来越超出电路范畴，所以，本书中许多概念的引入脱离了电路分析，不要求读者具备电路分析的基础。本书将系统的零输入、零状态响应分开阐述，能更好地满足不同层次和不同专业的读者的学习需求。

（3）具有鲜明的"以读者为本"的特色。本书采用先时域后变换域的顺序，以连续时间和离散时间信号与系统相对照的方式编写，介绍信号与系统的基本概念、基本理论、基本分析方法及其在通信和信号处理领域中的应用；从读者熟悉的生活场景引入新的概念；在需要复习原有知识时编写了"知识回顾"部分，每章结束有"思考题"，从加深概念角度引导读者加强思考，符合认知规律，富有启发性，便于学习，有利于激发读者的学习兴趣。

（4）建设多种新形态资源，有效降低学习难度。本书针对重要知识点录制了微课，并设置了若干处 H5 交互内容，用于动态呈现抽象的知识点，或完成相应的练习。读者扫描书中名为"H5 交互：……"的二维码，选择在浏览器中打开，并设置浏览器缩放为 50%左右，即可使用 H5 交互。

值得一提的是，与本书对应的数字教材《信号与系统分析》已正式出版，并荣获江苏"十四五"普通高等教育本科规划教材。

本书由解培中、魏昕、周波编著。在编写本书的过程中，南京邮电大学教务处和通信与信息工程学院的各级领导给予了编者很多帮助与支持，对本书提出了不少有益的建议。信号与系统基层教学组织成员张翠芳、岳文静、李汀、石胜男、孔凡坤等老师编写了部分应用实例，在此表示衷心感谢。

本书虽然经多次讨论并反复修改，但由于编者水平所限，书中难免有不妥之处，欢迎广大读者提出宝贵意见。

编者
2025 年 2 月

目　录

第 1 章
信号与系统的基本概念

本章主要内容

　　本章作为全书的基础，重点介绍信号与系统的定义、描述、分类及基本特性，简要介绍信号与系统分析的基本内容与方法信号与系统理论应用，以使读者对信号与系统理论的全貌、本质内涵和学习方法有一个大致的了解。

1.1 信号的描述与分类

信号的描述
与分类

1.1.1 信号的定义与描述

　　我们每天都在接触形形色色的信号，如鸣笛声、交通灯、心电图等，那么，什么是信号呢？

　　严格地说，信号是传递信息的载体，是变化的物理量。在数学上，信号可以表示为含有一个或多个变量的函数。例如，图 1-1-1 所示为鸟鸣信号的波形，是空气压力随时间而变化的函数 $f(t)$；图 1-1-2 所示为静止的单色图像，是亮度随空间位置而变化的函数 $b(x,y)$；而活动的单色图像是亮度随空间位置和时间而变化的函数 $b(x,y,t)$。

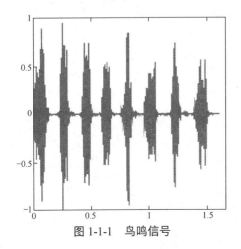

图 1-1-1　鸟鸣信号

图 1-1-2　静止的单色图像

常见的信号有声音信号、光信号和电信号，其中电信号的应用最为广泛。在学习本书的过程中，一般情况下，读者可以把遇到的"信号"理解为随时间变化的电压或电流（也可以是电荷或磁通）信号。信号随时间而变化，所以在数学上可用时间 t 的函数 $f(t)$ 来表示信号。因此，"信号"与"函数"这两个名词在本书中常常通用。

信号的特性可以从时域和频域两个方面进行描述。

时域特性是指信号的振幅随时间变化的情况，具体表现为出现的起始时刻、持续的时间、变化的快慢、重复的周期等。

从频域分析的角度来看，现实中存在的信号都可以看作由许多不同频率的正弦信号叠加而成。频域特性就是指构成实际信号的各正弦分量的振幅和初相随频率变化的情况。

信号既可以用函数解析式表示，也可以用波形或频谱表示。

1.1.2　信号的分类

我们可以从不同的角度对信号进行分类。

1. 确定信号与随机信号

按照信号振幅的确定性划分，信号可以分为确定信号与随机信号。

确定信号指能够用确定的时间函数表示的信号，在定义域内的任意时刻都有确定的函数值。图 1-1-3（a）所示的正弦信号就是确定信号的一个例子。

随机信号也称为不确定信号，它不是确定的时间函数，在定义域内的任意时刻没有确定的函数值。图 1-1-3（b）所示混有噪声的正弦信号就是随机信号的一个例子。它无法用确定的时间函数来描述，也无法根据过去的记录准确地预测未来情况，而只能用统计规律进行描述。

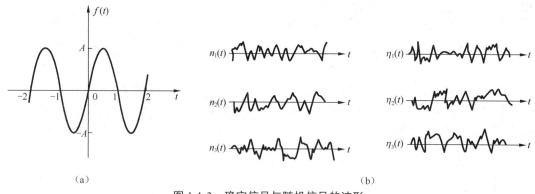

图 1-1-3　确定信号与随机信号的波形

2. 连续时间信号与离散时间信号

按照自变量取值的连续性划分，信号可以分为连续时间信号与离散时间信号。

连续时间信号在数学上可以表示为连续时间变量 t 的函数 $f(t)$，简称连续信号，其特点是在除了若干个间断点之外的任意时刻都有定义。其中，振幅可以在一定范围内任意取值的连续时间信号称为模拟信号，如图 1-1-4（a）所示；振幅只能取分度值的整数倍的连续时间信号称为量化信号，如图 1-1-4（b）所示，如数字电压表所测得的信号就是量化信号。

离散时间信号简称离散信号。它只在离散的时刻上才有定义，是离散时间变量 t_k 的函数，可以看作对连续信号进行理想抽样的结果。通常抽样的间隔时间 T 是均匀的，即 $T = t_{k+1} - t_k$ 为常量，故可以用 $f(kT)$ 来表示离散时间信号，简写为 $f(k)$。离散变量 k 取整数，可以不限于代表时间。图 1-1-4（c）和图 1-1-4（d）所示均为离散时间信号，其中，图 1-1-4（d）所示信号的振幅也是量化的，称为数字信号。

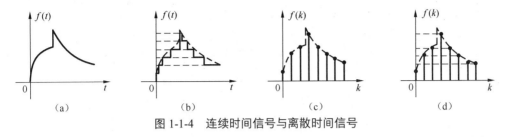

图 1-1-4　连续时间信号与离散时间信号

3．周期信号与非周期信号

按照信号的重复性划分，信号可以分为周期信号与非周期信号。

周期信号定义在区间 $(-\infty,\infty)$，且以固定的时间间隔重复变化。连续周期信号与离散周期信号的数学表示式分别为

$$f(t)=f(t+T_0)，\quad -\infty<t<\infty \tag{1-1-1}$$

$$f(k)=f(k+N)，\quad -\infty<k<\infty，\ k\ \text{和}\ N\ \text{取整数} \tag{1-1-2}$$

满足式（1-1-1）、式（1-1-2）的最小正数 T_0、N 称为周期信号的基本周期或基波周期（Fundamental Period）。

非周期信号是不具有重复性的信号。

【例 1-1-1】　判断离散余弦信号 $f(k)=\cos(\Omega_0 k)$ 是否为周期信号。

解　由周期信号的定义，如果 $f(k)=\cos\Omega_0(k+N)=\cos(\Omega_0 k)$，则 $f(k)$ 是周期信号。因为

$$\cos\Omega_0(k+N)=\cos(\Omega_0 k+\Omega_0 N)$$

若 $f(k)$ 为周期信号，则应满足

$$\Omega_0 N=m\times 2\pi，\quad m\ \text{为整数}$$

或

$$\frac{\Omega_0}{2\pi}=\frac{m}{N}=\text{有理数}$$

因此，只有在 $\dfrac{\Omega_0}{2\pi}$ 为有理数时，$f(k)=\cos(\Omega_0 k)$ 才是一个周期信号。

周期分别为 T_1、T_2 的两个周期信号相加，当 T_1、T_2 之间存在最小公倍数 T 时，所得到的信号仍然为周期信号，其周期为 T，即 $T=n_1 T_1=n_2 T_2$，其中 n_1 和 n_2 为整数，或者说 $\dfrac{n_2}{n_1}$ 为有理数；反之，若 $\dfrac{n_2}{n_1}$ 为无理数，则两个周期信号之和为非周期信号。

【例 1-1-2】　判断下列信号是否为周期信号，如果是周期信号，试计算其周期。

（1）$f_1(t)=2+3\cos\left(\dfrac{2}{3}t+\theta_1\right)+5\cos\left(\dfrac{7}{6}t+\theta_2\right)$。

（2）$f_2(t)=2\cos(2t+\theta_1)+5\sin(\pi t+\theta_2)$。

（3）$f_3(t)=3\cos(3\sqrt{2}t+\theta_1)+7\cos(6\sqrt{2}t+\theta_2)$。

解 （1）$T_1 = 3\pi$、$T_2 = \dfrac{12}{7}\pi$，$\dfrac{T_1}{T_2} = \dfrac{7}{4}$ 为有理数，故 $f_1(t)$ 是周期信号，其周期是 T_1、T_2 的最小公倍数 12π。

（2）$T_1 = \pi$、$T_2 = 2$，$\dfrac{T_1}{T_2} = \dfrac{\pi}{2}$ 为无理数，故 $f_2(t)$ 不是周期信号。

（3）$T_1 = \dfrac{2\pi}{3\sqrt{2}}$、$T_2 = \dfrac{2\pi}{6\sqrt{2}}$，$\dfrac{T_1}{T_2} = 2$ 为有理数，故 $f_3(t)$ 是周期信号，其周期是 T_1、T_2 的最小公倍数 $\dfrac{2\pi}{3\sqrt{2}}$。

4．能量信号与功率信号

按照信号平方的可积性划分，信号可以分为能量信号与功率信号。进行这种划分的目的是了解信号的作用效果，例如人的耳朵所能区分的声音强度就与声音信号振幅的平方成正比。

如果把信号 $f(t)$ 看作是随时间变化的电压或电流，则它在 1Ω 的电阻上的瞬时功率为 $|f(t)|^2$，当 $f(t)$ 为复数时，绝对值符号的含义是取它的模。定义信号 $f(t)$ 在时间区间 $(-\infty,\infty)$ 内消耗的总能量为

$$E = \lim_{T \to \infty} \int_{-T}^{T} \left| f(t) \right|^2 \mathrm{d}t \tag{1-1-3}$$

定义信号的平均功率为

$$P = \lim_{T \to \infty} \frac{1}{2T} \int_{-T}^{T} \left| f(t) \right|^2 \mathrm{d}t \tag{1-1-4}$$

若信号的能量为非零的有限值，即 $0 < E < \infty$，此时 $P = 0$，则该信号为能量有限信号，简称能量信号。

若信号的平均功率为非零的有限值，即 $0 < P < \infty$，此时 $E \to \infty$，则该信号为功率有限信号，简称功率信号。

一个信号不可能既是能量信号又是功率信号，但可能既不是能量信号也不是功率信号。

【例 1-1-3】 判断图 1-1-5 所示信号是否为能量信号或功率信号。

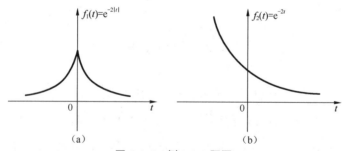

图 1-1-5   例 1-1-3 题图

解 （1）在图 1-1-5（a）中，信号 $f_1(t)$ 的能量为

$$E = \lim_{T \to \infty} \int_{-T}^{T} (\mathrm{e}^{-2|t|})^2 \mathrm{d}t = \int_{-\infty}^{0} \mathrm{e}^{4t} \mathrm{d}t + \int_{0}^{\infty} \mathrm{e}^{-4t} \mathrm{d}t = 2 \int_{0}^{\infty} \mathrm{e}^{-4t} \mathrm{d}t = \frac{1}{2}$$

信号 $f_1(t)$ 的能量是有限值，所以该信号是能量信号。

（2）在图 1-1-5（b）中，信号 $f_2(t)$ 的能量为

$$E = \lim_{T \to \infty} \int_{-T}^{T} (\mathrm{e}^{-2t})^2 \mathrm{d}t = \lim_{T \to \infty} -\frac{1}{4}\left[\mathrm{e}^{-4T} - \mathrm{e}^{4T} \right] = \infty$$

其平均功率可由洛必达法则求得

$$P = \lim_{T \to \infty} \frac{1}{2T} E = \lim_{T \to \infty} \frac{e^{4T} - e^{-4T}}{8T} = \lim_{T \to \infty} \frac{e^{4T}}{8T} = \lim_{T \to \infty} \frac{4e^{4T}}{8} = \infty$$

信号 $f_2(t)$ 的平均功率为无穷大，所以该信号既不是能量信号也不是功率信号。

一般来说，直流信号与周期信号都是功率信号。周期信号的平均功率可以在一个周期内计算。

非周期信号可能为 3 种信号：在有限的时间范围内有一定的振幅，而当 $|t| \to \infty$ 时，振幅为 0 的一类信号属于非周期能量信号，如图 1-1-6 所示，这类信号也称为脉冲信号；当 $|t| \to \infty$ 时，振幅不为无穷大，并且至少有一边为有限值的一类信号属于非周期功率信号，如图 1-1-7 所示；当 $|t| \to \infty$ 时，只要有一边振幅为无穷大，该类信号属于非周期非能量非功率信号，如图 1-1-8 所示。

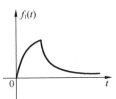 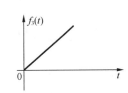

图 1-1-6　非周期能量信号　　　图 1-1-7　非周期功率信号　　图 1-1-8　非周期非能量非功率信号

离散时间信号 $f(k)$ 的能量 E 与功率 P 的定义分别为

$$E = \lim_{N \to \infty} \sum_{k=-N}^{N} |f(k)|^2 \qquad (1\text{-}1\text{-}5)$$

$$P = \lim_{N \to \infty} \frac{1}{2N+1} \sum_{k=-N}^{N} |f(k)|^2 \qquad (1\text{-}1\text{-}6)$$

判别方法与连续信号相同。

【例 1-1-4】　判断离散时间信号 $f(k) = \left(\frac{1}{2}\right)^k (k \geq 0)$ 是否为能量信号或功率信号。

解　该信号的能量为

$$E = \lim_{N \to \infty} \sum_{k=-N}^{N} |f(k)|^2 = \lim_{N \to \infty} \sum_{k=0}^{N} \left(\frac{1}{2}\right)^{2k}$$
$$= \frac{1}{1 - 0.25} = \frac{4}{3}$$

信号的能量是有限值，所以该信号是能量信号。

1.2　系统的描述与分类

系统的描述与分类

1.2.1　系统的概念

系统是由若干相互关联的单元组成的具有一定功能的有机整体。如通信系统（见图 1-2-1）、自动控制系统、计算机网络、机器人、软件等。在各种系统中，电系统更具有代表性，因为大多数的非电系统都可以用电系统来模拟或仿真。

图 1-2-1　通信系统

一个大型的系统可以嵌套若干级子系统。最基本的子系统称为单元，单元由元件组成。相同的单元或元件按照不同的连接方式可以构成不同的系统，例如，一个电阻和一个电容既可以构成一个高通滤波器，也可以构成一个低通滤波器。一般情况下我们不关心系统的具体组成，而是把系统当作一个整体来对待，只关心它的外部特性，即系统的输入-输出关系。通常也把系统的输入称作激励（施加给系统的作用），输出称作响应（系统做出的反应）。

1.2.2　系统的数学模型

要分析一个系统，首先要建立描述该系统基本特性的数学模型，然后用数学方法进行求解，并对所得结果做出物理解释，赋予物理意义。例如，图 1-2-2 所示电路由电阻、电感串联而成，其激励信号为电压源，响应信号为回路电流，根据元件的伏安特性与基尔霍夫电压定律（Kirchhoff Voltage Law，KVL）可建立如下微分方程

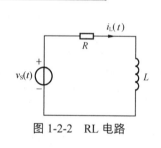

图 1-2-2　RL 电路

$$Ri_L(t) + L\frac{di_L(t)}{dt} = v_S(t) \qquad （1-2-1）$$

这就是该电路系统的数学模型。

通常可以采用输入-输出关系或状态空间法描述系统的数学模型。输入-输出描述法着眼于系统输入与输出之间的关系，适用于单输入、单输出的系统。状态空间描述法除了可以描述输入与输出之间的关系之外，还可以描述系统内部的状态，既可用于单输入、单输出的系统，又可用于多输入、多输出的系统。

系统分析着重于分析系统的输入-输出关系，即外部特性，而不涉及系统的内部组成，因此，除了利用数学表达式描述系统模型外，还可以借助方框图表示系统模型。图 1-2-3（a）所示为常见的单输入-单输出系统，图 1-2-3（b）所示为多输入-多输出系统，其输入有 m 个，输出有 n 个。

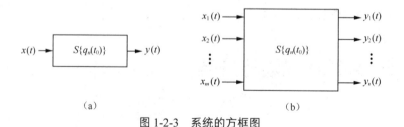

（a） （b）

图 1-2-3　系统的方框图

图 1-2-3 中，$x(t)$ 为输入信号；$y(t)$ 为输出信号；箭头表示信号的流向；方框中的 $q_n(t_0)$ 为研究的起始时刻（用 t_0 表示，为研究方便一般取为 0）系统的一组初始状态，反映了系统内部的初始储能状况，其数目 n 等于描述该系统的微分方程的阶数，也称为系统的阶数。

1.2.3　系统的分类

在信号与系统分析中，常按照系统的数学模型和基本特性，将系统分为连续时间系统与离散时间系统、线性系统与非线性系统、时不变系统与时变系统、因果系统与非因果系统等。

1. 连续时间系统与离散时间系统

我们把输入、输出都是连续时间信号的系统称为连续时间系统；把输入、输出都是离散时间信号的系统称为离散时间系统。图 1-2-2 所示的 RL 电路是连续时间系统，而数字计算机是离散时间系统。连续时间系统的数学模型是微分方程，离散时间系统的数学模型是差分方程。

需要说明的是，有些教材以构成系统的主要元器件是否为模拟元器件为标准，来划分连续时间系统与离散时间系统。这种分类方法以系统内部的工作原理为出发点，而本书的侧重点在于研究系统的外部特性，根据输入、输出信号的形式划分系统的类型能更清楚地表达这一主题。一般情况下，连续时间系统只能处理连续时间信号，离散时间系统只能处理离散时间信号。但是在加入模数（A/D）转换器或数模（D/A）转换器后，就可以用离散时间系统处理连续时间信号，或用连续时间系统处理离散时间信号。

2. 线性系统与非线性系统

线性系统是指具有线性特性的系统。线性特性包括齐次性与叠加性。

齐次性也称为比例性，可表述为：若系统的输入增大 k 倍，则输出也随之增大 k 倍，即若
$$x(t) \rightarrow y(t),$$
则
$$kx(t) \rightarrow ky(t) \tag{1-2-2}$$

叠加性也称为可加性，可表述为：当若干个输入信号同时作用于系统时，总的输出等于每个输入信号单独作用时所产生的输出相加，即若
$$x_1(t) \rightarrow y_1(t), \quad x_2(t) \rightarrow y_2(t),$$
则
$$x_1(t) + x_2(t) \rightarrow y_1(t) + y_2(t) \tag{1-2-3}$$

同时满足齐次性与叠加性，即为满足线性特性，可表示为若
$$x_1(t) \rightarrow y_1(t), \quad x_2(t) \rightarrow y_2(t),$$
则
$$k_1 x_1(t) + k_2 x_2(t) \rightarrow k_1 y_1(t) + k_2 y_2(t) \tag{1-2-4}$$
其中 k_1、k_2 为任意常数。系统的线性特性如图 1-2-4 所示。

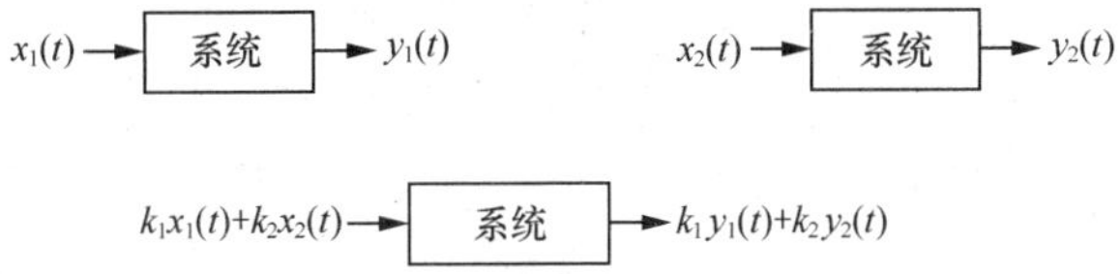

图 1-2-4　系统的线性特性

同样，具有线性特性的离散时间系统可表示为：若
$$x_1(k) \rightarrow y_1(k), \quad x_2(k) \rightarrow y_2(k),$$

则

$$k_1 x_1(k) + k_2 x_2(k) \rightarrow k_1 y_1(k) + k_2 y_2(k) \qquad (1\text{-}2\text{-}5)$$

线性连续系统的数学模型是线性微分方程。线性离散系统的数学模型是线性差分方程。不具有线性特性的系统称为非线性系统。

工程中，许多连续时间系统和离散时间系统都具有初始状态。我们把初始状态为零，仅由外部激励作用引起的响应称为零状态（Zero State，ZS）响应，用 $y_{zs}(t)$ 或 $y_{zs}(k)$ 表示；外部激励为零，仅由系统内部的初始状态作用引起的响应称为零输入（Zero Import，ZI）响应，用 $y_{zi}(t)$ 或 $y_{zi}(k)$ 表示；外部激励和内部初始状态共同作用引起的响应称为完全响应，简称全响应，用 $y(t)$ 或 $y(k)$ 表示。

具有初始状态的线性系统，同时满足以下 3 个条件。否则即为非线性系统。

（1）可分解性：系统的全响应可分解为零输入响应与零状态响应之和。

（2）零状态响应线性：系统的零状态响应必须对所有的输入信号呈现线性特性。

（3）零输入响应线性：系统的零输入响应必须对所有的初始状态呈现线性特性。

【例 1-2-1】　已知某零状态系统激励与响应的关系为 $y(t) = 3x(t) + 2$，试判别该系统是否为线性系统。

解　假设 $x_1(t)$ 单独激励时引起的响应为 $y_1(t)$，$x_2(t)$ 单独激励时引起的响应为 $y_2(t)$，即

$$y_1(t) = 3x_1(t) + 2, \quad y_2(t) = 3x_2(t) + 2$$

则当激励

$$x_a(t) = k_1 x_1(t) + k_2 x_2(t)$$

时，该系统的响应

$$y_a(t) = 3x_a(t) + 2 = 3[k_1 x_1(t) + k_2 x_2(t)] + 2$$

而

$$k_1 y_1(t) + k_2 y_2(t) = k_1[3x_1(t) + 2] + k_2[3x_2(t) + 2] \neq y_a(t)$$

不满足线性特性，所以该系统为非线性系统。

实际上，该系统可以看作一个具有零位误差的放大器，它既不满足齐次性也不满足叠加性。

【例 1-2-2】　已知系统 $y(t) = 3x(t) + 2q(0)$，其中 $q(0)$ 为系统的初始状态，试判别该系统是否为线性系统。

解　（1）系统具有可分解性，其零状态响应和零输入响应分别为

$$y_{zs}(t) = 3x(t) , \quad y_{zi}(t) = 2q(0)$$

（2）判断该系统的零状态响应是否满足线性，假设 $x_1(t)$ 单独激励时引起的零状态响应为 $y_{1zs}(t)$，$x_2(t)$ 单独激励时引起的零状态响应为 $y_{2zs}(t)$，即

$$y_{1zs}(t) = 3x_1(t), y_{2zs}(t) = 3x_2(t)$$

则当激励

$$x_a(t) = k_1 x_1(t) + k_2 x_2(t)$$

时，该系统的零状态响应

$$y_{azs}(t) = 3x_a(t) = 3[k_1 x_1(t) + k_2 x_2(t)]$$

而

$$k_1 y_{1zs}(t) + k_2 y_{2zs}(t) = k_1[3x_1(t)] + k_2[3x_2(t)] = y_{azs}(t)$$

所以，该系统的零状态响应满足线性。

（3）判断该系统的零输入响应是否满足线性，假设初始状态 $q_1(0)$ 单独作用时引起的零输入响

应为 $y_{1zi}(t)$，初始状态 $q_2(0)$ 单独作用时引起的零输入响应为 $y_{2zi}(t)$，即

$$y_{1zi}(t) = 2q_1(0), y_{2zi}(t) = 2q_2(0)$$

则当初始状态

$$q_a(0) = k_1q_1(0) + k_2q_2(0)$$

时，该系统的零输入响应

$$y_{azi}(t) = 2q_a(0) = 2[k_1q_1(0) + k_2q_2(0)]$$

而

$$k_1y_{1zi}(t) + k_2y_{2zi}(t) = k_1[2q_1(0)] + k_2[2q_2(0)] = y_{azi}(t)$$

所以，该系统的零输入响应满足线性。

该系统同时满足线性系统的 3 个条件，所以是线性系统。

【例 1-2-3】 已知系统的输入–输出关系如下，其中 $q(0)$ 为系统的初始状态，试判断这些系统是否为线性系统，并简单说明理由。

（1） $y(k) = 3x(k) + 2q(0)x(k)$。

（2） $y(k) = 3x^2(k) + 2q(0)$。

（3） $y(k) = kx(k) + q(0)\sin k$。

解 （1）不满足可分解性，故该系统为非线性系统。

（2）零状态响应 $y_{zs}(k) = 3x^2(k)$ 不满足线性，故该系统为非线性系统。

（3）满足可分解性，并且零状态响应 $y_{zs}(k) = kx(k)$、零输入响应 $y_{zi}(k) = q(0)\sin k$ 都满足线性，故该系统为线性系统。

【例 1-2-4】 已知某线性连续时间系统，当其初始状态 $q(0) = 2$ 时，系统的零输入响应 $y_{zi}(t) = 6e^{-4t}$，$t \geqslant 0$。而在初始状态 $q(0) = 8$ 及激励 $x(t)$ 共同作用下产生的完全响应 $y(t) = 3e^{-4t} + 5e^{-t}$，$t \geqslant 0$。试求：

（1）系统的零状态响应。

（2）系统在初始状态 $q(0) = 4$ 及激励 $3x(t)$ 共同作用下产生的完全响应。

解 （1）初始状态 $q(0) = 8$ 是初始状态 $q(0) = 2$ 的 4 倍。根据线性系统的可分解性和零输入响应线性可知，在初始状态 $q(0) = 8$ 及激励 $x(t)$ 共同作用下产生的完全响应为

$$y(t) = 4y_{zi}(t) + y_{zs}(t)$$

因此，系统的零状态响应为

$$\begin{aligned}
y_{zs}(t) &= y(t) - 4y_{zi}(t) \\
&= 3e^{-4t} + 5e^{-t} - 4 \times 6e^{-4t} = 5e^{-t} - 21e^{-4t}, \ t \geqslant 0
\end{aligned}$$

（2）考虑到零状态响应线性，可以求得系统在初始状态 $q(0) = 4$ 及激励 $3x(t)$ 共同作用下产生的完全响应为

$$\begin{aligned}
y(t) &= 2y_{zi}(t) + 3y_{zs}(t) \\
&= 2 \times 6e^{-4t} + 3 \times (5e^{-t} - 21e^{-4t}) = 15e^{-t} - 51e^{-4t}, \ t \geqslant 0
\end{aligned}$$

3．时不变系统与时变系统

时不变系统的外部表现是：若激励延迟一段时间 t_d 成为 $x(t - t_d)$，则系统的零状态响应也延迟同样的时间而成为 $y(t - t_d)$。也就是说，响应和激励之间的关系与激励的起始作用时刻无关，如图 1-2-5 所示。时不变特性可表示为若

$$x(t) \rightarrow y(t)$$

则

$$x(t-t_{\mathrm{d}}) \rightarrow y(t-t_{\mathrm{d}})$$ （1-2-6）

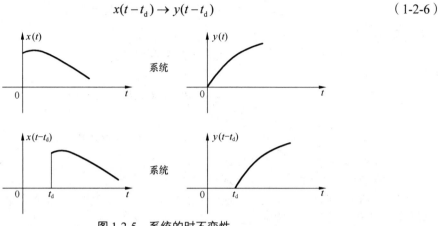

图 1-2-5 系统的时不变性

对于时不变的离散时间系统，只要把连续的自变量替换为离散的自变量，上式完全适用。

不具有时不变特性的系统称为时变系统。一般情况下，时不变性是指系统的结构和元件参数不随时间的推移而改变。

【例 1-2-5】 试判断系统 $y(t) = \int_0^t x(\lambda)\mathrm{d}\lambda$ 是否为时不变系统。

解 当激励 $x_1(t) = x(t-t_{\mathrm{d}})$ 时，该系统的响应

$$y_1(t) = \int_0^t x_1(\lambda)\mathrm{d}\lambda = \int_0^t x(\lambda-t_{\mathrm{d}})\mathrm{d}\lambda = \int_{-t_{\mathrm{d}}}^{t-t_{\mathrm{d}}} x(\tau)\mathrm{d}\tau$$

其中，$\tau = \lambda - t_{\mathrm{d}}$ 而

$$y(t-t_{\mathrm{d}}) = \int_0^{t-t_{\mathrm{d}}} x(\lambda)\mathrm{d}\lambda = \int_0^{t-t_{\mathrm{d}}} x(\tau)\mathrm{d}\tau \neq y_1(t)$$

不满足时不变性，所以该系统为时变系统。

【例 1-2-6】 试判断下列系统是否为时不变系统。

（1）$y(t) = tx(t)$。

（2）$y(t) = \sin[x(t)]$。

（3）$y(k) = x(2k)$。

解 （1）当 $x_1(t) = x(t-t_{\mathrm{d}})$ 时，该系统的响应

$$y_1(t) = tx_1(t) = tx(t-t_{\mathrm{d}})$$

而

$$y(t-t_{\mathrm{d}}) = (t-t_{\mathrm{d}})x(t-t_{\mathrm{d}}) \neq y_1(t)$$

不满足时不变性，所以该系统为时变系统。

（2）当 $x_1(t) = x(t-t_{\mathrm{d}})$ 时，该系统的响应

$$y_1(t) = \sin\left[x_1(t)\right] = \sin\left[x(t-t_{\mathrm{d}})\right]$$

而

$$y(t-t_{\mathrm{d}}) = \sin\left[x(t-t_{\mathrm{d}})\right] = y_1(t)$$

满足时不变性，所以该系统为时不变系统。

（3）当 $x_1(k) = x(k-k_{\mathrm{d}})$ 时，该系统的响应

$$y_1(k) = x_1(2k) = x(2k-k_{\mathrm{d}})$$

而

$$y(k - k_{\mathrm{d}}) = x[2(k - k_{\mathrm{d}})] \neq y_1(k)$$

不满足时不变性，所以该系统为时变系统。

习题讲解：判断是
否为时不变系统

4．因果系统与非因果系统

因果系统是指响应不会超前于激励的系统，反之称为非因果系统。

系统的因果特性是指任何时刻的响应只取决于激励的现在值与过去值，而与激励的将来值无关，如 $y(t) = \int_{-\infty}^{t} x(\tau)\mathrm{d}\tau$。

现实存在的系统都是因果系统。非因果系统不是真实存在的系统，而是一种理想化的模型，比如后面要介绍的理想滤波器。

例如，零状态响应为 $y_{\mathrm{zs}}(t) = 2x(t)$，$t > 0$ 的系统，其输出不超前于输入，所以它是因果系统；再如，零状态响应为 $y_{\mathrm{zs}}(t) = 2x(t-3)$，$t > 0$ 的系统，其输出也不超前于输入，所以它也是因果系统；又如，零状态响应为 $y_{\mathrm{zs}}(t) = 2x(t+3)$，$t > 0$ 的系统，其输出超前于输入，所以它是非因果系统。

此外，系统还可以分为稳定系统与非稳定系统、集中参数系统与分布参数系统、记忆系统（也称动态系统，其响应与激励作用的历史有关）与非记忆系统（也称即时系统，其响应只取决于当前的激励，与激励作用的历史无关）等。

本书只讨论线性时不变（Linear Time Invariant，LTI）系统（简称线性系统）。需要注意的是，系统的线性与时不变性是两个不同的概念，线性系统既可以是时不变的，也可以是时变的；非线性系统也是如此。描述线性时不变连续系统的数学模型是线性常系数微分方程，描述线性时不变离散系统的数学模型是线性常系数差分方程。

1.3　信号与系统分析概述

1.3.1　信号与系统分析的基本内容与方法

信号与系统分析主要包括信号分析与系统分析两部分内容。信号分析的核心是信号分解：将复杂信号分解为一些基本信号的线性组合，通过研究基本信号的特性和信号的线性组合关系来研究复杂信号的特性。系统分析的主要任务是在已知系统的数学模型与输入信号的前提下，求得输出信号。

在种类繁多的系统中，线性时不变系统的分析具有重要的意义。因为实际应用中的大部分系统属于或可近似地看作线性时不变系统，而且线性时不变系统的分析方法已有较完善的理论。本书主要分析线性时不变系统。近年来，非线性系统与时变系统也有较大的理论进展和广泛应用，这方面内容可以在其他的课程中学习。

系统的数学模型既可以采用输入-输出关系法描述，也可以采用状态空间法描述。输入-输出关系法侧重于描述系统的外部特性，不考虑系统的内部变量而直接建立系统的输入与输出之间的函数关系。所建立的系统方程简单、直观，适合于单输入-单输出系统分析。状态空间法侧重于描述系统的内部特性，其建模过程为：首先建立系统的内部变量与输入之间的函数关系，然后建立输出与内部变量和输入之间的函数关系。所建立的系统状态方程为综合研究系统提供了依据，因而适用于多输入-多输出系统，特别适合于计算机分析。状态分析法是最近发展起来的一种系统化、规范化的方法。

信号包括确定信号与随机信号。确定信号作用于线性时不变系统的响应，主要采用解析的方法求解，即先建立系统的微分或差分方程，然后根据输入信号求输出信号的解析表达式。随机信号作用于线性时不变系统的响应，主要采用概率统计的方法进行分析，即根据输入随机信号的统计特性分析输出随机信号的统计特性。本书主要分析确定信号及其作用于线性时不变系统的响应。

信号与系统分析既可以在时间域中进行，也可以在变换域中进行。时域分析法以时间 t 或 kT 为自变量进行分析。这种方法的物理概念比较清楚，但计算较为烦琐。变换域分析法利用数学变换的理论，把关于时间的函数映射为关于某个变换域的函数，在系统分析的时候可以将系统的微分或差分方程转化为代数方程，从而极大地简化了计算。两种方法各有侧重，都有广泛的应用。

应当注意，信号分析与系统分析是一个统一的整体。

首先，从信号传输的角度来看，输入信号通过系统时，在系统的传递特性作用下，其时间特性和频率特性会发生相应的变化，从而变成新的信号输出。

其次，从系统响应的角度来看，系统的主要作用是对信号进行处理与传输。在输入信号的激励下，系统必然会做出相应的反应，其外在的表现形式就是会有一个对应的输出（响应）。

另外，从数学的角度来看，在时域分析中，信号与系统的特性都可以表示为时间的函数，对它们也都可以用变换域的方法进行分析，只不过各自象函数的物理意义不同。

随着现代科学技术的迅猛发展，新的信号与系统分析方法不断涌现，其中计算机辅助分析就是近年来较为活跃的一种方法。这种方法利用计算机进行数值运算，从而免去了复杂的人工运算，计算的结果精确可靠，因而得到广泛的应用和进一步的发展。计算机技术在为信号分析提供有力支持的同时，也对信号分析的深度和广度提出了更高的要求，尤其是在数字信号的分析方面。因此，近年来，数字信号的理论研究进展很快，数字信号与系统的分析已经形成了一门独立的课程。

信号与系统分析这门课程主要研究确定信号与线性时不变系统，涉及较多的高等数学与电路分析知识。在学习过程中，读者应着重掌握信号与系统分析的基本理论与基本方法，将数学概念、物理概念及其工程概念相结合，注意提出问题、分析问题与解决问题的方法。读者对本书的学习不能局限于理论知识及其在工程技术中的应用，应当从更高的视点来看待它。实际上，信号分析就是科学认识论的应用，是从不同的角度认识事物的本质特性；系统分析就是科学方法论的应用，是利用事物的本质特性解决实际问题。只有把握住这一实质，才能提高分析和解决实际问题的能力。

1.3.2　信号与系统理论的应用

1. 通信系统

在通信系统中，许多信号不能直接进行传输，需要根据实际情况对信号进行适当的调制，以提高信号的传输质量或传输效率。信号的调制有多种形式，如信号的幅度调制、频率调制和相位调制，都基于信号与系统的基本理论。信号的幅度调制可以实现频分复用。信号的采样可以实现时分复用。这些方法能极大地提高信号的传输效率，有助于信道资源的有效利用。信号的频率调制和相位调制可以增强信号的抗干扰能力，提高传输质量。此外，离散信号的调制还可以实现信号的加密、多媒体信号的综合传输等。

2. 控制系统

在控制系统中，系统的传输特性和稳定性是两个重要的特性。利用系统函数可以清楚地确定系统的时域特性、频域特性和稳定性，还可以调整系统函数以实现所需的系统特性。比如，通过分析系统函数的零极点分布，可以了解系统的稳定性，若系统不稳定，则可以通过反馈等方法加以调整。

3．信号处理

在信号处理中，信号与系统分析的理论和方法是必要的理论基础。在信号的时域分析中，信号的卷积与解卷积理论可以实现信号的恢复和去除噪声处理；信号相关的理论可以实现信号的检测和频谱分析等。在信号的变换域分析中，傅里叶变换可以实现信号的频谱分析，连续信号的拉普拉斯变换和离散信号的 Z 变换可以实现信号的变换域描述和表达等。这些为信号的分析和处理提供了新的途径。信号与系统分析的理论也是现代信号处理的基础，如信号的自适应处理、时频分析、Wavelet 分析等。

4．生物医学工程

生物医学工程是信息科学与医学交叉的学科，其中许多系统的描述和信号的处理都以信号与系统的基本理论和方法为基础。近年来，随着生命科学和信息科学的迅速发展与相互渗透，信号与系统分析在这方面的应用也日益深入。例如，在生物神经系统中，神经元的等效电路就是用非线性系统描述的，相应的数学模型为非线性时变微分方程或状态方程，其分析方法包括解析法和数值计算法。

拓展阅读

了解了信号与系统的基本概念、概述及应用，来看看 AI 大模型对于问题"信号与系统课程对大学生而言，重要吗？"的回答。

学习信号与系统课程对大二学生至关重要，原因如下。

1．专业基础的核心地位

（1）承上启下的关键课程：信号与系统是电子信息、通信、自动化等专业的核心基础课，衔接了前期的数学课程（如微积分、线性代数）和后续专业课程（如数字信号处理、通信原理、控制理论）。没有这门课作为基础，后续课程会难以理解。

（2）数学与工程的桥梁：该课程将抽象的数学工具（如傅里叶变换、拉普拉斯变换）转化为工程问题的解决方法，帮助学生理解如何用数学建模真实世界的信号与系统。

2．培养核心分析与设计能力

（1）信号视角的思维训练：学习从时域、频域、复频域多角度分析信号，掌握"分解-处理-合成"的系统化思维，这种能力在解决复杂工程问题时至关重要。

（2）系统特性的理解：通过研究线性时不变系统的稳定性、频率响应等特性，为设计滤波器、通信系统等实际应用奠定基础。

3．广泛的实际应用场景

（1）技术落地的基石：该课程内容直接支撑现代技术，例如以下领域。

① 通信：4G/5G 调制解调、信道编码。

② 多媒体：音频降噪、图像压缩（JPEG/MPEG）。

③ 人工智能：语音识别、计算机视觉中的预处理。

（2）跨学科价值：生物医学（心电图分析）、金融（信号滤波去噪）、自动化（控制系统频域设计）等领域均依赖信号与系统理论。

4．工具与技术的实践准备

（1）软件技能铺垫：该课程中常用的 MATLAB、Python 仿真工具是工业界和科研的标准配置，可通过实验课提前掌握。

（2）硬件实现基础：理解采样定理、滤波器设计等概念后，能更高效地学习 FPGA/DSP 芯片开发。

5．职业发展的长远价值

（1）行业需求：通信、芯片设计、自动驾驶、机器人等行业的核心岗位（如信号处理工程师、通信算法工程师）均要求扎实的信号与系统基础。

（2）研究能力培养：为研究生阶段的压缩感知、深度学习信号处理等前沿方向提供理论工具。

总之，信号与系统是工科学生的"必修语言"，它不仅是技术世界的解码器，更是打开未来创新之门的钥匙。掌握它，意味着你能理解从智能手机到航天器等科技产品背后隐藏的通用逻辑，并在技术快速迭代中保持核心竞争力。

思　考　题

1-1　信号的特性可以用哪两个域描述？

1-2　离散周期信号的定义是什么？离散正弦信号是周期信号吗？

1-3　简述信号的能量和功率的定义。

1-4　区分信号为能量信号和功率信号的一般规则是什么？

1-5　零状态线性系统满足什么条件？

1-6　非零状态线性系统满足什么条件？

1-7　简述时不变系统的定义。

1-8　简述因果系统的含义。

练　习　题

1-1　判断下面的信号是否为周期信号，如果是，确定其基本周期。

（1）$3\cos\left(2t+\dfrac{\pi}{6}\right)$ 　　（2）$4\sin\left(2\pi t-\dfrac{\pi}{4}\right)u(t)$ 　　（3）$3\cos(2t)+2\cos(5t)$

（4）$\cos(2\pi t)+2\cos(5t)$ 　　（5）$\sin^2(2\pi t)$ 　　（6）e^{j3t}

1-2　判断下面的序列是否为周期序列，如果是，确定其基本周期。

（1）$\sin\left(\dfrac{1}{3}k\right)$ 　　（2）$\sin\left(\dfrac{\pi}{4}k-\dfrac{\pi}{4}\right)$ 　　（3）$\cos\left(\dfrac{\pi}{2}k\right)+2\cos\left(\dfrac{\pi}{3}k\right)$

（4）$\cos\left(\dfrac{\pi}{2}k\right)\cos\left(\dfrac{1}{3}k\right)$ 　　（5）$e^{j\left(\frac{k}{5}-\frac{\pi}{2}\right)}$ 　　（6）$\cos^2\left(\dfrac{\pi}{6}k\right)$

1-3　设 $f_1(t)$ 和 $f_2(t)$ 是周期分别为 T_1 和 T_2 的周期信号，证明 $f(t)=f_1(t)+f_2(t)$ 是周期为 T 的周期信号的条件为 $mT_1=nT_2=T$（m、n 为正整数）。

1-4　设连续时间信号 $f(t)=\cos\left(\dfrac{\pi}{6}t\right)$，画出以 1s 的抽样间隔对 $f(t)$ 均匀抽样所得离散时间序列的波形。

1-5　已知虚指数信号 $f(t)=\mathrm{e}^{j\omega_0 t}$，如果对 $f(t)$ 以抽样间隔 T_s 进行均匀抽样后所得到的离散时间序列 $f(k)=f(kT_s)=\mathrm{e}^{j\omega_0 kT_s}$，试求出使 $f(k)$ 为周期信号的抽样间隔 T_s。

1-6　判断下列信号是能量信号还是功率信号，或者都不是。

（1）$4\sin(2\pi t)+2\cos(3t)$　　　　（2）$2\mathrm{e}^{-3t}u(t)$　　　　　　（3）$2\mathrm{e}^{-3t}$

（4）$7\mathrm{e}^{-j3t}$　　　　　　　　　（5）$6\mathrm{e}^{-10|t|}\cos(2t)$　　　　（6）$3tu(t)$

（7）$\dfrac{1}{1+t}u(t)$　　　　　　　（8）$3\cos(8t)u(t)$　　　　　　（9）$u(t)$

1-7　判断下列信号是能量信号还是功率信号，或者都不是。

（1）$(-1)^k$　　　　　　　　　（2）$\mathrm{e}^{j2k}u(k)$　　　　　　　（3）$0.5^k u(k)$

（4）$\dfrac{1}{k+1}u(k)$　　　　　　（5）$ku(k)$　　　　　　　　　（6）$\cos\left(\dfrac{\pi}{4}k\right)$

1-8　判断下列系统是否为线性系统，是否为时不变系统，并简单说明理由。假设 $y(t)$、$y(k)$ 为系统的完全响应，$q(0)$ 为系统的初始状态，$x(t)$、$x(k)$ 为系统的激励。

（1）$y(t)=2q(0)+x(t)\dfrac{\mathrm{d}x(t)}{\mathrm{d}t}$　　　　（2）$y(t)=q(0)+\lg x(t)$

（3）$y(t)=\mathrm{e}^{q(0)}+3t^2 x(t)$　　　　　　（4）$y(t)=3q(0)x(3t)$

（5）$y(t)=q(0)\cos 3t+\displaystyle\int_{-\infty}^{t}x(\tau)\mathrm{d}\tau$　　　（6）$y(k)=2q(0)+\dfrac{1}{x(k)}$

（7）$y(k)=\sqrt{3q(0)}+5x(k)$　　　　　（8）$y(k)=q(0)+\displaystyle\sum_{n=0}^{k}x(n)$

（9）$y(k)=(k-1)q(0)+4\left|x(k)\right|$　　　（10）$y(k)=(k-3)x(k)+3$

1-9　判断下列方程所描述的系统是否为线性系统，是否为时不变系统，并简单说明理由。

（1）$\dfrac{\mathrm{d}y(t)}{\mathrm{d}t}+ty(t)+5\displaystyle\int_{-\infty}^{t}y(\tau)\mathrm{d}\tau=\dfrac{\mathrm{d}x(t)}{\mathrm{d}t}+x(t)$　　（2）$\dfrac{\mathrm{d}y(t)}{\mathrm{d}t}+y(t)=x(t)+10$

（3）$\dfrac{\mathrm{d}^2 y(t)}{\mathrm{d}t^2}-\dfrac{\mathrm{d}y(t)}{\mathrm{d}t}+y(t)x(t)=x'(t)$　　（4）$y(k+1)+y^2(k)=x(k)\sin 2k$

（5）$y(k+2)+4y(k+1)+y(k)=2(k+1)x(k+1)+3x(k)$

（6）$y(k+2)+y(k)=x(k+1)+2x(k)$

1-10　判断下列系统是否为因果系统，并简单说明理由。

（1）$y(t)=\displaystyle\int_{-\infty}^{t+2}x(\tau)\mathrm{d}\tau$　　　　　（2）$\dfrac{\mathrm{d}y(t)}{\mathrm{d}t}+y(t)=\displaystyle\int_{-\infty}^{t}x(\tau)\mathrm{d}\tau+x(t)$

（3）$\dfrac{\mathrm{d}^2 y(t)}{\mathrm{d}t^2}-\dfrac{\mathrm{d}y(t)}{\mathrm{d}t}+y(t)=x'(t-1)+x(t-2)$　　（4）$\dfrac{\mathrm{d}y(t)}{\mathrm{d}t}+y(t)=x(t+10)$

（5）$y(k+2)+2y(k+1)+y(k)=x(k+1)+3x(k)$

（6）$y(k+1)+3y(k)=x(k+2)+2x(k+1)+x(k)$

（7）$y(k)=\displaystyle\sum_{n=0}^{k}x(n)$　　　　　　　（8）$y(k)=\displaystyle\sum_{n=0}^{k+5}x(n)$

1-11   某线性系统，初始状态为 $q_1(0)$ 和 $q_2(0)$，输入为 $x(t)$，输出为 $y(t)$，已知

（1）当 $x(t) = 0$，$q_1(0) = 1$，$q_2(0) = 0$ 时，$y(t) = \mathrm{e}^{-t} + \mathrm{e}^{-2t}$。

（2）当 $x(t) = 0$，$q_1(0) = 0$，$q_2(0) = 1$ 时，$y(t) = \mathrm{e}^{-t} - \mathrm{e}^{-2t}$。

（3）当激励为 $x(t)$，$q_1(0) = 1$，$q_2(0) = -1$ 时，$y(t) = 2 + \mathrm{e}^{-t}$。

试求当激励为 $2x(t)$，初始状态 $q_1(0) = 3$，$q_2(0) = 2$ 时的 $y(t)$。

1-12   某线性系统，当输入为 $x(t)$ 时，输出 $y(t) = 2 + \mathrm{e}^{-2t} - \mathrm{e}^{-3t}$；若初始状态不变，而输入变为 $2x(t)$ 时，输出 $y(t) = 4 + 3\mathrm{e}^{-2t} - 4\mathrm{e}^{-3t}$，试求该系统的零输入响应和当输入为 $3x(t)$ 时的全响应 $y(t)$。

第 2 章

连续时间信号与系统的时域分析

📋 **本章主要内容**

　　信号与系统的时域分析是指对信号和系统的整个分析过程都在时域内进行，即所涉及函数的自变量为时间变量。这种分析方法比较直观，符合人们通常的思维习惯，也是学习各种变换域分析方法的基础。

　　本章首先介绍信号的时域分析，包括典型的连续时间信号、连续时间信号的基本运算和信号的时域分解；然后介绍连续时间系统的零输入响应、冲激响应、零状态响应及全响应。其中把信号分解为冲激信号和用卷积分析法求解线性时不变连续时间系统的零状态响应是本章的重点。

2.1　典型的连续时间信号

典型的连续
时间信号

　　在连续时间信号的分析中，常见的绝大部分信号都可以用基本信号及它们的变化形式来表达。因此，对基本信号的分析是信号与系统分析的基础。

2.1.1　复指数信号

　　复指数信号的数学表达式为

$$f(t) = Ae^{st} \tag{2-1-1}$$

式中，A 和 s 都为复数，$A = |A|e^{j\theta}$，称为复振幅；$s = \sigma + j\omega_0$，称为复频率。利用欧拉公式将式（2-1-1）展开，可得

$$Ae^{st} = |A|e^{j\theta}e^{(\sigma+j\omega_0)t} = |A|e^{\sigma t}\cos(\omega_0 t + \theta) + j|A|e^{\sigma t}\sin(\omega_0 t + \theta) \tag{2-1-2}$$

根据 A 和 s 的取值不同，Ae^{st} 可用来表示下面介绍的多种信号。

　　1. 直流信号

　　若 A 为实数，$s = 0$（即 $\sigma = 0$，$\omega_0 = 0$），则此时 $Ae^{st} = A$ 成为直流信号。图 2-1-1（a）所示为 $\sigma = 0$ 的直线。

　　2. 实指数信号

　　若 A 为实数，$\omega_0 = 0$，则此时 $Ae^{st} = Ae^{\sigma t}$ 成为实指数信号。图 2-1-1（a）所示为 $\sigma > 0$（单调增

长）和$\sigma<0$（单调衰减）的曲线。

3. 正弦信号

若 A 为复数，$\sigma=0$，则此时 $Ae^{st}=|A|\cos(\omega_0 t+\theta)+j|A|\sin(\omega_0 t+\theta)$，实部为等幅余弦信号，虚部为等幅正弦信号。图 2-1-1（b）所示为等幅余弦信号的波形。

4. 复指数信号

一般情况下，式（2-1-2）的实部是一个增幅[$\sigma>0$，如图 2-1-1（c）所示]，或减幅[$\sigma<0$，如图 2-1-1（d）所示]的余弦信号，虚部是一个增幅（$\sigma>0$）或减幅（$\sigma<0$）的正弦信号。

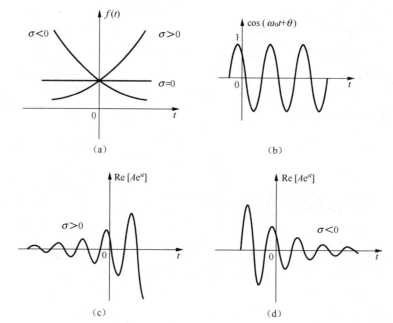

图 2-1-1　复指数信号可以表示多种普通信号

虽然一般形式的复指数信号在现实中不存在，但是利用它可以表示多种常见的普通信号，如直流信号、指数信号、正弦信号等。利用复指数信号可以简化表达式，而且复指数信号的相乘、微分和积分仍然是复指数信号，也便于分析和运算。

2.1.2　单位阶跃信号

单位阶跃信号定义为

$$u(t)=\begin{cases}0 & t<0\\1 & t>0\end{cases} \tag{2-1-3}$$

其波形如图 2-1-2 所示，在 $t=0$ 处，该类信号存在间断点，即在此点上的函数值没有定义。

将单位阶跃信号时移，得到延迟单位阶跃信号 $u(t-t_0)$，其波形如图 2-1-3 所示。

利用阶跃信号与延迟阶跃信号，可以表示任意的矩形脉冲信号。例如，图 2-1-4 所示的矩形脉冲信号可表示为 $f(t)=u(t-1)-u(t-3)$。

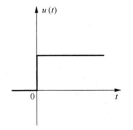

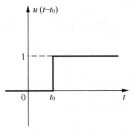

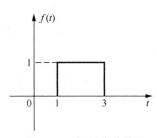

图 2-1-2　单位阶跃信号　　　　图 2-1-3　延迟单位阶跃信号　　　　图 2-1-4　矩形脉冲信号

无时限信号 $f(t)$ 与阶跃信号相乘即成为单边信号 $f(t)u(t)$。

2.1.3　单位冲激信号

1．单位冲激信号的定义

单位冲激信号

单位冲激信号可用不同的方式来定义。

第一种定义是工程定义，也称狄拉克（Dirac）定义，即

$$\delta(t) = \begin{cases} 0 & t \neq 0 \\ \infty & t = 0 \end{cases} \quad 和 \quad \int_{-\infty}^{\infty} \delta(t)\mathrm{d}t = 1 \tag{2-1-4}$$

冲激信号用箭头表示，如图 2-1-5 所示。冲激信号具有强度，其强度就是冲激信号对时间的定积分值，在图中用括号注明，以表示与信号的幅值有别。

将单位冲激信号时移，得到延迟单位冲激信号 $\delta(t-t_0)$，如图 2-1-6 所示，有

$$\delta(t-t_0) = \begin{cases} 0 & t \neq t_0 \\ \infty & t = t_0 \end{cases} \quad 和 \quad \int_{-\infty}^{\infty} \delta(t-t_0)\mathrm{d}t = 1 \tag{2-1-5}$$

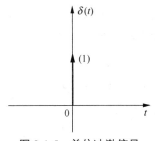

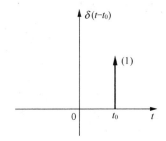

图 2-1-5　单位冲激信号　　　　　　　　　图 2-1-6　延迟单位冲激信号

单位冲激信号 $\delta(t)$ 是作用时间极短、取值极大而作用效果有限的一类信号的数学模型。例如，在图 2-1-7 所示电容电路中，电容的初始储能为零，在 $t = 0^- \sim 0^+$ 的瞬间，电容两端的电压将从 0V 跳变到 1V，流过电容的电流 $i(t) = \dfrac{C\mathrm{d}v_C(t)}{\mathrm{d}t}$ 为无穷大，而该电流仅使得电容上储存的电荷增加了 1 库仑，因此该电流可以用冲激信号 $\delta(t)$ 描述。

第二种定义是将冲激信号看成某些普通信号的极限。这样便于直观地理解冲激信号。

如图 2-1-8 所示，宽度为 Δ、高度为 $\dfrac{1}{\Delta}$ 的矩形脉冲，当脉冲宽度 Δ 趋于零时，脉冲高度 $\dfrac{1}{\Delta}$ 趋于

无穷大，而脉冲的面积 $\Delta \cdot \left(\dfrac{1}{\Delta}\right) = 1$ 保持不变，此极限情况即为冲激信号，定义如下

$$\delta(t) = \lim_{\Delta \to 0} g_\Delta(t) \tag{2-1-6}$$

当图 2-1-9 所示信号取 $\Delta \to 0$ 时，其结果也可以形成冲激信号 $\delta(t)$，即

$$\delta(t) = \lim_{\Delta \to 0} f_\Delta(t) \tag{2-1-7}$$

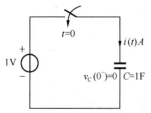

图 2-1-7　电容电路

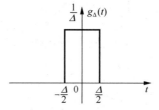

图 2-1-8　矩阵脉冲

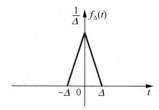

图 2-1-9　三角形脉冲

此外，还可以利用指数信号、抽样信号等信号的极限模型来定义冲激信号。

第三种是按照广义函数的理论定义，这是冲激函数的严格定义。

作为一个广义函数，单位冲激函数 $\delta(t)$ 作用于任意在 $t = 0$ 时连续的普通函数 $\varphi(t)$（称作测试函数）的效果是对 $\varphi(t)$ 赋予下面的值

$$\int_{-\infty}^{\infty} \varphi(t)\delta(t)\mathrm{d}t = \varphi(0) \tag{2-1-8}$$

式（2-1-8）也称作冲激函数的等价性，即任意满足对 $\varphi(t)$ 进行这种赋值的函数都等价于单位冲激函数 $\delta(t)$。该式表明冲激函数 $\delta(t)$ 与测试函数 $\varphi(t)$ 乘积的积分等于测试函数在零时刻的值 $\varphi(0)$。这是因为冲激函数 $\delta(t)$ 在 $t \neq 0$ 处的值都为零，即

$$\int_{-\infty}^{\infty} \varphi(t)\delta(t)\mathrm{d}t = \int_{0^-}^{0^+} \varphi(t)\delta(t)\mathrm{d}t = \varphi(0)\int_{0^-}^{0^+} \delta(t)\mathrm{d}t = \varphi(0) \tag{2-1-9}$$

2．冲激函数的性质

（1）筛选特性。如果信号 $\varphi(t)$ 是一个在 $t = t_0$ 处连续的普通函数，则有

$$\int_{-\infty}^{\infty} \varphi(t)\delta(t - t_0)\mathrm{d}t = \varphi(t_0) \tag{2-1-10}$$

冲激函数的筛选特性表明，冲激函数 $\delta(t - t_0)$ 与一个连续时间信号 $\varphi(t)$ 相乘，并在 $(-\infty, \infty)$ 区间积分的结果为信号 $\varphi(t)$ 在 $t = t_0$ 时的函数值 $\varphi(t_0)$。

证明

$$\int_{-\infty}^{\infty} \varphi(t)\delta(t - t_0)\mathrm{d}t = \int_{-\infty}^{\infty} \varphi(x + t_0)\delta(x)\mathrm{d}x = \varphi(t_0)$$

例如

$$\int_{-\infty}^{\infty} \sin \pi t \,\delta(t)\mathrm{d}t = \sin \pi t \big|_{t=0} = 0$$

$$\int_{-\infty}^{\infty} \sin \pi t \,\delta\left(t - \frac{1}{4}\right)\mathrm{d}t = \sin \pi t \big|_{t = \frac{1}{4}} = \frac{\sqrt{2}}{2}$$

$$\int_{0}^{\pi} \sin t \,\delta\left(t - \frac{\pi}{6}\right)\mathrm{d}t = \sin \frac{\pi}{6} = \frac{1}{2}$$

注意

$$\int_1^2 e^{-at}\delta(t)dt = 0$$

因为 $\delta(t)$ 在积分区间 $(1,2)$ 内的值为 0。

（2）加权特性。如果信号 $f(t)$ 是一个在 $t = t_0$ 处连续的普通函数，则有

$$f(t)\delta(t-t_0) = f(t_0)\delta(t-t_0) \qquad (2\text{-}1\text{-}11)$$

证明

$$\int_{-\infty}^{\infty}[f(t)\delta(t-t_0)]\varphi(t)dt = \int_{-\infty}^{\infty}\delta(t-t_0)[f(t)\varphi(t)]dt = f(t_0)\varphi(t_0)$$

而

$$\int_{-\infty}^{\infty}[f(t_0)\delta(t-t_0)]\varphi(t)dt = \int_{-\infty}^{\infty}\delta(t-t_0)[f(t_0)\varphi(t)]dt = f(t_0)\varphi(t_0)$$

两个广义函数对测试函数 $\varphi(t)$ 有相同的赋值效果，故二者等价。

特别地，如果 $t_0 = 0$，则有

$$f(t)\delta(t) = f(0)\delta(t)$$

例如

$$\sin\pi t\delta(t) = \sin\pi t\big|_{t=0}\delta(t) = 0$$

$$\sin\pi t\delta\left(t-\frac{1}{4}\right) = \sin\pi t\big|_{t=\frac{1}{4}}\delta\left(t-\frac{1}{4}\right) = \frac{\sqrt{2}}{2}\delta\left(t-\frac{1}{4}\right)$$

（3）单位冲激函数为偶函数，即

$$\delta(-t) = \delta(t) \qquad (2\text{-}1\text{-}12)$$

证明

$$\int_{-\infty}^{\infty}\delta(-t)\varphi(t)dt = \int_{\infty}^{-\infty}\delta(\tau)\varphi(-\tau)(-d\tau) = \int_{-\infty}^{\infty}\delta(\tau)\varphi(-\tau)d\tau = \varphi(0^-) = \varphi(0)$$

故

$$\delta(-t) = \delta(t)$$

（4）尺度变换。

$$\delta(at) = \frac{1}{|a|}\delta(t) \qquad (2\text{-}1\text{-}13)$$

$$\delta(at-t_0) = \frac{1}{|a|}\delta\left(t-\frac{t_0}{a}\right) \qquad (2\text{-}1\text{-}14)$$

这里 a 和 t_0 为常数且 $a\neq 0$。

证明　令 $at = x$，当 $a > 0$ 时

$$\int_{-\infty}^{\infty}\delta(at)\varphi(t)dt = \frac{1}{a}\int_{-\infty}^{\infty}\delta(x)\varphi\left(\frac{x}{a}\right)dx = \frac{1}{a}\varphi(0)$$

当 $a < 0$ 时

$$\int_{-\infty}^{\infty}\delta(at)\varphi(t)dt = \int_{\infty}^{-\infty}\delta(x)\varphi\left(\frac{x}{a}\right)d\left(\frac{x}{a}\right) = -\int_{-\infty}^{\infty}\frac{1}{a}\varphi\left(\frac{x}{a}\right)\delta(x)dx = -\frac{1}{a}\varphi(0) = \frac{1}{|a|}\varphi(0)$$

又

$$\int_{-\infty}^{\infty}\varphi(t)\frac{1}{|a|}\delta(t)dt = \frac{1}{|a|}\varphi(0)$$

故

$$\delta(at) = \frac{1}{|a|}\delta(t)$$

同理可证

$$\delta(at - t_0) = \frac{1}{|a|}\delta\left(t - \frac{t_0}{a}\right)$$

例如

$$\int_{-1}^{3} e^{-t}\delta(4 - 2t)dt = \int_{-1}^{3} e^{-t}\frac{1}{2}\delta(t - 2)dt = \frac{1}{2}e^{-2}$$

（5）冲激信号与阶跃信号的关系为

$$\frac{du(t)}{dt} = \delta(t) \qquad\qquad (2\text{-}1\text{-}15)$$

证明　因为

$$\int_{-\infty}^{\infty} \varphi(t)\frac{du(t)}{dt}dt = \varphi(t)u(t)\Big|_{-\infty}^{\infty} - \int_{-\infty}^{\infty} u(t)d\varphi(t) = \varphi(\infty) - \int_{0}^{\infty} d\varphi(t)$$

$$= \varphi(\infty) - [\varphi(\infty) - \varphi(0)] = \varphi(0)$$

故

$$\frac{du(t)}{dt} = \delta(t)$$

反之，

$$\int_{-\infty}^{t} \delta(\tau)d\tau = u(t)$$

因为

$$\int_{-\infty}^{t} \delta(\tau)d\tau = \begin{cases} 0 & t < 0 \\ 1 & t > 0 \end{cases}$$

这与阶跃信号 $u(t)$ 的定义一致。

冲激信号是阶跃信号的一阶导数，阶跃信号是冲激信号的积分。从它们的波形可见，阶跃信号 $u(t)$ 在 $t = 0$ 处有间断点，故对其求导后，即产生冲激信号 $\delta(t)$。这表明信号在不连续点处的导数为冲激信号。冲激信号的强度就是不连续点处的跳变值。

【例 2-1-1】　已知 $f(t)$ 的波形如图 2-1-10（a）所示。试求 $f'(t)$，并画出其波形图。

　解

$$f(t) = t[u(t) - u(t - 2)]$$

$$f'(t) = [u(t) - u(t - 2)] + t[\delta(t) - \delta(t - 2)] = [u(t) - u(t - 2)] - 2\delta(t - 2)$$

$f'(t)$ 的波形如图 2-1-10（b）所示。

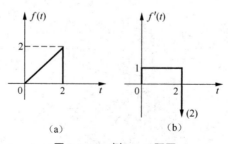

(a)　　　　　　(b)

图 2-1-10　例 2-1-1 题图

2.1.4　冲激偶信号

1．定义

单位冲激函数的一阶导数 $\delta'(t)$ 称为单位二次冲激函数或冲激偶信号，即 $\delta'(t) = \dfrac{\mathrm{d}\delta(t)}{\mathrm{d}t}$，图形符号如图 2-1-11 所示。

冲激偶信号也可以利用规则函数取极限的概念引出。例如，图 2-1-8 所示宽度为 Δ、高度为 $\dfrac{1}{\Delta}$ 的矩形脉冲，当 $\Delta \to 0$ 时，矩形脉冲成为冲激信号 $\delta(t)$；对矩形脉冲求导可得正、负极性的两个冲激信号，如图 2-1-12 所示，当 $\Delta \to 0$ 时，其冲激强度均为无穷大，这就是冲激偶信号 $\delta'(t)$。与此相似还可以定义 $\delta(t)$ 的任意阶导数 $\delta^{(k)}(t)$，这里不再赘述。

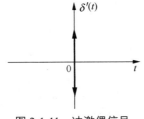

图 2-1-11　冲激偶信号　　　　　　　图 2-1-12　冲激偶信号的极限模型

2．冲激偶信号的性质

（1）筛选特性。

$$\int_{-\infty}^{\infty} \delta'(t)\varphi(t)\mathrm{d}t = -\varphi'(0) \tag{2-1-16}$$

$$\int_{-\infty}^{\infty} \delta'(t-t_0)\varphi(t)\mathrm{d}t = -\varphi'(t_0) \tag{2-1-17}$$

（2）抽样特性。

$$f(t)\delta'(t) = f(0)\delta'(t) - f'(0)\delta(t) \tag{2-1-18}$$

$$f(t)\delta'(t-t_0) = f(t_0)\delta'(t-t_0) - f'(t_0)\delta(t-t_0) \tag{2-1-19}$$

【例 2-1-2】　计算 $\displaystyle\int_{-\infty}^{\infty} \delta'\left(t - \dfrac{1}{4}\right)\sin \pi t\,\mathrm{d}t$ 的值。

解

$$\int_{-\infty}^{\infty} \delta'\left(t - \frac{1}{4}\right)\sin \pi t\,\mathrm{d}t = -\pi \cos \pi t\big|_{t=\frac{1}{4}} = -\frac{\sqrt{2}}{2}\pi$$

2.1.5　斜坡信号

斜坡信号用符号 $r(t)$ 表示，其定义为

$$r(t) = \begin{cases} t & t \geqslant 0 \\ 0 & t < 0 \end{cases} \tag{2-1-20}$$

波形如图 2-1-13 所示。

根据阶跃信号与斜坡信号的定义，可以导出阶跃信号与斜坡信号之间的关系，即

$$r(t) = \int_{-\infty}^{t} u(\lambda) \mathrm{d}\lambda \qquad (2\text{-}1\text{-}21)$$

$$\frac{\mathrm{d}r(t)}{\mathrm{d}t} = u(t) \qquad (2\text{-}1\text{-}22)$$

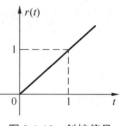

利用斜坡信号与阶跃信号，可以表示任意的三角脉冲信号 $r(t)u(t)$。

图 2-1-13　斜坡信号

综上所述，典型的连续时间信号可以分为普通信号与奇异信号。普通信号可以用复指数信号概括；奇异信号以冲激信号为基础，取其积分或二重积分可以派生出阶跃信号、斜坡信号，取其导数可以派生出冲激偶信号。因此，在基本信号中，复指数信号与冲激信号是两个核心信号。它们在信号与系统分析中起着十分重要的作用。

2.2 连续时间信号的基本运算

连续时间信号的
基本运算

2.2.1 替换自变量的运算

将信号 $f(t)$ 中所有的自变量 t 替换为 $at+b$，就得到了新的信号 $f(at+b)$。这种运算是针对自变量 t 而言的。下面根据参数 a、b 的不同取值，讨论其运算特点。

1. 翻转

当 $a = -1$，$b = 0$ 时，信号 $f(at+b)$ 即为 $f(-t)$。从波形上看，$f(-t)$ 与 $f(t)$ 关于纵坐标轴对称，或者说将 $f(t)$ 绕纵轴翻转即可得到 $f(-t)$，如图 2-2-1 所示。

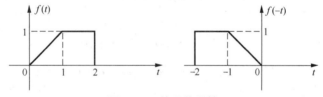

图 2-2-1　信号的翻转

2. 尺度变换

当 $b = 0$ 时，信号 $f(at+b)$ 即为 $f(at)$。从波形上看，$f(at)$ 是将 $f(t)$ 以纵坐标轴为中心压缩（$|a|>1$）或扩展（$|a|<1$）得到的，相当于改变了图形的横向比例，如图 2-2-2 所示。当 $a<0$ 时，还伴有翻转运算。

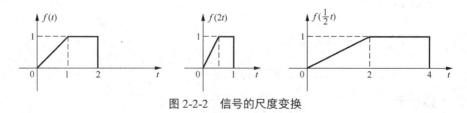

图 2-2-2　信号的尺度变换

3. 时移（平移）

当 $a = 1$ 时，信号 $f(at+b)$ 即为 $f(t+b)$。从波形上看，$f(t+b)$ 是将 $f(t)$ 左移（$b > 0$）或右移（$b < 0$）得到的，如图 2-2-3 所示。

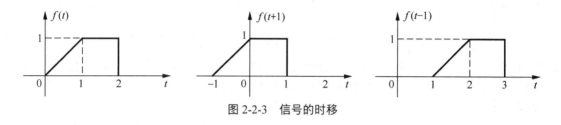

图 2-2-3　信号的时移

一般情况下，信号 $f(at+b)$ 是对信号 $f(t)$ 分别进行翻转、展缩与平移得到的。下面举例说明其变化过程。

【例 2-2-1】　已知信号 $f(t)$ 的波形如图 2-2-4 所示，画出 $f(-2t+2)$ 的波形。

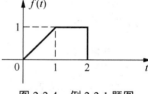

图 2-2-4　例 2-2-1 题图

解法一　$f(-2t+2)$ 包含翻转、展缩和平移 3 种运算，按下述顺序进行处理。

（1）翻转：$f(t) \xrightarrow{t \to -t} f(-t)$。

（2）压缩：$f(-t) \xrightarrow{t \to 2t} f(-2t)$。

（3）右移：$f(-2t) \xrightarrow{t \to t-1} f[-2(t-1)]$。

波形如图 2-2-5 所示。

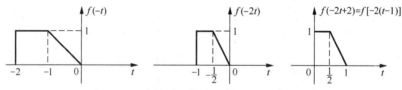

图 2-2-5　连续时间信号的翻转、展缩和平移

改变上述运算顺序，也会得到相同结果。

解法二　运用函数的基本定义，有

$$f(t) = \begin{cases} 0 & t < 0 \\ t & 0 < t < 1 \\ 1 & 1 < t < 2 \\ 0 & t > 2 \end{cases}$$

$$f(-2t+2) = \begin{cases} 0 & -2t+2 < 0 \\ -2t+2 & 0 < -2t+2 < 1 \\ 1 & 1 < -2t+2 < 2 \\ 0 & -2t+2 > 2 \end{cases} = \begin{cases} 0 & t > 1 \\ -2t+2 & 0.5 < t < 1 \\ 1 & 0 < t < 0.5 \\ 0 & t < 0 \end{cases}$$

从本例可以看出：相对于用函数表达式运算，用信号的波形图运算较为简便、直观。

2.2.2　信号的导数与积分

1．信号的导数

信号 $f(t)$ 的导数是指 $\dfrac{\mathrm{d}f(t)}{\mathrm{d}t}$，记作 $f'(t)$，它的值是信号 $f(t)$ 在 t 时刻的变化率。由于引入了冲激信号的概念，如前所述，当 $f(t)$ 含有不连续点时，其导数在这些不连续点处依然存在，只是导数中会含有冲激信号，$f(t)$ 在间断点处的跳变量就是冲激的强度。

【例 2-2-2】　已知信号 $f(t) = \mathrm{e}^{-t}u(t)$，求 $f'(t)$。

解

$$f'(t) = \frac{\mathrm{d}f(t)}{\mathrm{d}t} = -\mathrm{e}^{-t}u(t) + \mathrm{e}^{-t}\delta(t) = -\mathrm{e}^{-t}u(t) + \delta(t)$$

$f(t)$ 在 $t = 0$ 时有跃变，跃变值为 1，故对 $f(t)$ 求导时，在 $t = 0$ 点会出现强度为 1 的冲激，波形如图 2-2-6 所示。

2．信号的积分

信号 $f(t)$ 的积分是指 $\displaystyle\int_{-\infty}^{t} f(\tau)\,\mathrm{d}\tau$，记作 $f^{(-1)}(t)$。从图形上看，它在任意时刻 t 的值是从 $-\infty$ 到 t 区间，$f(t)$ 与时间轴所包围的面积。图 2-2-7 所示为 $f(t)$ 和它的积分 $f^{(-1)}(t)$ 的波形。

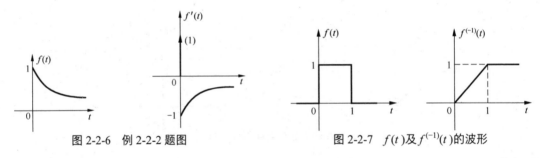

图 2-2-6　例 2-2-2 题图　　　　　图 2-2-7　$f(t)$ 及 $f^{(-1)}(t)$ 的波形

由前述基本信号的特性可知

$$\int_{-\infty}^{t} \delta(\tau)\,\mathrm{d}\tau = u(t)$$

$$\int_{-\infty}^{t} u(\tau)\,\mathrm{d}\tau = r(t)$$

习题讲解：信号的
导数与积分问题

2.2.3　信号的相加与相乘

1．信号的相加

信号的相加是指若干信号之和构成一个新的信号，可表示为

$$f(t) = f_1(t) + f_2(t) + \cdots + f_n(t) \tag{2-2-1}$$

图 2-2-8 所示为一个信号相加的例子。

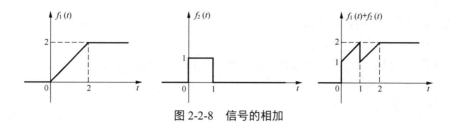

图 2-2-8　信号的相加

2．信号的相乘

信号的相乘是指若干信号的乘积，可表示为

$$f(t) = f_1(t)f_2(t) \cdots f_n(t) \tag{2-2-2}$$

图 2-2-9 所示为一个信号相乘的例子。

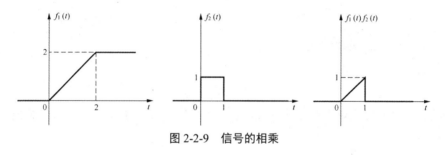

图 2-2-9　信号的相乘

许多较复杂的信号可以由基本信号通过相加、相乘、微分、积分等运算来表达。这样就可以把较复杂的信号分析转变为对基本信号的分析。

2.3 信号的时域分解

信号的时域分解

在信号分析中，常将信号分解为基本信号的线性组合。这样，对任意信号的分析就可以转变为对基本信号的分析，从而将复杂的问题简单化。另外，这样还可以使信号分析的物理过程更加清晰。信号可以从不同角度进行分解。

2.3.1　交、直流分解

信号可以分解为直流分量与交流分量。信号的直流分量是指信号在定义区间上的平均值，对应信号中不随时间变化的稳定分量，除去直流分量后的部分称为交流分量。若用 $f_D(t)$ 表示连续时间信号的直流分量，$f_A(t)$ 表示连续时间信号的交流分量，则对于任意连续时间信号，有

$$f(t) = f_D(t) + f_A(t) \tag{2-3-1}$$

图 2-3-1 所示为对一个连续信号进行分解的实例。

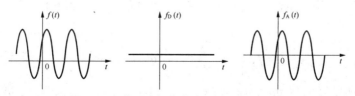

图 2-3-1　信号分解为直流分量和交流分量

对于离散时间信号也有同样的结论，即存在

$$f(k) = f_{\mathrm{D}}(t) + f_{\mathrm{A}}(t) \tag{2-3-2}$$

式中，$f_{\mathrm{D}}(k)$ 表示离散时间信号的直流分量，$f_{\mathrm{A}}(k)$ 表示离散时间信号的交流分量。

2.3.2 奇、偶分解

连续信号可以分解为奇分量与偶分量，即

$$f(t) = f_{\mathrm{e}}(t) + f_{\mathrm{o}}(t) \tag{2-3-3}$$

其中，$f_{\mathrm{e}}(t) = f_{\mathrm{e}}(-t)$ 为偶分量，并且

$$f_{\mathrm{e}}(t) = \frac{1}{2}[f(t) + f(-t)] \tag{2-3-4}$$

$f_{\mathrm{o}}(t) = -f_{\mathrm{o}}(-t)$ 为奇分量，并且

$$f_{\mathrm{o}}(t) = \frac{1}{2}[f(t) - f(-t)] \tag{2-3-5}$$

离散时间信号也可以分解为奇分量与偶分量，只需将上面的连续时间变量 t 换成离散时间变量 k 即可。

2.3.3 实部、虚部分解

复数信号可以分解为实部分量 $f_{\mathrm{r}}(t)$ 和虚部分量 $f_{\mathrm{i}}(t)$ 两部分，即

$$f(t) = f_{\mathrm{r}}(t) + \mathrm{j}\, f_{\mathrm{i}}(t) \tag{2-3-6}$$

$$f(k) = f_{\mathrm{r}}(k) + \mathrm{j}\, f_{\mathrm{i}}(k) \tag{2-3-7}$$

2.3.4 脉冲分解

如图 2-3-2 所示，任意波形的信号 $f(t)$ 都可以用横向截距相等的折线来近似表示。这时折线上的每一段横向线段都可以看作一个矩形脉冲。或者说，这些矩形脉冲组合（叠加）而成的波形就是近似于 $f(t)$ 的折线，并且 Δ 越小近似程度越高，其中在 $t = n\Delta$ 时刻开始出现的矩形脉冲高度为 $f(n\Delta)$，宽度为 Δ。利用单位冲激信号的极限定义，即公式 $\delta(t) = \lim\limits_{\Delta \to 0} g_{\Delta}(t)$ 中的矩形脉冲 $g_{\Delta}(t)$，可以将该矩形脉冲表示为 $f(n\Delta)g_{\Delta}(t - n\Delta)$。因此，折线的方程可表示为 $\sum\limits_{n=-\infty}^{\infty} f(n\Delta)g_{\Delta}(t - n\Delta)\Delta$，即

$$f(t) \approx \sum_{n=-\infty}^{\infty} f(n\Delta)g_{\Delta}(t - n\Delta)\Delta \tag{2-3-8}$$

式（2-3-8）表示任意信号 $f(t)$ 都可以近似地分解为窄脉冲信号的线性组合。

当 $\Delta \to 0$ 时，有

$$f(t) = \lim_{\Delta \to 0} \sum_{n=-\infty}^{\infty} f(n\Delta)g_{\Delta}(t - n\Delta)\Delta \tag{2-3-9}$$

根据函数积分的原理，此时将 Δ 记作 $\mathrm{d}\tau$，则 $n\Delta \to \tau$，$\lim\limits_{\Delta \to 0} g_{\Delta}(t - n\Delta) = \delta(t - \tau)$，式（2-3-9）演变为

$$f(t) = \int_{-\infty}^{\infty} f(\tau)\delta(t-\tau)\mathrm{d}\tau \qquad （2\text{-}3\text{-}10）$$

式（2-3-10）表明任意信号 $f(t)$ 都可以看作由在 $(-\infty, \infty)$ 出现的无穷多个延迟的冲激信号叠加而成，其中，出现在 t 时刻的冲激信号为 $[f(\tau)\mathrm{d}\tau]\delta(t-\tau)$，冲激强度 $f(\tau)\mathrm{d}\tau$ 为无穷小。

注意：冲激函数 $[f(\tau)\mathrm{d}\tau]\delta(t-\tau)$ 在 $\tau = t$ 时刻的值为 $f(t)$，在 $\tau \neq t$ 时刻的值为 0，其物理含义是信号 $f(t)$ 上的任意一点都可以看作一个延迟的冲激信号，虽然每一个冲激信号的强度都是无穷小，但是出现在不同时刻的冲激信号之间也有强度相对大小的不同。

需要说明的是：式（2-3-10）中，τ 是积分变量，t 是积分参变量（在积分过程中视为常数）。因此，该公式也可以直接从单位冲激信号的筛选特性得到，只是在这里给它赋予了特定的物理意义。

这样，当求信号 $f(t)$ 通过线性时不变连续时间系统产生的响应时，只需求冲激信号 $\delta(t)$ 通过该系统产生的响应，然后利用线性时不变连续时间系统的特性即可求得信号 $f(t)$ 产生的响应。所以说，将任意信号 $f(t)$ 分解为冲激信号的线性组合是连续时间系统时域分析的基础。

任意波形的信号也可以表示为无穷多个阶跃信号之和（分解过程略），即

$$f(t) = \int_{-\infty}^{\infty} f'(\tau)u(t-\tau)\mathrm{d}\tau \qquad （2\text{-}3\text{-}11）$$

如图 2-3-3 所示。

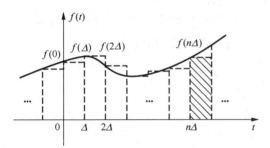

图 2-3-2　用窄脉冲组和近似表示任意信号

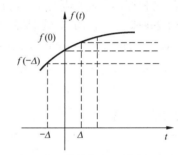

图 2-3-3　用阶跃信号之和近似表示任意信号

利用后文介绍的卷积性质，可以很方便地证明这一结论。

知识回顾　齐次微分方程的求解

描述一个 n 阶线性时不变连续时间系统的数学模型为线性常系数的 n 阶微分方程

$$\sum_{i=0}^{n} a_i y^{(i)}(t) = \sum_{j=0}^{m} b_j x^{(j)}(t)$$

当输入信号为零时，方程右边为零，称为齐次微分方程，即

$$a_n y^{(n)}(t) + a_{n-1} y^{(n-1)}(t) + \cdots + a_1 y'(t) + a_0 y(t) = 0$$

求解齐次微分方程的方法是先根据微分方程写出其特征方程

$$a_n \lambda^n + a_{n-1} \lambda^{n-1} + \cdots + a_1 \lambda + a_0 = 0$$

然后求出特征方程的 n 个特征根 $\lambda_1, \lambda_2, \cdots, \lambda_n$，根据特征根的不同类型，齐次解的形式有以下 3 种。

（1）若方程的特征根 λ_i 均为单根，则

$$y(t) = \sum_{i=1}^{n} c_i \mathrm{e}^{\lambda_i t}$$

（2）若方程的特征根中有一个 p 重根 λ_1，则该特征根对应的项变为

$$c_1 e^{\lambda_i t} + c_2 e^{\lambda_i t} + \cdots + c_p t^{p-1} e^{\lambda_i t}$$

其余 $n-p$ 个单根所对应的项仍如（1）中所示。有多个重根的情况可以按照类似方法处理。

（3）若方程的特征根中有一对共轭复根 $\lambda_{1,2} = \alpha \pm j\beta$，则该特征根对应的项变为

$$c_1 e^{\alpha t} \cos \beta t + c_2 e^{\alpha t} \sin \beta t$$

有多个共轭复根的情况可以按照类似方法处理。

系数 $c_1, c_2, \cdots, c_n$ 可以根据齐次微分方程的 n 个初始条件求解。

2.4 连续时间系统的零输入响应

连续时间系统的
零输入响应

当输入信号为零时，系统的响应称为零输入响应，描述系统的微分方程为齐次微分方程，即

$$a_n y^{(n)}(t) + a_{n-1} y^{(n-1)}(t) + \cdots + a_1 y'(t) + a_0 y(t) = 0$$

此时只要根据零输入响应的 n 个初始条件解齐次微分方程就可以了。

【例 2-4-1】 已知某线性时不变连续时间系统的微分方程为 $y''(t) + 3y'(t) + 2y(t) = 2x'(t) - x(t)$，初始条件 $y_{zi}(0^+) = 5, y'_{zi}(0^+) = -7$，试求系统的零输入响应。

解 特征方程为 $\lambda^2 + 3\lambda + 2 = 0$，解得特征根 $\lambda_1 = -1, \lambda_2 = -2$，零输入响应的形式应为

$$y_{zi}(t) = c_1 e^{-t} + c_2 e^{-2t} \quad (t > 0)$$

代入初始条件，得

$$\begin{cases} y_{zi}(0^+) = c_1 + c_2 = 5 \\ y'_{zi}(0^+) = -c_1 - 2c_2 = -7 \end{cases}$$

解得

$$\begin{cases} c_1 = 3 \\ c_2 = 2 \end{cases}$$

故

$$y_{zi}(t) = 3e^{-t} + 2e^{-2t} \quad (t > 0)$$

2.5 连续时间系统的冲激响应

连续时间系统的
冲激响应

2.5.1 冲激响应的定义

线性时不变连续时间系统的单位冲激响应是指系统的初始状态为零、激励为单位冲激信号 $\delta(t)$ 时的响应，简称冲激响应，用 $h(t)$ 表示，如图 2-5-1 所示。它反映了系统的时域特性，是系统分析的重要基础。

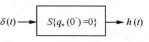

图 2-5-1 冲激响应的定义

2.5.2　冲激响应的物理解释

以图 2-5-2 所示的 RL 串联电路为例，根据基尔霍夫回路电压定律和元件的伏安关系，列出电路的微分方程为

$$Ri_{\mathrm{L}}(t) + L\frac{\mathrm{d}i_{\mathrm{L}}(t)}{\mathrm{d}t} = v_{\mathrm{S}}(t) \tag{2-5-1}$$

假设初始状态 $i_{\mathrm{L}}(0^-) = 0$，激励 $v_{\mathrm{S}}(t) = \delta(t)$ V，根据冲激响应的定义，可得响应 $i_{\mathrm{L}}(t) = h(t)$。

将电路的微分方程改写为

$$Ri_{\mathrm{L}}(t) + L\frac{\mathrm{d}i_{\mathrm{L}}(t)}{\mathrm{d}t} = \delta(t) \tag{2-5-2}$$

两边从 $t = 0^-$ 到 $t = 0^+$ 积分，得

$$R\int_{0^-}^{0^+} i_{\mathrm{L}}(t)\,\mathrm{d}t + Li_{\mathrm{L}}(0^+) - Li_{\mathrm{L}}(0^-) = 1 \tag{2-5-3}$$

因为 $i_{\mathrm{L}}(t)$ 是有限的，故 $\int_{0^-}^{0^+} i_{\mathrm{L}}(t)\mathrm{d}t = 0$，又因为 $i_{\mathrm{L}}(0^-) = 0$，所以有

$$i_{\mathrm{L}}(0^+) = \frac{1}{L} \tag{2-5-4}$$

表明电感电流在冲激信号 $\delta(t)$ 作用下从零跃变到 $\frac{1}{L}$。

当 $t \geqslant 0^+$ 时，激励 $\delta(t) = 0$，即此时电路的输入为零，因此冲激信号 $\delta(t)$ 作用下的零状态电路又可以看作一个特殊的零输入电路。由零输入响应的规律，有

$$i_{\mathrm{L}}(t) = \frac{1}{L}\mathrm{e}^{-\frac{R}{L}t}u(t) = h(t) \tag{2-5-5}$$

注意：式（2-5-5）中，后缀 $u(t)$ 表示 $t < 0$ 时 $h(t) = 0$，因为 $h(t)$ 为 $\delta(t)$ 激励下的零状态响应。

由此可见：

（1）单位冲激信号 $\delta(t)$ 作用于零状态系统的结果是赋予系统一个初始值。

（2）系统的单位冲激响应 $h(t)$ 与系统的零输入响应具有相同的形式。

根据电路的对偶特性，可得如图 2-5-3 所示的 RC 并联电路的冲激响应，即

$$\frac{v_{\mathrm{C}}(t)}{R} + C\frac{\mathrm{d}v_{\mathrm{C}}(t)}{\mathrm{d}t} = \delta(t) \tag{2-5-6}$$

$$h(t) = v_{\mathrm{C}}(t) = \frac{1}{C}\mathrm{e}^{-\frac{1}{RC}t}u(t) \tag{2-5-7}$$

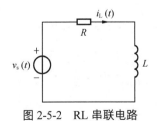

图 2-5-2　RL 串联电路

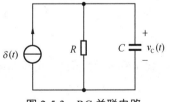

图 2-5-3　RC 并联电路

2.5.3　冲激响应的求取

对于比较简单的系统，假设其激励为单位冲激信号 $\delta(t)$，则此时的零状态响应即为冲激响应

$h(t)$，求解方法如 2.5.2 节所述。

对于一般的线性时不变连续时间系统，在时域中求其冲激响应的方法就是解描述该系统的线性常系数微分方程。

1. 简单的情况

为了叙述方便，我们先从简单的情况入手，假设一个 n 阶线性时不变连续时间系统的微分方程的右边只有 $x(t)$ 一项，即

$$a_n y^{(n)}(t) + a_{n-1} y^{(n-1)}(t) + \cdots + a_1 y'(t) + a_0 y(t) = x(t) \qquad (2\text{-}5\text{-}8)$$

当激励 $x(t)$ 为单位冲激信号 $\delta(t)$ 时，系统的零状态响应 $y(t)$ 就是单位冲激响应 $h(t)$，即

$$a_n h^{(n)}(t) + a_{n-1} h^{(n-1)}(t) + \cdots + a_1 h'(t) + a_0 h(t) = \delta(t) \qquad (2\text{-}5\text{-}9)$$

由于 $t > 0$ 时 $\delta(t) = 0$，即冲激响应 $h(t)$ 的形式应当与微分方程齐次解的形式相同，因此只要找出式（2-5-9）的 n 个初始条件，解齐次微分方程就可以了。下面我们就来讨论如何找出这 n 个初始条件。

为了使方程平衡，式（2-5-9）的左边应当含有冲激函数项，并且只能包含在 $h^{(n)}(t)$ 中，因此 $h^{(n-1)}(t)$ 必定含有阶跃函数项（在 $t = 0$ 处不连续），而其余各项 $h^{(i)}(t)$（$i = 0,1,\cdots,n-2$）必定在 $t = 0$ 处连续，否则方程左边就会出现冲激函数的导数项。对于因果系统来说，其初始状态 $h^{(i)}(0^-) = 0$（$i = 0,1,\cdots,n$），考虑到 $h^{(i)}(t)$（$i = 0,1,\cdots,n-2$）在 $t = 0$ 处连续，所以系统的 $n-1$ 个初始条件为

$$h^{(n-2)}(0^+) = \cdots = h'(0^+) = h(0^+) = 0 \qquad (2\text{-}5\text{-}10)$$

对微分方程式（2-5-9）两边在 $0^- \sim 0^+$ 区间积分，有

$$a_n \int_{0^-}^{0^+} h^{(n)}(t)dt + a_{n-1} \int_{0^-}^{0^+} h^{(n-1)}(t)dt + \cdots + a_0 \int_{0^-}^{0^+} h(t)dt = \int_{0^-}^{0^+} \delta(t)dt = 1 \qquad (2\text{-}5\text{-}11)$$

上式左边只有第一项不为零，即

$$a_n[h^{(n-1)}(0^+) - h^{(n-1)}(0^-)] = 1 \qquad (2\text{-}5\text{-}12)$$

所以

$$h^{(n-1)}(0^+) = \frac{1}{a_n} \qquad (2\text{-}5\text{-}13)$$

式（2-5-10）和式（2-5-13）即为求冲激响应 $h(t)$ 的 n 个初始条件。

注意：n 个初始条件必须包括由 $\int_{0^-}^{0^+} \delta(t)dt = 1$ 推得的式（2-5-13），这样才能反映单位冲激响应的实质。

【例 2-5-1】 已知某线性时不变连续时间系统的微分方程为 $y''(t) + 2y'(t) + y(t) = x(t)$。试求该系统的冲激响应 $h(t)$。

解 特征方程为 $\lambda^2 + 2\lambda + 1 = 0$，解得特征根 $\lambda_{1,2} = -1$，为 2 重根，则冲激响应的形式应为

$$h(t) = (c_1 e^{-t} + c_2 t e^{-t})u(t)$$

由式（2-5-10）和式（2-5-13）可得初始条件

$$\begin{cases} h(0^+) = 0 \\ h'(0^+) = 1 \end{cases}$$

得

$$\begin{cases} h(0^+) = c_1 = 0 \\ h'(0^+) = -c_1 + c_2 = 1 \end{cases}$$

解得

$$\begin{cases} c_1 = 0 \\ c_2 = 1 \end{cases}$$

故

$$h(t) = te^{-t}u(t)$$

2．间接法

当微分方程为一般情况，即右边不是只有 $x(t)$ 一项时，可以根据线性时不变连续时间系统的特性间接求其冲激响应 $h(t)$。描述一个 n 阶线性时不变连续时间系统的微分方程为

$$\sum_{i=0}^{n} a_i \frac{d^i y(t)}{dt^i} = \sum_{j=0}^{m} b_j x^{(j)}(t) \tag{2-5-14}$$

其冲激响应 $h(t)$ 满足微分方程

$$\sum_{i=0}^{n} a_i \frac{d^i h(t)}{dt^i} = \sum_{j=0}^{m} b_j \delta^{(j)}(t) \tag{2-5-15}$$

我们将式（2-5-9）中的冲激响应改为 $h_0(t)$，将式（2-5-9）重写为

$$\sum_{i=0}^{n} a_i \frac{d^i h_0(t)}{dt^i} = \delta(t) \tag{2-5-16}$$

根据系统的线性和时不变性，可知下列等式成立

$$\sum_{i=0}^{n} a_i \frac{d^i}{dt^i}\left(b_j h_0^{(j)}(t)\right) = b_j \delta^{(j)}(t), \ j = 0, 1, \cdots, m \tag{2-5-17}$$

$$\sum_{i=0}^{n} a_i \frac{d^i}{dt^i}\left(\sum_{j=0}^{m} b_j h_0^{(j)}(t)\right) = \sum_{j=0}^{m} b_j \delta^{(j)}(t) \tag{2-5-18}$$

将式（2-5-18）与式（2-5-15）进行比较，可得

$$h(t) = \sum_{j=0}^{m} b_j h_0^{(j)}(t) \tag{2-5-19}$$

【例 2-5-2】　已知某线性时不变连续时间系统的微分方程为 $2y''(t) + 4y'(t) + 4y(t) = 2x'(t) + x(t)$。试求该系统的冲激响应 $h(t)$。

解　设 $2h_0''(t) + 4h_0'(t) + 4h_0(t) = \delta(t)$，特征方程为 $2\lambda^2 + 4\lambda + 4 = 0$，解得特征根 $\lambda_{1,2} = -1 \pm j$，为一对共轭复根，则 $h_0(t)$ 的形式应为

$$h_0(t) = (c_1 e^{-t} \sin t + c_2 e^{-t} \cos t)u(t)$$

代入初始条件

$$\begin{cases} h_0(0^+) = 0 \\ h_0'(0^+) = \dfrac{1}{2} \end{cases}$$

得

$$\begin{cases} h_0(0^+) = c_2 = 0 \\ h_0'(0^+) = c_1 - c_2 = \dfrac{1}{2} \end{cases}$$

解得

$$\begin{cases} c_1 = \dfrac{1}{2} \\ c_2 = 0 \end{cases}$$

故

$$h_0(t) = \frac{1}{2}\mathrm{e}^{-t}\sin t u(t)$$

由式（2-5-19）得

$$h(t) = 2h_0'(t) + h_0(t)$$

$$= -\mathrm{e}^{-t}\sin t u(t) + \mathrm{e}^{-t}\cos t u(t) + \frac{1}{2}\mathrm{e}^{-t}\sin t u(t)$$

$$= \mathrm{e}^{-t}\cos t u(t) - \frac{1}{2}\mathrm{e}^{-t}\sin t u(t)$$

3．直接法

一般的微分方程可以根据等式两边对应项系数相等的方法直接求其冲激响应。此时应注意：当 $n \leq m$ 时，为了使方程式两边所含有的冲激信号及其各阶导数相等，$h(t)$ 中还应含有 $\delta(t)$ 直至其 $m-n$ 阶导数项。

【例 2-5-3】 已知某线性时不变连续时间系统的微分方程为 $y''(t) + 5y'(t) + 6y(t) = 3x'(t) + 2x(t)$。试求该系统的冲激响应 $h(t)$。

解 该微分方程的特征方程为 $\lambda^2 + 5\lambda + 6 = 0$，解得特征根 $\lambda_1 = -2$，$\lambda_2 = -3$，$n>m$，冲激响应的形式应为

$$h(t) = (k_1\mathrm{e}^{-2t} + k_2\mathrm{e}^{-3t})u(t)$$

对上式求导，得

$$h'(t) = (k_1 + k_2)\delta(t) + (-2k_1\mathrm{e}^{-2t} - 3k_2\mathrm{e}^{-3t})u(t)$$

$$h''(t) = (k_1 + k_2)\delta'(t) + (-2k_1 - 3k_2)\delta(t) + (4k_1\mathrm{e}^{-2t} + 9k_2\mathrm{e}^{-3t})u(t)$$

将 $y(t) = h(t)$ 及 $x(t) = \delta(t)$ 代入原微分方程，经整理得

$$(k_1 + k_2)\delta'(t) + (3k_1 + 2k_2)\delta(t) = 3\delta'(t) + 2\delta(t)$$

故有

$$\begin{cases} k_1 + k_2 = 3 \\ 3k_1 + 2k_2 = 2 \end{cases}$$

解得

$$\begin{cases} k_1 = -4 \\ k_2 = 7 \end{cases}$$

代入 $h(t)$ 的表达式，得

$$h(t) = (7\mathrm{e}^{-3t} - 4\mathrm{e}^{-2t})u(t)$$

与直接法相比，间接法的优点是：求冲激响应改为求 $h_0(t)$ 时，只需考虑 $n>m$ 的情况，不需要考虑其他情况，并且其 n 个初始条件是固定不变的，从而给计算带来了方便。

此外，还可以用变换域的方法，如后面要介绍的傅里叶变换分析法、拉普拉斯变换分析法，求连续时间系统的冲激响应。工程中也可以通过观察、记录系统在窄脉冲信号激励下的响应曲线或单位阶跃响应曲线得到其冲激响应。

知识回顾　一阶电路阶跃响应求解

一阶电路在单位阶跃信号激励下产生的零状态响应称为单位阶跃响应，用 $s(t)$ 表示。单位阶跃响应可以用三要素法求解，公式为

$$s(t) = \{s(\infty) + [s(0^+) - s(\infty)]e^{-t/\tau}\}u(t)$$

式中：$s(0^+)$ 表示单位阶跃响应的初始值，$s(\infty)$ 表示单位阶跃响应的稳态值，τ 表示电路的时间常数。

可见，只要求出 $s(0^+)$、$s(\infty)$ 和 τ 就可写出单位阶跃响应的表达式。$s(0^+)$、$s(\infty)$ 和 τ 称为三要素。这种方法称为三要素法。

例如，在前述 RL 串联电路中，假设初始状态 $i_L(0^-)=0$，激励 $v_s(t)=u(t)$ V，求 $i_L(t)$ 的单位阶跃响应 $s(t)$。

根据换路定则，$s(0^+)=i_L(0^+)=i_L(0^-)=0$；而

$$s(\infty)=\frac{1}{R}, \quad \tau=\frac{L}{R}。$$

可求得该电路的单位阶跃响应

$$s(t) = \left\{s(\infty) + [s(0^+) - s(\infty)]e^{-\frac{t}{\tau}}\right\}u(t)$$

$$= \frac{1}{R}\left(1 - e^{-\frac{R}{L}t}\right)u(t)$$

因为线性时不变连续时间系统的数学模型为线性常系数微分方程，两边同时求导方程仍然成立，易知：若激励为单位阶跃信号 $u(t)$ 时零状态响应为单位阶跃响应 $s(t)$，则当激励为单位阶跃信号 $u(t)$ 的导数 $\delta(t)$ 时，零状态响应亦应为单位阶跃响应 $s(t)$ 的导数，公式化的表示为

若

$$激励\ u(t) \rightarrow 响应\ s(t)$$

则

$$激励\ u(t-\Delta t) \rightarrow 响应\ s(t-\Delta t)$$

得

$$激励\ \lim_{\Delta \to 0}\frac{u(t)-u(t-\Delta t)}{\Delta t}=\frac{\mathrm{d}u(t)}{\mathrm{d}t}=\delta(t) \rightarrow 响应\ \lim_{\Delta \to 0}\frac{s(t)-s(t-\Delta t)}{\Delta t}=\frac{\mathrm{d}s(t)}{\mathrm{d}t}=h(t)$$

即

$$h(t)=\frac{\mathrm{d}s(t)}{\mathrm{d}t}$$

因此，该电路的冲激响应

$$h(t)=\frac{\mathrm{d}s(t)}{\mathrm{d}t}=\frac{1}{R}\left(1-e^{-\frac{R}{L}t}\right)\delta(t)+\frac{1}{L}e^{-\frac{R}{L}t}u(t)=\frac{1}{L}e^{-\frac{R}{L}t}u(t)$$

需要指出的是：冲激信号是一种理想化的模型，在实际工程中难以被近似模拟，并且也难以用实验方法获取冲激响应曲线。而阶跃信号比较容易被近似模拟，工程上往往用数字示波器记录复杂

系统的近似阶跃响应曲线，从而得到其冲激响应曲线。

【例 2-5-4】　试求图 2-5-4 所示电路中 $v(t)$ 的冲激响应，已知 $R_1 = R_2 = 1\Omega$，$C = 1\mathrm{F}$。

解　先用三要素法求阶跃响应

此时

$$u_s(t) = u(t),\ v_C(0^-) = 0$$

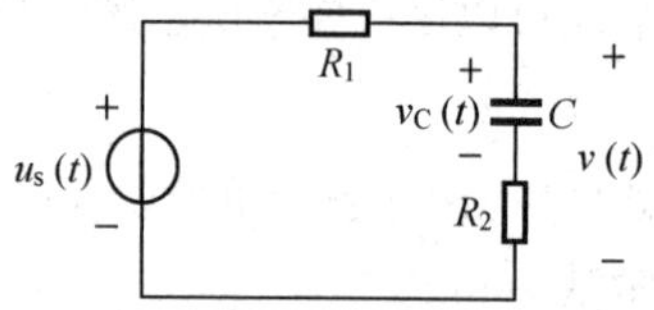

则

$$v_C(0^+) = v_C(0^-) = 0$$

$$v(0^+) = \frac{1}{2}\mathrm{V}$$

$$v(\infty) = 1\mathrm{V}$$

$$\tau = RC = 2\mathrm{s}$$

图 2-5-4　例 2-5-4 题图

根据三要素法，有

$$s(t) = v(t) = \left(1 - \frac{1}{2}\mathrm{e}^{-\frac{t}{2}}\right)u(t)$$

所以

$$h(t) = s'(t) = \frac{1}{2}\delta(t) + \frac{1}{4}\mathrm{e}^{-\frac{\tau}{2}}u(t)$$

注意：阶跃响应中的后缀 $u(t)$ 不能省略，否则求导时会漏掉一项。

2.6 连续时间系统的零状态响应

我们知道，线性时不变连续时间系统的数学模型是线性常系数微分方程，求系统响应的经典方法就是解微分方程。系统的零输入响应对应方程的齐次解，较为简单；零状态响应对应方程的非齐次解，较为复杂。

自 20 世纪 50 年代冲激函数被普遍应用以来，时域中求零状态响应的方法已改为卷积分析法。这种方法物理概念清楚，运算方便，便于计算机求解，是联系时域分析和变换域分析的纽带，具有重要的理论意义，也是分析线性系统的有力工具。

连续时间系统的
零状态响应

2.6.1　卷积分析法的引出

设线性时不变连续时间系统的激励为 $x(t)$，零状态响应为 $y(t)$，则根据上一节的讨论，下面的推理同样成立。

由

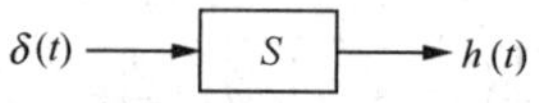

$$\delta(t) \longrightarrow \boxed{S} \longrightarrow h(t)$$

根据系统的时不变性，有

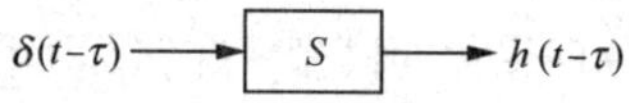

$$\delta(t-\tau) \longrightarrow \boxed{S} \longrightarrow h(t-\tau)$$

根据线性系统的齐次性，有

$$[x(\tau)\,\mathrm{d}\tau]\delta(t-\tau) \longrightarrow \boxed{S} \longrightarrow [x(\tau)\,\mathrm{d}\tau]h(t-\tau)$$

根据连续信号的脉冲分解及线性系统的叠加性，有

$$x(t)=\int_{-\infty}^{\infty}x(\tau)\delta(t-\tau)\mathrm{d}\tau \longrightarrow \boxed{S} \longrightarrow \int_{-\infty}^{\infty}x(\tau)h(t-\tau)\mathrm{d}\tau=y(t)$$

因此得到任意波形的信号 $x(t)$ 作用于线性时不变连续时间系统所引起的零状态响应 $y(t)$ 为

$$y(t)=\int_{-\infty}^{\infty}x(\tau)h(t-\tau)\mathrm{d}\tau \qquad (2\text{-}6\text{-}1)$$

式（2-6-1）称为激励 $x(t)$ 与系统的冲激响应 $h(t)$ 的卷积积分，简称卷积，记作

$$y(t)=x(t)*h(t)$$

通常把这种求线性时不变连续时间系统零状态响应的方法叫作卷积分析法，其中冲激响应 $h(t)$ 表示系统的时域特性。卷积积分表明：输入信号 $x(t)$ 通过系统时，在系统的传递特性作用下，信号的时间特性发生了相应的变化，从而变成了新的信号 $y(t)$ 输出。

我们再来回顾一下这种分析方法的思路：

（1）首先把任意信号分解为无穷多个单元信号（这里指冲激信号）的组合。

（2）然后研究系统对单元信号的零状态响应（这里指冲激响应）。

（3）再根据线性时不变连续时间系统的根本规律，把每一个单元信号作用于系统时所引起的零状态响应叠加起来，就得到了系统在任意信号激励下的零状态响应。

（4）这种方法把求微分方程特解的问题转化为用数学表达式（这里指卷积积分）求解，不仅使运算大为简化，而且易于实现。

应当指出，这种分析问题、解决问题的方法仍将在变换域分析中应用，只是换了一个观察事物的角度而已。将输入信号分解为基本信号的组合这一思路正是科学认识论的应用，是从更高的视点深入地认识事物的本质特征；将基本信号的零状态响应叠加起来得到输出信号这一方法正是科学方法论的应用，即通过事物的根本规律解决实际问题。读者只有着眼于这两个层面，才能真正提高分析问题和解决问题的能力。

2.6.2　确定卷积积分限的公式

式（2-6-1）是对无时限的函数 $x(t)$ 和 $h(t)$ 而言的，考虑到实际情况，输入信号 $x(t)$ 通常为有始函数，假设 $t < t_1$ 时，$x(t)=0$，则 t_1 表示输入信号的起始作用时刻，此时的 $x(t)$ 可以表示为

$$x(t)=x(t)u(t-t_1)$$

实际系统都是因果系统，其冲激响应 $h(t)$ 必定为有始函数，设 $t < t_2$ 时，$h(t)=0$，则 t_2 表示系统的输出信号相对于输入信号的延迟时间，可以表示为

$$h(t)=h(t)u(t-t_2)$$

于是有

$$y(t)=x(t)*h(t)=\int_{-\infty}^{\infty}x(\tau)u(\tau-t_1)h(t-\tau)\,u(t-\tau-t_2)\mathrm{d}\tau \qquad (2\text{-}6\text{-}2)$$

考虑到 $\tau-t_1 < 0$ 时 $u(\tau-t_1)=0$，以及 $t-\tau-t_2 < 0$ 时 $u(t-\tau-t_2)=0$，故只有当 $t_1 < \tau < t-t_2$ 时被积函数才可能不为零。因此：

（1）对于积分变量 τ 而言，下限应当取 t_1、上限应当取 $t-t_2$，其物理含义是：t 时刻的响应值 $y(t)$ 是由 $(t_1, t-t_2)$ 期间的激励所引起的。

（2）对于积分参变量 t 而言，只有当 $t > t_1 + t_2$ 时响应 $y(t)$ 的值才可能不为零，其物理含义是：t_1 时刻的激励所引起的响应要到 t_1+t_2 时刻才出现，延迟的时间 t_2 是由系统的特性所决定的。

综上所述，式（2-6-2）可以改写为

$$y(t) = x(t) * h(t) = \int_{t_1}^{t-t_2} x(\tau)h(t-\tau)\mathrm{d}\tau \cdot u(t-t_1-t_2) \tag{2-6-3}$$

单纯地从数学角度来考虑的话，若 $x(t)$ 或 $h(t)$ 为无始函数，则 $x(t)$ 或 $h(t)$ 可以相应地表示为 $x(t) = x(t)u(t+\infty)$ 或 $h(t) = h(t)u(t+\infty)$，此时可视为 $t_1 = -\infty$ 或 $t_2 = -\infty$，式（2-6-3）仍然适用。

【例 2-6-1】 已知激励信号 $x(t) = \mathrm{e}^{-t}u(t-1)$，系统的冲激响应 $h(t) = \mathrm{e}^{-2t}u(t-3)$。试用卷积分析法计算其零状态响应。

解

$$
\begin{aligned}
y(t) = x(t) * h(t) &= \int_{1}^{t-3} \mathrm{e}^{-\tau}\mathrm{e}^{-2(t-\tau)}\mathrm{d}\tau \cdot u(t-4) = \mathrm{e}^{-2t}\mathrm{e}^{\tau}\big|_{1}^{t-3} u(t-4) \\
&= (\mathrm{e}^{-t-3} - \mathrm{e}^{-2t+1})u(t-4)
\end{aligned}
$$

【例 2-6-2】 已知激励信号 $x(t) = 1$，系统的冲激响应 $h(t) = \mathrm{e}^{-t}u(t-2)$。试用卷积分析法计算其零状态响应。

解

$$x(t) = 1 = 1 \cdot u(t+\infty) = 1 \cdot u(t-t_1)，\text{其中} t_1 = -\infty$$

$$y(t) = x(t) * h(t) = \int_{-\infty}^{t-2} 1 \cdot \mathrm{e}^{-(t-\tau)}\mathrm{d}\tau \cdot u(t+\infty) = \mathrm{e}^{-t}\mathrm{e}^{\tau}\big|_{-\infty}^{t-2} = \mathrm{e}^{-2}$$

2.6.3　卷积的图解

两个函数的卷积也可以用图解计算，图形能够直观地呈现卷积积分的计算过程，有助于确定积分的上下限。由式（2-6-1）可知，图解卷积分为 5 个步骤。

卷积的图解

（1）换元：将函数 $x(t)$ 和 $h(t)$ 中的自变量替换为 τ。

（2）翻转：将 $h(\tau)$ 翻转得到 $h(-\tau)$。

（3）平移：将 $h(-\tau)$ 平移 t，变为 $h(t-\tau)$。

（4）相乘：将 $x(\tau)$ 和 $h(t-\tau)$ 相乘。

（5）积分：对 $x(\tau)h(t-\tau)$ 积分。

下面举例说明图解卷积的过程。

【例 2-6-3】 已知 $x(t) = 2u\left(t+\dfrac{1}{2}\right) - 2u(t-1)$，$h(t) = t\left[u(t) - u(t-2)\right]$，它们的波形分别如图 2-6-1（a）、图 2-6-1（b）所示。请计算卷积 $y(t) = x(t) * h(t)$。

解　（1）将函数的自变量由 t 改为 τ，如图 2-6-2（a）、图 2-6-2（b）所示。

（2）将 $h(\tau)$ 翻转得到 $h(-\tau)$，如图 2-6-2（c）所示。

（3）将 $h(-\tau)$ 平移 t，如图 2-6-2（d）所示。根据 $x(\tau)$ 与 $h(t-\tau)$ 的重叠情况，分段讨论如下。

① 当 $t < -\dfrac{1}{2}$ 时，$x(\tau)$ 与 $h(t-\tau)$ 的图形没有相

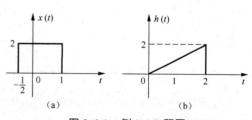

图 2-6-1　例 2-6-3 题图

遇，如图 2-6-2（e）所示，此时 $x(\tau)\,h(t-\tau)=0$，故 $y(t)=0$。

② 当 $-\dfrac{1}{2}\leqslant t<1$ 时，$x(\tau)$ 与 $h(t-\tau)$ 图形相遇，而且随着 t 的增加，其重合区间增大，重合区间为 $\left(-\dfrac{1}{2},t\right)$，如图 2-6-2（f）所示，故 $y(t)=\int_{-\frac{1}{2}}^{t}2\times(t-\tau)\mathrm{d}\tau=t^2+t+\dfrac{1}{4}$。

③ 当 $1\leqslant t<\dfrac{3}{2}$ 时，$x(\tau)$ 与 $h(t-\tau)$ 图形的重合区间为 $\left(-\dfrac{1}{2},1\right)$，如图 2-6-2（g）所示，故 $y(t)=\int_{-\frac{1}{2}}^{1}2\times(t-\tau)\mathrm{d}\tau=3t-\dfrac{3}{4}$。

④ 当 $\dfrac{3}{2}\leqslant t<3$ 时，$x(\tau)$ 与 $h(t-\tau)$ 图形的重合区间为 $(t-2,1)$，如图 2-6-2（h）所示，故 $y(t)=\int_{t-2}^{1}2\times(t-\tau)\mathrm{d}\tau=-t^2+2t+3$。

⑤ 当 $t\geqslant 3$ 时，$h(t-\tau)$ 的图形与 $x(\tau)$ 的图形不再重合，如图 2-6-2（i）所示，此时 $x(\tau)\,h(t-\tau)=0$，故 $y(t)=0$。

卷积 $y(t)=x(t)*h(t)$ 的结果如图 2-6-2（j）所示。

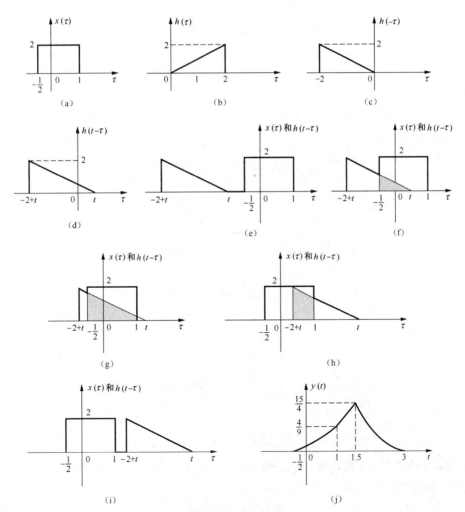

图 2-6-2　图解卷积

从以上图解卷积分析过程可以看出：

（1）卷积积分限取决于 $x(\tau)$ 和 $h(t-\tau)$ 两个函数重叠部分的时间范围。

（2）如果函数图形的宽度有限，则卷积结果 $y(t)$ 的起点等于 $x(t)$ 和 $h(t)$ 的起点之和，$y(t)$ 的终点等于 $x(t)$ 和 $h(t)$ 的终点之和，$y(t)$ 的宽度等于 $x(t)$ 和 $h(t)$ 的宽度之和。

H5 交互：卷积
的图解练习

顺便指出，如果将 $x(t)$ 和 $h(t)$ 用分段函数表示，则本例也可以用确定积分限的公式（2-6-3）求解。

2.6.4 卷积积分的性质

作为一种数学运算方法，卷积积分具有一些特殊性质。利用这些性质可以简化卷积运算。

卷积积分的性质

1. 卷积代数

利用卷积的定义很容易证明卷积积分具有代数中乘法运算的性质。因此这里只给出这些性质，不再证明。

（1）交换律

$$x(t) * h(t) = h(t) * x(t) \tag{2-6-4}$$

（2）分配律

$$x(t) * [h_1(t) + h_2(t)] = x(t) * h_1(t) + x(t) * h_2(t) \tag{2-6-5}$$

式（2-6-5）的物理意义为：两个冲激响应分别为 $h_1(t)$ 和 $h_2(t)$ 的子系统并联，可以等效为一个系统。该系统的冲激响应

$$h(t) = h_1(t) + h_2(t) \tag{2-6-6}$$

如图 2-6-3 所示。

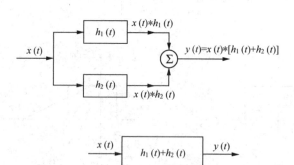

图 2-6-3   两个子系统的并联

（3）结合律

$$[x(t) * h_1(t)] * h_2(t) = x(t) * [h_1(t) * h_2(t)] \tag{2-6-7}$$

式（2-6-7）的物理意义为：两个冲激响应分别为 $h_1(t)$ 和 $h_2(t)$ 的子系统串联，可以等效为一个系统。该系统的冲激响应

$$h(t) = h_1(t) * h_2(t) \tag{2-6-8}$$

如图 2-6-4 所示。

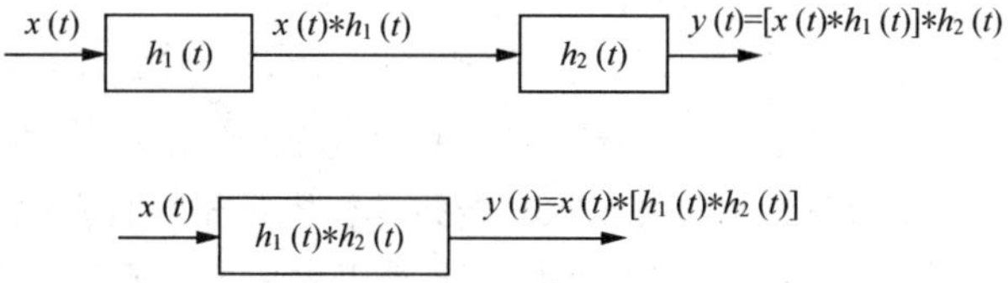

图 2-6-4　两个子系统的串联

2．卷积的微分与积分

设 $y(t) = x(t) * h(t)$，有

（1）卷积的微分性质

$$y'(t) = x'(t) * h(t) = x(t) * h'(t) \tag{2-6-9}$$

利用卷积的定义可以证明此性质。

$$
\begin{aligned}
y'(t) &= \frac{\mathrm{d}}{\mathrm{d}t}\int_{-\infty}^{\infty} x(\tau)h(t-\tau)\mathrm{d}\tau = \int_{-\infty}^{\infty} x(\tau)h'(t-\tau)\mathrm{d}\tau \\
&= x(t) * h'(t)
\end{aligned}
$$

再利用交换律可以证明

$$y'(t) = h(t) * x'(t) = x'(t) * h(t)$$

卷积的微分性质表明：在输入信号 $x(t)$ 的导数 $x'(t)$ 激励下，系统的零状态响应为原输出信号 $y(t)$ 的导数 $y'(t)$。

（2）卷积的积分性质

$$y^{(-1)}(t) = x(t) * h^{(-1)}(t) = x^{(-1)}(t) * h(t) \tag{2-6-10}$$

利用卷积的定义同样可以证明此性质，证明从略。

卷积的积分性质表明：在输入信号 $x(t)$ 的积分 $x^{(-1)}(t)$ 激励下，系统的零状态响应为原输出信号 $y(t)$ 的积分 $y^{(-1)}(t)$。

（3）卷积的微积分守恒性

$$y(t) = x'(t) * h^{(-1)}(t) = x^{(-1)}(t) * h'(t) \tag{2-6-11}$$

证明

$$
\begin{aligned}
y(t) = x(t) * h(t) &= \left\{ \int_{-\infty}^{t} x'(\tau)\mathrm{d}\tau + x(-\infty) \right\} * h(t) \\
&= x'(t) * h^{(-1)}(t) + h(t) * x(-\infty) \\
&= x'(t) * h^{(-1)}(t) + \int_{-\infty}^{\infty} h(\tau)x(-\infty)\mathrm{d}\tau \\
&= x'(t) * h^{(-1)}(t) + x(-\infty)\int_{-\infty}^{\infty} h(t)\mathrm{d}t
\end{aligned}
$$

只要 $x(-\infty) = 0$ 或者 $\int_{-\infty}^{\infty} h(t)\mathrm{d}t = 0$，则

$$y(t) = x'(t) * h^{(-1)}(t)$$

同理可证

$$y(t) = x^{(-1)}(t) * h'(t)$$

卷积的微积分守恒性成立的条件是：被求导的函数在 $t = -\infty$ 处为零值（有始函数），或者被积分的函数在 $(-\infty, \infty)$ 区间的积分（函数波形的净面积）为零值。

显然，式（2-6-9）可以推广为

$$y(t) = x^{(i)}(t) * h^{(-i)}(t) \qquad (2\text{-}6\text{-}12)$$

以及

$$y^{(i+j)}(t) = x^{(i)}(t) * h^{(j)}(t) \qquad (2\text{-}6\text{-}13)$$

式中，i、j 取整数。i、j、$i+j$ 为正整数时表示求导的阶数，为负整数时表示重积分的次数。

我们在 2.3.4 小节中曾经讨论过：任意波形的信号可以表示为无穷多个阶跃信号之和，即

$$x(t) = \int_{-\infty}^{\infty} x'(\tau)u(t-\tau)\mathrm{d}\tau \qquad (2\text{-}6\text{-}14)$$

利用式（2-6-9）可以得到系统的零状态响应与阶跃响应的关系，即

$$y(t) = x'(t) * h^{(-1)}(t) = x'(t) * s(t)$$
$$= \int_{-\infty}^{\infty} x'(\tau)s(t-\tau)\mathrm{d}\tau \qquad (2\text{-}6\text{-}15)$$

式中，$s(t)$ 为系统的阶跃响应。

式（2-6-15）称为杜阿梅尔积分，是时域中求系统零状态响应的另一种方法。

3．含有冲激函数的卷积

根据信号的时域分解以及卷积的定义，有

$$x(t) = \int_{-\infty}^{\infty} x(\tau)\delta(t-\tau)\mathrm{d}\tau = x(t) * \delta(t) \qquad (2\text{-}6\text{-}16)$$

再根据卷积的微积分守恒性，可得

$$x(t) = x(t) * \delta(t) = x'(t) * \delta^{(-1)}(t) = x'(t) * u(t) = \int_{-\infty}^{\infty} x'(\tau)u(t-\tau)\mathrm{d}\tau \qquad (2\text{-}6\text{-}17)$$

式（2-6-17）可作为 2.3.4 小节中将任意波形的信号表示为无穷多个阶跃信号之和的公式 [式（2-3-11）] 的证明。

利用卷积的定义以及冲激函数的筛选性质，可得

$$x(t) * \delta(t-t_1) = \int_{-\infty}^{\infty} x(\tau)\delta(t-t_1-\tau)\mathrm{d}\tau = x(t-t_1) \qquad (2\text{-}6\text{-}18)$$

式（2-6-18）表明信号 $x(t)$ 与延迟的单位冲激函数 $\delta(t-t_1)$ 卷积的结果，是将 $x(t)$ 延迟了 t_1，而波形不变。这一性质称为重现性。

利用卷积的微积分性质还可以得到

$$x(t) * \delta'(t) = x'(t) \qquad (2\text{-}6\text{-}19)$$

$$x(t) * u(t) = \int_{-\infty}^{t} x(\tau)\mathrm{d}\tau \qquad (2\text{-}6\text{-}20)$$

推广到一般情况，有

$$x(t) * \delta^{(i)}(t) = x^{(i)}(t) \qquad (2\text{-}6\text{-}21)$$

$$x(t) * \delta^{(i)}(t-t_1) = x^{(i)}(t-t_1) \qquad (2\text{-}6\text{-}22)$$

4．卷积的时移

设 $y(t) = x(t) * h(t)$，有

$$x(t) * h(t-t_0) = x(t-t_0) * h(t) = y(t-t_0) \qquad (2\text{-}6\text{-}23)$$

证明 根据卷积的重现性质，有

$$x(t) * h(t - t_0) = x(t) * [h(t) * \delta(t - t_0)]$$
$$= [x(t) * h(t)] * \delta(t - t_0) = y(t) * \delta(t - t_0) = y(t - t_0)$$

同理

$$x(t - t_1) * h(t - t_2) = x(t - t_2) * h(t - t_1) = y(t - t_1 - t_2) \qquad (2\text{-}6\text{-}24)$$

根据卷积的重现性质，可以通过卷积的形式表示周期信号，设脉冲信号 $f_1(t)$ 如图 2-6-5（a）所示，周期脉冲序列 $\delta_T(t)$ 如图 2-6-5（b）所示，则

$$\delta_T(t) = \sum_{n=-\infty}^{\infty} \delta(t - nT) \qquad (2\text{-}6\text{-}25)$$

$$f_T(t) = f_1(t) * \delta_T(t) = f_1(t) * \sum_{n=-\infty}^{\infty} \delta(t - nT)$$
$$= \sum_{n=-\infty}^{\infty} [f_1(t) * \delta(t - nT)] = \sum_{n=-\infty}^{\infty} f_1(t - nT) \qquad (2\text{-}6\text{-}26)$$

$f_T(t)$ 为周期信号，当 $\tau < T$ 时，其每一个周期内的波形都与 $f_1(t)$ 相同，如图 2-6-5（c）所示。

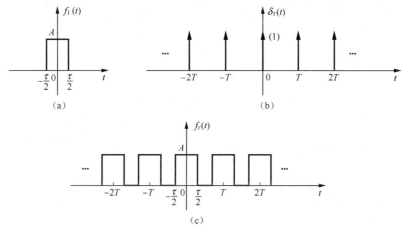

图 2-6-5　利用 $\delta_T(t)$ 表示周期信号

利用卷积的性质能大大简化卷积运算，下面举例说明。

【例 2-6-4】　已知 $x(t) = \sin t u(t)$，$h(t) = \delta'(t) + u(t)$。试求 $x(t) * h(t)$。

解

$$x(t) * h(t) = \sin t u(t) * [\delta'(t) + u(t)]$$
$$= \sin t u(t) * \delta'(t) + \sin t u(t) * u(t)$$
$$= \frac{\mathrm{d}}{\mathrm{d}t}[\sin t u(t)] + \left[\int_0^t \sin \tau \mathrm{d}\tau \right] u(t)$$
$$= \sin t \delta(t) + \cos t u(t) + [1 - \cos t] u(t)$$
$$= u(t)$$

【例 2-6-5】　已知 $x(t) = \mathrm{e}^{-t} u(t)$，$h(t) = u(t) - u(t - 2)$。试求 $x(t) * h(t)$。

解

$$x(t) * h(t) = x^{(-1)}(t) * h'(t) = x^{(-1)}(t) * [\delta(t) - \delta(t - 2)]$$
$$= x^{(-1)}(t) - x^{(-1)}(t - 2)$$

$$x^{(-1)}(t) = \int_{-\infty}^{t} e^{-\tau} u(\tau)\, d\tau = \int_{0}^{t} e^{-\tau} d\tau \cdot u(t)$$

$$= -e^{-\tau} \big|_{0}^{t} u(t) = (1-e^{-t})u(t)$$

$$x(t)*h(t) = x^{(-1)}(t) - x^{(-1)}(t-2)$$

$$= (1-e^{-t})u(t) - [1-e^{-(t-2)}]u(t-2)$$

【例 2-6-6】 已知系统输入 $x(t)$、冲激响应 $h(t)$ 分别如图 2-6-6（a）、图 2-6-6（b）所示。试求 $x(t)*h(t)$。

解

$$x(t)*h(t) = x(t)*[\delta(t+2)+\delta(t-2)] = x(t+2)+x(t-2)$$

可见，只要在每一个冲激函数出现的位置上重新画出 $x(t)$ 就可以了，卷积结果如图 2-6-6（c）所示。

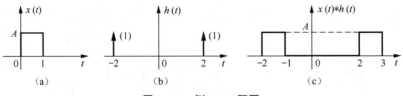

图 2-6-6 例 2-6-6 题图

【例 2-6-7】 已知系统输入 $x(t)$，冲激响应 $h(t)$ 分别如图 2-6-7（a）、图 2-6-7（b）所示。试求 $x(t)*h(t)$。

解 $x'(t)$ 和 $h^{(-1)}(t)$ 的图形分别如图 2-6-7（c）、图 2-6-7（d）所示，根据卷积的微积分守恒性，有

$$y(t) = x(t)*h(t) = x'(t)*h^{(-1)}(t) = 2h^{(-1)}(t) - 2h^{(-1)}(t-1)$$

波形如图 2-6-7（e）所示。

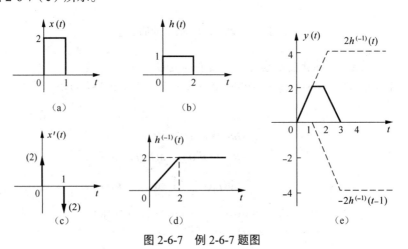

图 2-6-7 例 2-6-7 题图

显然，本例的求解比图解卷积简便得多。

【例 2-6-8】 计算下列卷积积分。

（1）$u(t+1)*u(t-2)$。

（2）$tu(t-1)*\delta''(t-2)$。

解　（1）应用卷积的重现性质，有

$$u(t+1)*u(t-2) = u(t)*\delta(t+1)*u(t)*\delta(t-2)$$
$$= u(t)*u(t)*\delta(t-1) = tu(t)*\delta(t-1) = (t-1)u(t-1)$$

（2）应用卷积的重现性质和微分性质，有

$$tu(t-1)*\delta''(t-2) = [tu(t-1)]''*\delta(t-2)$$
$$= [u(t-1)+t\delta(t-1)]'*\delta(t-2)$$
$$= [u(t-1)+\delta(t-1)]'*\delta(t-2)$$
$$= [\delta(t-1)+\delta'(t-1)]*\delta(t-2) = \delta(t-3)+\delta'(t-3)$$

【例 2-6-9】　已知 $x_1(t)*tu(t) = (t+e^{-t}-1)u(t)$，试求 $x_1(t)$。

解　对原方程两边求导，得

$$\frac{d^2}{dt^2}[x_1(t)*tu(t)] = \frac{d^2}{dt^2}[(t+e^{-t}-1)u(t)]$$

即

$$x_1(t)*\delta(t) = e^{-t}u(t)$$

因此

$$x_1(t) = e^{-t}u(t)$$

习题讲解：求解
信号的卷积

2.7 连续时间系统的全响应

连续时间系统的
全响应

前面我们已经学习了求系统零状态响应的卷积分析法，下面以简单的一阶连续时间系统为例讨论系统的全响应及其分解。

【例 2-7-1】　已知某线性时不变连续时间系统的微分方程为 $y'(t)+2y(t) = x(t)$，激励 $x(t) = (1+e^{-t})u(t)$，初始状态 $y(0^-) = 3$。求系统的全响应 $y(t)$。

解　方程的特征根为 $\lambda = -2$，容易求得冲激响应

$$h(t) = e^{-2t}u(t)$$

由卷积分析法可求得零状态响应

$$y_{zs}(t) = x(t)*h(t) = (1+e^{-t})u(t)*e^{-2t}u(t) = \left(\frac{1}{2}+e^{-t}-\frac{3}{2}e^{-2t}\right)u(t)$$

零输入响应对应齐次微分方程的解，因而与冲激响应有相同的形式，即

$$y_{zi}(t) = ce^{-2t}$$

将初始状态 $y(0^-) = 3$ 代入，得 $c = 3$，即

$$y_{zi}(t) = 3e^{-2t},\ t \geq 0$$

所以系统的全响应

$$y(t) = y_{zs}(t)+y_{zi}(t) = \left(\frac{1}{2}+e^{-t}-\frac{3}{2}e^{-2t}\right)u(t)+3e^{-2t} = \frac{1}{2}+e^{-t}+\frac{3}{2}e^{-2t},\ t \geq 0$$

需要说明的是：当 $t<0$ 时，零状态响应 $y_{zs}(t) = 0$，所以后缀为 $u(t)$ 或注明 $t \geq 0$；当 $t<0$ 时，零输入响应 $y_{zi}(t)$ 不一定为 0，所以应注明 $t \geq 0$。同样地，全响应也应注明 $t \geq 0$。

　　根据微分方程的理论，齐次微分方程解的一般形式称为通解 $y_{ch}(t)$（即本例中的 ce^{-2t}）。它的形式由微分方程的特征根决定，在系统分析中称为自然响应或固有响应。确定系数 c 时，如果代入的初始条件为系统的初始状态，得到的就是系统的零输入响应；如果代入冲激信号激励所转化成的初始条件，得到的就是系统的冲激响应。非齐次微分方程的特解 $y_{cp}(t)$ [即本例中的 $\left(\frac{1}{2}+e^{-t}\right)u(t)$] 由外部激励引起，通常与外部激励有相同的函数形式，在系统分析中称为强制响应。

　　在系统分析中还把全响应中 $t\to\infty$ 时衰减为 0 的部分叫作暂态响应，$t\to\infty$ 时依然存在的部分叫作稳态响应。

　　综上所述，我们可以把系统的全响应进行如下分解：

全响应 = 零输入响应 + 零状态响应

全响应 = 自然响应或固有响应（通解）+ 强制响应（特解）

全响应 = 暂态响应 + 稳态响应

　　当系统的激励与零输入响应含有函数形式相同的项时，零状态响应中会出现一个新的项，下面举例说明。

【例 2-7-2】 已知某线性时不变连续时间系统的微分方程为 $y''(t)+3y'(t)+2y(t)=x(t)$，激励 $x(t)=(1+e^{-t})u(t)$，初始状态 $y(0^-)=1$，$y'(0^-)=1$。求系统的全响应 $y(t)$。

　　解　方程的特征根为 $\lambda_1=-1,\lambda_2=-2$，零输入响应的形式为

$$y_{zi}(t)=c_1e^{-t}+c_2e^{-2t}$$

代入初始条件 $y(0^-)=1$，$y'(0^-)=1$，解得

$$y_{zi}(t)=3e^{-t}-2e^{-2t},\ t\geqslant 0$$

冲激响应为（求解过程略）

$$h(t)=\left(e^{-t}-e^{-2t}\right)u(t)$$

由卷积分析法可求得零状态响应

$$y_{zs}(t)=x(t)*h(t)=(1+e^{-t})u(t)*\left(e^{-t}-e^{-2t}\right)u(t)=\left(\frac{1}{2}-2e^{-t}+\frac{3}{2}e^{-2t}+te^{-t}\right)u(t)$$

系统的全响应

$$y(t)=y_{zs}(t)+y_{zi}(t)=\frac{1}{2}+e^{-t}-\frac{1}{2}e^{-2t}+te^{-t},\ t\geqslant 0$$

其中，te^{-t} 是由于激励中的 e^{-t} 项与自然响应的 e^{-t} 项函数形式相同而新出现的一项。e^{-t} 中既有自然响应分量又有强制响应分量，$\frac{1}{2}+te^{-t}+e^{-t}$ 是强制响应分量，$-\frac{3}{2}e^{-2t}+te^{-t}+e^{-t}$ 是自然响应分量；稳态响应为 $\frac{1}{2}$，暂态响应为 $e^{-t}-\frac{3}{2}e^{-2t}+te^{-t}$。

*2.8 时域卷积的应用案例

2.8.1 测距雷达

　　信号与系统的基本理论在雷达中有着非常广泛的应用。以雷达的测距为例，其实现测距的基本

原理为：如图 2-8-1 所示，雷达首先发射一个信号，该信号经目标反射的回波再被雷达接收，通过测量接收信号的时延 τ，雷达可以计算出到目标的距离 R。不难得到，时延 τ 和距离 R 的关系为 $\tau = \dfrac{2R}{c}$，其中 c 表示光速。但是，在实际环境中，接收到的回波信号往往会受到各种噪声的干扰，很难直接从各种噪声中识别目标的回波信号，从而获取时延信息。因此，需要一种有效的方法来从这些包含噪声的信号中提取时延信息，匹配滤波器就是解决这个问题的关键。

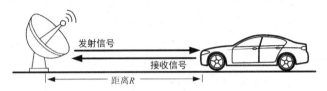

图 2-8-1 雷达测距的基本原理

简单来说，匹配滤波器的冲激冲响应是发射信号的翻转。若发射信号为一矩形脉冲 $x(t) = u(t) - u(t - T)$，则接收信号为 $r(t) = x(t - \tau)$，而匹配滤波器的冲激冲响应为 $h(t) = x(-t)$。那么接收信号经过匹配滤波器后的输出可以表示为 $y(t) = r(t) * h(t) = x(t - \tau) * x(-t)$。如图 2-8-2 所示，匹配滤波器的输出信号 $y(t)$ 会在 $t = \tau$ 的位置形成峰值。通过检测峰值所在位置，就可以获得时延信息。

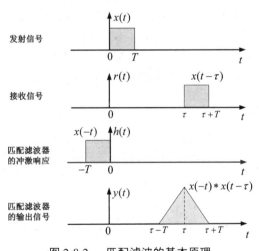

图 2-8-2 匹配滤波的基本原理

除了在时域实现匹配滤波之外，也可以基于傅里叶变换的卷积性质，在频域实现匹配滤波。由傅里叶变换的卷积定理可知：

$$y(t) = r(t) * h(t) \Leftrightarrow Y(\omega) = R(\omega)X(-\omega)$$

也就是说，可以先求出发射信号 $x(t)$ 的傅里叶变换 $X(\omega)$，然后将其进行翻转，就得到了滤波器的频域响应 $X(-\omega)$。当接收到回波信号 $r(t)$ 时，将其变换到频域得到 $R(\omega)$，然后与 $X(-\omega)$ 相乘，就得到了 $Y(\omega)$。最后，对 $Y(\omega)$ 进行傅里叶逆变换，就可得到匹配滤波器的输出 $y(t)$。当使用频域法实现匹配滤波时，时域中复杂的卷积运算被转换为相对简单的乘法运算，这种转换大大减少了计算量，尤其是在处理大数据量的信号时，优势更加明显。

如今，随着自动驾驶、无人机等领域的发展，测距雷达的应用越来越广。在自动驾驶领域，测距雷达是实现车辆环境感知的核心传感器之一。它能够实时、精确地测量车辆与前方、后方以及侧方障碍物之间的距离，为自适应巡航控制系统提供关键数据，使车辆能够根据前方车辆的行驶速度和距离自动调整车速，保持安全车距，有效避免追尾事故的发生。此外，在车道保持辅助、自动泊车等功能中，测距雷达也发挥着重要作用，它能够帮助车辆准确感知周围环境，实现精准的车辆定位和路径规划，提升驾驶的安全性和舒适性。在无人机领域，测距雷达为无人机的安全飞行和精准操作提供了有力保障。在无人机自主飞行的过程中，测距雷达可以实时监测无人机与地面、建筑物、树木等障碍物的距离，避免无人机在飞行过程中发生碰撞。特别是在低空飞行、室内飞行或复杂环境飞行时，测距雷达的作用尤为关键。同时，在无人机的货物投递、地形测绘、农业植保等应用场景中，测距雷达能够帮助无人机精确控制飞行高度和距离，确保任务顺利执行，这些应用也对测距雷达的距离测量精确提出了更高的要求。信号与系统的相关知识犹如基石，为测距雷达的发展提供了关键的理论支撑。通过学习信号与系统的时域分析，读者可以了解雷达系统的基本原理以及雷达信号的基础特性。同时，读者可以利用卷积运算的相关知识分析雷达回波信号与系统的响应；通过学习信号与系统的第4章内容——频域分析，读者能够对雷达信号进行细致的频谱分析，清晰地洞察信号的频率成分。同时，读者可以学习到滤波器设计的原理，滤波器能够帮助测距雷达在复杂的干扰和噪声环境中更准确地捕捉目标信号，进而提升测距的精度与可靠性。

2.8.2 卷积与卷积神经网络

神经网络是热点专业——人工智能的一种实现方式，卷积神经网络（Convolutional Neural Networks，CNN）是当前最流行的神经网络之一。卷积操作能够有效地从信号或图像中提取特征，为后续分析处理数据提供信息支持。CNN结合了卷积操作和神经网络的特点，能够自动从大数据中学习特征，被广泛应用于图像分类、目标检测、语音识别等领域。本节介绍卷积与卷积神经网络的基本概念与结构，旨在为读者了解CNN提供理论基础。

1. 卷积

卷积（Convolution）是通过两个函数 f 和 g 生成第三个函数的一种数学运算，其本质是一种特殊的积分变换，表征函数 f 与 g 经过翻转和平移的重叠部分函数值乘积对重叠长度的积分。卷积的定义如下：

$$f(x) * g(x) = \int_{-\infty}^{\infty} f(\tau) g(x - \tau) \mathrm{d}\tau \qquad (2\text{-}8\text{-}1)$$

一维卷积通常用在信号处理中，用于计算信号的延迟累积。连续卷积表达式为：

$$s(t) = x(t) * w(t) = \int x(t-a)w(a)\mathrm{d}a \qquad (2\text{-}8\text{-}2)$$

其中，$x(t)$ 表示信号，$w(t)$ 表示滤波器，*表示卷积运算。

卷积的离散形式表示为：

$$s(t) = \sum_a x(t-a)w(a) \qquad (2\text{-}8\text{-}3)$$

二维卷积通常用在图像处理中，图像数据是二维的，需要将一维卷积扩展成二维。将式（2-8-3）转换成二维卷积表达式：

$$s(i, j) = (X * W)(i, j) = \sum_m \sum_n x(i-m, j-n)w(m, n) \qquad (2\text{-}8\text{-}4)$$

2. 卷积神经网络

CNN是一种包含卷积计算的多层前馈神经网络，它可以自动地从大规模数据中学习特征，并把结果向同类型未知数据泛化，因此具有表征学习、提取特征的能力，现被广泛应用于图像分类、目标检测、语音识别等领域。

　　CNN 的基本网络架构如图 2-8-3 所示，通常由卷积层、池化层、全连接层组成。CNN 通过卷积和池化操作提取输入图像的特征，然后通过全连接层进行下游分类任务。图 2-8-3 中的数据表示各个层输入和输出的维度，其中输入图像的尺寸为 32×32，3 表示这是 RGB 三通道图像。第一个卷积层通过大小为 5×5 的卷积核对输入图像进行卷积操作，生成尺寸为 28×28 的特征图，64 表示该层的卷积核数量。卷积层输出的图像经过池化层降低图像的尺寸。在经过多个卷积层和池化层之后，特征图被展开为一维向量后输入到全连接层。最后 CNN 通过反向传播算法来训练网络参数。

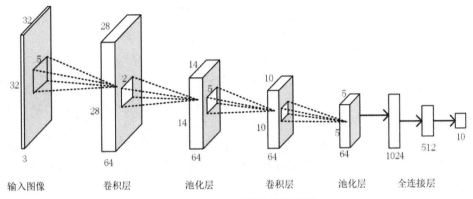

图 2-8-3　CNN 的基本网络架构

　　CNN 中卷积层的卷积公式和严格意义的数学定义稍有不同，例如，对于二维的卷积，将式（2-8-4）进行一些调整，卷积运算表示为：

$$s(i,j) = (X * W)(i,j) = \sum_m \sum_n x(i+m, j+n)w(m,n) \tag{2-8-5}$$

其中，X 为输入，W 为卷积核。如果 X 是一个二维输入的矩阵，那么 W 也是一个二维矩阵；如果 X 是多维张量，那么 W 也是一个多维张量。

　　对图像做卷积，如式（2-8-5），其实就是对图像的不同局部的矩阵和卷积核矩阵各个位置的元素相乘，然后相加得到一个新的图像表示矩阵。

　　假设输入矩阵 X 为：

$$X = \begin{bmatrix} 1 & 1 & 1 & 0 & 0 \\ 0 & 1 & 1 & 1 & 0 \\ 0 & 0 & 1 & 1 & 1 \\ 0 & 0 & 1 & 1 & 0 \\ 0 & 1 & 1 & 0 & 0 \end{bmatrix} \tag{2-8-6}$$

卷积核 W 表示为：

$$W = \begin{bmatrix} 1 & 0 & 1 \\ 0 & 1 & 0 \\ 1 & 0 & 1 \end{bmatrix} \tag{2-8-7}$$

卷积运算公式如下:

$$s(0,0) = \sum_{m=0}^{2}\sum_{n=0}^{2} x(0+m,0+n)w(m,n) = 4$$

$$s(0,1) = \sum_{m=0}^{2}\sum_{n=0}^{2} x(0+m,1+n)w(m,n) = 3$$

$$s(0,2) = \sum_{m=0}^{2}\sum_{n=0}^{2} x(0+m,2+n)w(m,n) = 4$$

$$s(1,0) = \sum_{m=0}^{2}\sum_{n=0}^{2} x(1+m,0+n)w(m,n) = 2$$

$$s(1,1) = \sum_{m=0}^{2}\sum_{n=0}^{2} x(1+m,1+n)w(m,n) = 4$$

$$\cdots\cdots\cdots\cdots \tag{2-8-8}$$

因此经过卷积层后的输出特征映射矩阵 S 为:

$$\boldsymbol{S} = \begin{bmatrix} 4 & 3 & 4 \\ 2 & 4 & 3 \\ 2 & 3 & 4 \end{bmatrix} \tag{2-8-9}$$

卷积核在输入矩阵中滑动,每滑动到一个位置,将对应数字相乘并求和,得到一个特征映射矩阵的元素。式(2-8-8)的卷积运算中卷积核每次只滑动了一个单位,实际上滑动的幅度可以根据需要进行调整。

卷积运算之后,通常会加入偏置和非线性激活函数来对特征映射矩阵进行处理,以协助表达复杂特征。经过激活后的特征映射的矩阵元素表达式如下:

$$z_{i,j} = h\big(s(i,j)+b\big) \tag{2-8-10}$$

其中, b 表示偏置项, $h(\cdot)$ 表示激活函数。

池化操作是一种降采样操作,其主要目的是降低特征映射的特征空间,从而利于高层特征的提取。池化层有一个滑动窗口。最大池化是指滑动窗口每滑动到一个区域,取其中的最大值作为输出。平均池化则采用平均值作为输出。

拓展阅读

通过 AI 大模型,读者可以了解"卷积运算的应用场景。"

卷积运算在多个领域中有着广泛的应用,以下是其主要应用场景的详细分类。

(1)信号处理

音频处理:使用卷积运算实现滤波(如降噪、均衡器调整),通过卷积核调整不同频率成分。

图像处理:应用卷积核进行模糊(高斯滤波)、锐化(拉普拉斯算子)、边缘检测(Sobel、Canny 算子)等操作。

视频处理:三维卷积用于时空特征提取,如动作识别中的时间序列分析。

(2)计算机视觉

卷积神经网络(CNN):通过卷积层提取图像的局部特征(如边缘、纹理),用于图像分类、目标检测(如 YOLO、ResNet)等任务。

(3)通信系统

信道均衡:接收信号是发送信号与信道冲激响应的卷积,解卷积用于恢复原始信号。

调制与编码：匹配滤波器设计（如雷达信号处理）通过卷积优化信噪比。

（4）物理学与工程学

电路分析：线性时不变系统的输出是输入信号与系统冲激响应的卷积。

地震波分析：地球物理学中利用卷积模型处理地震信号的反演问题。

（5）概率论与统计学

独立变量和的分布：两个独立随机变量之和的概率密度函数通过卷积各自的密度函数获得。

（6）医学影像

图像重建：在 MRI 和 CT 成像中，卷积用于去噪、增强或重建算法（如反投影技术）。

病灶检测：卷积核辅助识别医学图像中的异常结构。

（7）自然语言处理（NLP）

文本分类：一维卷积可用于处理词序列，提取局部语义特征（如关键词组合）。

（8）语音处理

声学建模：卷积层处理语音信号的时频谱（如梅尔频谱），用于语音识别或合成。

（9）控制系统

动态响应分析：系统输出由输入信号与系统响应的卷积确定，用于预测或优化控制效果。

（10）其他领域

金融时间序列：卷积捕捉局部模式（如趋势检测），辅助预测模型。

图形学特效：游戏开发中的景深模糊、光晕效果通过卷积实现。

卷积运算的核心在于捕捉局部相关性或系统响应特性，其在信号处理、计算机视觉、通信系统等领域的成功应用，归功于其高效的特征提取和系统建模能力。随着技术的进步，卷积的应用场景将不断扩展。

思 考 题

2-1 典型的连续时间信号有哪些？写出它们的定义。

2-2 连续时间信号的运算都是对 t 而言的，所以，$f(t+1)$ 和 $f(-t+1)$ 关于纵坐标轴对称。这种说法对吗？

2-3 从信号 $f(t)$ 到 $(t-1)f(t)$ 需要经过哪些运算？

2-4 信号求导时，在不连续点处会出现冲激，这种说法正确吗？

2-5 写出单位冲激响应的定义。

2-6 写出单位冲激响应与零输入响应、零状态响应的关系。

2-7 写出两个由始信号相卷积的积分公式。

2-8 写出子系统串联的等效关系。

2-9 写出子系统并联的等效关系。

练 习 题

2-1 画出下列信号的波形图，注意它们的区别。

（1）$t-1$ （2）$tu(t)$ （3）$(t-1)u(t)$

（4）$tu(t-1)$ （5）$-2tu(t-1)$ （6）$(t-1)u(t-1)$

（7）$t[u(t)-u(t-1)]$ （8）$-t[u(t)-u(t-2)]$

2-2 画出下列信号的波形图。

（1）$f_1(t)=\left(1-2\mathrm{e}^{-t}\right)u(t)$ （2）$f_2(t)=\mathrm{e}^{-|t|}u(t)$

（3）$f_3(t)=\sin t[u(t)-u(t-\pi)]$ （4）$f_4(t)=\mathrm{e}^{-2t}\cos\left(\dfrac{\pi}{2}t\right)u(t)$

（5）$f_5(t)=(1-|t|)[u(t+1)-u(t-1)]$

（6）$f_6(t)=u(t+2)+u(t+1)-u(t-1)-u(t-2)$

2-3 设 $f(t)=\mathrm{e}^{st}u(t)$，画出复频率 s 取下列值时信号的波形图。

（1）3   （2）-3   （3）j3

（4）-j3   （5）-3+j3   （6）-3-j2

2-4 试写出题图 2-1 中各信号的解析表达式，并用阶跃信号表示。

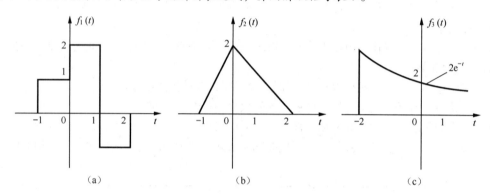

（a）   （b）   （c）

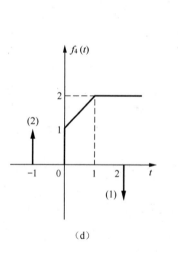 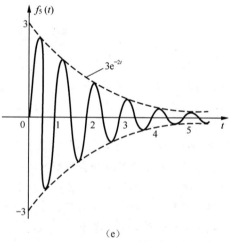

（d）   （e）

题图 2-1

2-5 已知连续时间信号 $f_1(t)$ 和 $f_2(t)$ 分别如题图 2-2（a）、题图 2-2（b）所示，试画出下列信号的波形图。

（1）$f_1(t-1)$ （2）$f_1(1-t)$ （3）$f_2(-t)u(t)$

（4）$f_2(-2t-1)u(t+1)$ （5）$f_2(t)u(-t)$ （6）$f_2(t+1)u(-t+1)$

（7）$-f_1\left(\dfrac{t}{2}\right)$ （8）$f_1\left(\dfrac{t}{2}+1\right)$ （9）$f_1(t)+f_2(t)$

（10）$f_1(t) - f_2(t)$　　　　　（11）$f_1(t)f_2(t)$　　　　　（12）$f_1(t)f_2(2t)$

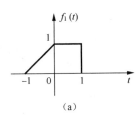
（a）

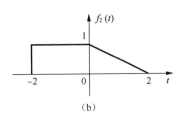
（b）

题图 2-2

2-6　已知信号 $f(t)$ 如题图 2-3（a）、题图 2-3（b）所示，请完成下列各题。

（1）用阶跃信号表示 $f(t)$。

（2）画出 $f(2t+2)$ 的波形图。

（3）画出 $f\left(-\dfrac{t}{2}+1\right)$ 的波形图。

（4）画出 $\dfrac{\mathrm{d}f(t)}{\mathrm{d}t}$ 的波形图。

（5）画出 $f^{(-1)}(t)$ 的波形图。

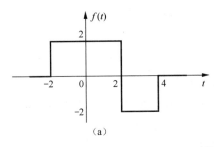
（a）

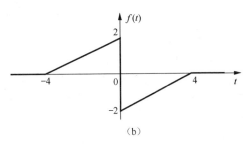
（b）

题图 2-3

2-7　化简下列各式。

（1）$\delta(2t-4)$

（2）$(t^2+t)\delta(t+1)$

（3）$\sin\left(\dfrac{\pi}{2}t\right)\delta(3t-1)$

（4）$\mathrm{e}^{-2(t-1)}\cos\left(t-\dfrac{\pi}{3}\right)\delta(t)$

（5）$\sin\left(\dfrac{\pi}{4}t\right)\delta(t^2-1)$

（6）$\mathrm{e}^{-(t+1)}\delta(-t+3)$

（7）$\sin\left(\dfrac{\pi}{6}t\right)\delta'(t+2)$

（8）$\mathrm{e}^{-t}\delta'(t)$

2-8　计算下列积分的值。

（1）$\displaystyle\int_{-\infty}^{\infty}(t^3+2)\delta(t-2)\mathrm{d}t$

（2）$\displaystyle\int_{0}^{3}(t^2+2t+1)\delta(t-5)\mathrm{d}t$

（3）$\displaystyle\int_{-\infty}^{\infty}u(t-6)\delta(t-3)\mathrm{d}t$

（4）$\displaystyle\int_{-\infty}^{\infty}u(t-4)\delta(t-6)\mathrm{d}t$

（5）$\displaystyle\int_{-\infty}^{\infty}\mathrm{e}^{-\mathrm{j}2t}[\delta(t+3)+\delta(t-3)]\mathrm{d}t$

（6）$\displaystyle\int_{-\infty}^{\infty}u(t)u(-t+6)\mathrm{d}t$

（7）$\displaystyle\int_{-\infty}^{\infty}\mathrm{e}^{-3t}\delta'(t-1)\mathrm{d}t$

（8）$\displaystyle\int_{-2}^{2}\sin\left(\dfrac{\pi}{4}t\right)[\delta(t+1)+\delta(t-3)]\mathrm{d}t$

2-9　化简下列各式。

（1）$\int_{-\infty}^{t} \delta(2\tau-3)\mathrm{d}\tau$　　　　　　　　　　（2）$\int_{-\infty}^{t} (\tau+1)\,\delta'(\tau)\mathrm{d}\tau$

（3）$\int_{-\infty}^{t} (\tau+1)\,\delta(\tau-2)\mathrm{d}\tau$　　　　　　（4）$\int_{-\infty}^{\infty} \dfrac{\mathrm{d}}{\mathrm{d}t}[\mathrm{e}^{t}\cos t\delta(t)]\cdot\sin t\mathrm{d}t$

（5）$\dfrac{\mathrm{d}}{\mathrm{d}t}[\mathrm{e}^{-3t}u(t)]$　　　　　　　　（6）$\int_{-\infty}^{\infty} (t^2+2t-1)\delta(t^2-4)\mathrm{d}t$

2-10　已知系统的微分方程为 $y''(t)+3y'(t)+2y(t)=2x'(t)+x(t)$，试求系统的冲激响应 $h(t)$。

2-11　已知系统的微分方程为 $y''(t)+2y'(t)+5y(t)=x'(t)-2x(t)$，试求系统的冲激响应 $h(t)$。

2-12　已知系统的微分方程为 $y''(t)+4y'(t)+4y(t)=x'(t)+x(t)$，试求系统的冲激响应 $h(t)$。

2-13　计算下列卷积。

（1）$3\mathrm{e}^{-2t}u(t)*2\mathrm{e}^{-3t}u(t)$　　　　　　　（2）$2*\mathrm{e}^{-3t}u(t)$

（3）$\mathrm{e}^{-t}u(t+1)*\mathrm{e}^{-2t}u(t-3)$　　　　　　（4）$\mathrm{e}^{-t}u(t)*[u(t-1)-u(t-2)]$

（5）$\mathrm{e}^{-2t}u(t)*tu(t-1)$　　　　　　　　（6）$\mathrm{e}^{-(t-1)}u(t-1)*\mathrm{e}^{-(t-4)}u(t-4)$

（7）$t[u(t)-u(t-1)]*[u(t)-u(t-2)]$　　　（8）$\cos tu(t)*\mathrm{e}^{-2(t-2)}u(t-2)$

（9）$4\mathrm{e}^{-2t}u(t)*3\mathrm{e}^{t}u(-t)$　　　　　　　（10）$\mathrm{e}^{-2t}u(t)*3\mathrm{e}^{-|t|}$

2-14　线性时不变连续时间系统的激励和零状态响应关系如下。

$$y(t)=\int_{-\infty}^{t} \mathrm{e}^{-2(t-\tau)}x(\tau-3)\mathrm{d}\tau$$

完成下列各题。

（1）求系统的冲激响应 $h(t)$。

（2）当输入 $x(t)=[u(t+1)-u(t-1)]$ 时，确定该系统的零状态响应。

2-15　某系统的激励 $x(t)$ 和冲激响应 $h(t)$ 如题图 2-4 所示，试求零状态响应 $y(t)$ 在 $t=2$ 和 $t=6$ 时的值。

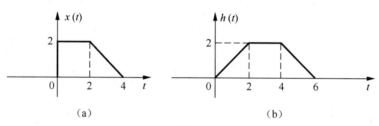

（a）　　　　　　　　　　　　　　　　（b）

题图 2-4

2-16　某系统的激励 $x(t)$ 如题图 2-5 所示，试画出下列卷积积分的波形图。

（1）$x(t)*\delta(t-1)$　　　　（2）$x(t)*u(t)$　　　　（3）$x(t)*u(t)*\delta(t-2)$

2-17　设某系统的激励 $x(t)$ 和冲激响应 $h(t)$ 的波形图如题图 2-6 所示，试画出其零状态响应的波形图。

2-18　某系统的激励 $x(t)$ 和零状态响应 $y(t)$ 的波形图如题图 2-7 所示，试求其冲激响应 $h(t)$。

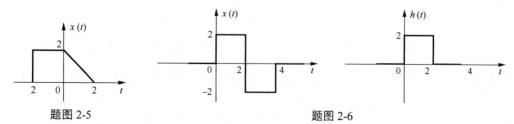

题图 2-5　　　　　　　　　　　　　题图 2-6

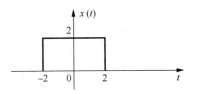 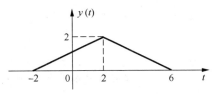

题图 2-7

2-19　某系统的冲激响应 $h(t) = 3\mathrm{e}^{-2t}u(t)$，系统的激励 $x(t)$ 分别如题图 2-8（a）和图 2-8（b）所示，试画出其零状态响应的波形图。

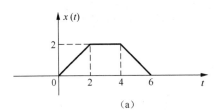 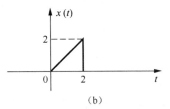

（a）　　　　　　　　　　　（b）

题图 2-8

2-20　某系统的激励 $x(t)$ 和冲激响应 $h(t)$ 如题图 2-9 所示，试画出 $x(t)*h(t)$ 的波形图。

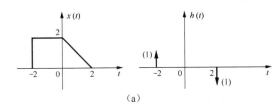 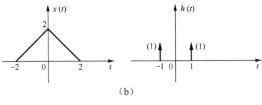

（a）　　　　　　　　　　　（b）

题图 2-9

2-21　已知 $x(t)*h(t)$ 的波形图分别如题图 2-10 所示，试画出下列卷积积分的波形图。

（1）$x'(t)*h(t)$　　　　　　　　　　（2）$\displaystyle\int_{-\infty}^{t} x(\tau)\,\mathrm{d}\tau * h(t)$

（3）$x(t-2)*h(t)$　　　　　　　　　（4）$\left[x(t)+x(t-1)\right]*h(t)$

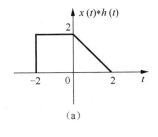 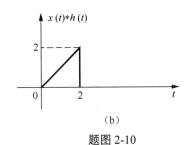 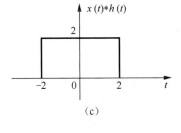

（a）　　　　　　　　　（b）　　　　　　　　　（c）

题图 2-10

2-22　已知 $f(t) = |t|$，$\delta_T(t) = \displaystyle\sum_{n=-\infty}^{\infty} \delta(t-nT)$，$g_\tau(t) = u\left(t+\dfrac{\tau}{2}\right) - u\left(t-\dfrac{\tau}{2}\right)$，试画出下列信号的波形（设 $T = 2\tau$）。

（1）$f_1(t) = \left[f(t)\delta_T(t)\right] * g_\tau(t)$

（2）$f_2(t) = f(t)\left[\delta_T(t) * g_\tau(t)\right]$

（3）$f_3(t) = \left[f(t)g_T(t)\right] * \delta_\tau(t)$

2-23 已知某系统的微分方程为 $y''(t)+3y'(t)+2y(t)=x'(t)$，试求该系统在下列激励作用下的零状态响应。

（1） $x(t)=u(t)$ （2） $x(t)=\mathrm{e}^{-3t}u(t)$ （3） $x(t)=\cos tu(t)$

2-24 某线性时不变连续时间系统的激励 $x(t)$ 和零状态响应 $y(t)$ 的波形图如题图 2-11 所示，试画出其冲激响应 $h(t)$ 和当激励为 $x(2t)$ 时的零状态响应的波形图。

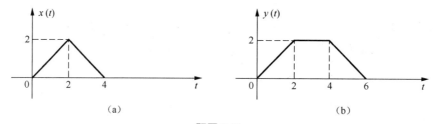

题图 2-11

2-25 题图 2-12 所示系统中各子系统的冲激响应分别为 $h_1(t)=u(t)$（积分器）， $h_2(t)=\delta(t-1)$（单位延迟器）， $h_3(t)=-2\delta(t)$（反相放大器），试求该系统的冲激响应 $h(t)$。

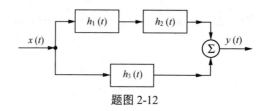

题图 2-12

2-26 题图 2-13 所示系统中各子系统的冲激响应分别为 $h_1(t)=\mathrm{e}^{-t}u(t)$ ， $h_2(t)=\delta(t-1)$ ， $h_3(t)=u(t)$ ， $h_4(t)=\mathrm{e}^{-2t}u(t)$ ，试求该系统的冲激响应 $h(t)$。

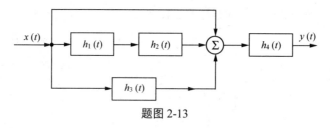

题图 2-13

2-27 已知某线性时不变连续时间系统的微分方程为 $y'(t)+y(t)=x'(t)+2x(t)$ ，激励 $x(t)=(2+\mathrm{e}^{-3t})u(t)$ ，完成下列各题。

（1）若初始状态为 $y(0^-)=3$ ，求该系统的全响应 $y(t)$ 并指出其中的零输入响应分量、零状态响应分量、自然响应分量、强制响应分量、暂态响应分量和稳态响应分量。

（2）若初始条件为 $y(0^+)=1$ ，求该系统的全响应 $y(t)$ 和零输入响应 $y_{zi}(t)$。

第 3 章

离散时间信号与系统的时域分析

本章主要内容

离散时间系统用于传输和处理离散时间信号，简称离散系统。计算机以及数字通信系统和数字控制系统的主要部分均属于离散时间系统。离散时间系统在精度、抗干扰能力和可集成化等方面比连续时间系统具有更大的优越性。随着数字技术和计算机技术的飞速发展，大量原属于连续时间信号和系统的问题被转化成离散时间信号和系统的问题进行处理。

离散时间信号与系统的分析在许多方面与连续时间信号与系统的分析相似，两者之间有一定的平行关系。在系统特性的表达方面，描述连续时间系统输入–输出关系的数学模型是微分方程，描述离散时间系统输入–输出关系的数学模型是差分方程；在系统的分析方面，连续时间系统的分析有时域、频域和 S 域分析法，相应地，离散时间系统的分析也有时域、频域和 Z 域分析法；在系统响应的分解方面，它们都可以分解为零输入响应和零状态响应。在学习离散时间信号与系统分析的过程中，对照连续时间信号与系统分析能帮助我们理解、掌握和运用相关知识。同时也要考虑离散时间信号与系统的特殊性，注意它和连续时间信号与系统的差别。

本章讨论离散时间信号与系统的时域分析。首先介绍典型的离散时间信号、离散时间信号的基本运算；然后从齐次差分方程着手，求离散时间系统的零输入响应和单位脉冲响应；最后引出离散时间系统的零状态响应和全响应的求解方法。

3.1 典型的离散时间信号

离散时间信号在数学上可以表示为数值的序列。为了方便，本书不对序列 $f(k)$ 与序列的第 k 个值的符号进行区分。离散信号既可以用函数解析式表示，也可以用图形表示，还可以用列表表示。例如，某离散信号的函数解析式为

$$f(k) = \frac{k(k+1)}{2}, \quad k = \cdots -3, -2, -1, 0, 1, 2, 3, \cdots$$

典型的离散
时间信号

它的图形如图 3-1-1 所示，该序列还可以表示为

$$f(k) = \{\cdots 3, 1, 0, \underline{0}, 1, 3, 6, \cdots\}$$

序列中数值 $f(0)$ 必须用下划线标出，以便确定序号 k。

序列 $f(k)$ 按照取非零值的范围的不同可以分为以下几种类型。

1．双边序列

序列 $f(k)$ 在 $(-\infty, \infty)$ 都有非零值。

2．单边序列

若 $k < k_1$ 时，$f(k)=0$，则这样的序列称为有始序列，且 $k_1 \geq 0$ 时的有始序列也称为因果序列。

若 $k > k_2$ 时，$f(k)=0$，则这样的序列称为有终序列，且 $k_2 \leq 0$ 的有终序列也称为反因果序列。

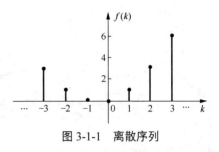

图 3-1-1　离散序列

3．有限序列

序列 $f(k)$ 仅在 $k_1 \leq k \leq k_2$ 时有非零值。

下面介绍一些典型的离散时间信号。

3.1.1　复指数序列

复指数序列的一般形式为

$$f(k) = Ae^{\beta k} \tag{3-1-1}$$

式（3-1-1）中，$A = |A|e^{j\phi}$，$\beta = \rho + j\Omega_0$，并记 $e^\rho = r$，则有

$$
\begin{aligned}
f(k) &= Ae^{\beta k} = |A|e^{j\phi}e^{(\rho+j\Omega_0)k} = |A|e^{j\phi}e^{\rho k}e^{j\Omega_0 k} \\
&= |A|e^{j\phi}r^k e^{j\Omega_0 k} = |A|r^k e^{j(\Omega_0 k + \phi)} \\
&= |A|r^k[\cos(\Omega_0 k + \phi) + j\sin(\Omega_0 k + \phi)]
\end{aligned} \tag{3-1-2}
$$

根据 A 和 β 的取值不同，$Ae^{\beta k}$ 可用来表示如下多种序列。

1．直流序列

若 A 为实数，$\beta=0$（即 $\rho=0$，$\Omega_0=0$），此时 $Ae^{\beta k}=A$ 成为直流序列，如图 3-1-2（a）所示。

2．实指数序列

若 A 为实数，$\Omega_0=0$，此时 $Ae^{\beta k}=Ae^{\rho k}$ 成为实指数序列，如图 3-1-2（b）、图 3-1-2（c）所示。

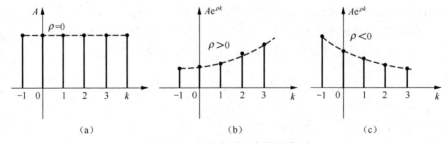

图 3-1-2　直流序列和实指数序列

3．虚指数序列

若 $\rho=0$，此时 $Ae^{\beta k}=|A|\cos(\Omega_0 k + \phi) + j|A|\sin(\Omega_0 k + \phi)$ 为虚指数序列，其实部为等幅余弦序

列，如图 3-1-3（a）所示，虚部为等幅正弦序列。

4．复指数序列

一般情况下，$A\mathrm{e}^{\beta k}=|A|\mathrm{e}^{\rho k}[\cos(\Omega_0 k+\phi)+\mathrm{j}\sin(\Omega_0 k+\phi)]$ 的实部是一个增幅（$\rho>0$）或减幅（$\rho<0$）的余弦序列，如图 3-1-3（b）所示，虚部是一个增幅（$\rho>0$）或减幅（$\rho<0$）的正弦序列，如图 3-1-3（c）所示。

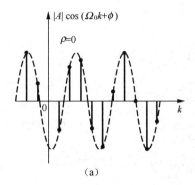

(a)

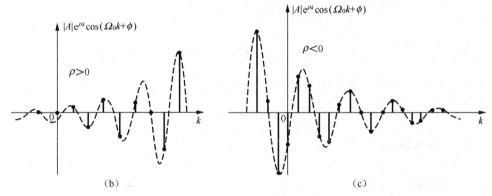

(b)   (c)

图 3-1-3　复指数序列的实部

需要注意的是：虽然连续时间虚指数信号 $\mathrm{e}^{\mathrm{j}\omega_0 t}$ 和离散时间虚指数信号 $\mathrm{e}^{\mathrm{j}\Omega_0 k}$ 看起来相似，但两者之间存在着很大的差异。

（1）离散时间虚指数信号 $\mathrm{e}^{\mathrm{j}\Omega_0 k}$ 的振荡频率不随角频率 Ω_0 的增加而单调增加，角频率为 Ω_0 的虚指数信号与角频率为 $\Omega_0\pm 2n\pi$ 的虚指数信号相同，即

$$\mathrm{e}^{\mathrm{j}(\Omega_0\pm 2n\pi)k}=\mathrm{e}^{\mathrm{j}\Omega_0 k}\mathrm{e}^{\pm\mathrm{j}2n\pi k}=\mathrm{e}^{\mathrm{j}\Omega_0 k} \qquad (3\text{-}1\text{-}3)$$

因此，研究离散时间虚指数信号时，信号角频率 Ω_0 只需在某一个 2π 间隔内取值即可。

（2）离散时间虚指数信号 $\mathrm{e}^{\mathrm{j}\Omega_0 k}$ 的周期性：要使信号 $\mathrm{e}^{\mathrm{j}\Omega_0 k}$ 为周期信号，必须有

$$\mathrm{e}^{\mathrm{j}\Omega_0(k+N)}=\mathrm{e}^{\mathrm{j}\Omega_0 k}\mathrm{e}^{\mathrm{j}\Omega_0 N}=\mathrm{e}^{\mathrm{j}\Omega_0 k} \qquad (3\text{-}1\text{-}4)$$

这就要求

$$\mathrm{e}^{\mathrm{j}\Omega_0 N}=1$$

即

$$\Omega_0 N=2m\pi,\ m\ 和\ N\ 为整数$$

或

$$\frac{\Omega_0}{2\pi} = \frac{m}{N} \text{为有理数} \qquad (3\text{-}1\text{-}5)$$

此时 $e^{j\Omega_0 N}$ 是周期为 N 的周期序列。

上述两点对离散正弦序列也同样成立。下面举例说明。

【例 3-1-1】 判断下列正弦序列是否为周期信号。若是，则求出周期 N。

（1） $f_1(k) = \sin\left(\frac{\pi}{6}k\right)$。

（2） $f_2(k) = \sin\left(\frac{1}{6}k\right)$。

（3）对 $f_3(t) = \sin(6\pi t)$ 以 $f_s = 8\mathrm{Hz}$ 进行抽样所得序列。

解 （1）对 $f_1(k)$： $\Omega_0 = \frac{\pi}{6}$ ， $\frac{\Omega_0}{2\pi} = \frac{1}{12}$ ，由于 $\frac{1}{12}$ 是不可约分的有理数，故 $f_1(k)$ 的周期 $N = 12$。

（2）对 $f_2(k)$： $\Omega_0 = \frac{1}{6}$ ， $\frac{\Omega_0}{2\pi} = \frac{1}{12\pi}$ ，由于 $\frac{1}{12\pi}$ 不是有理数，故 $f_2(k)$ 是非周期信号。

（3）以 $f_s = 8\mathrm{Hz}$ 进行抽样，即以 $T_s = \frac{1}{f_s} = \frac{1}{8}\mathrm{s}$ 为时间间隔对信号抽样，可得

$$f_3(k) = f_3(t)\Big|_{t=\frac{1}{8}k} = \sin\left(\frac{6\pi}{8}k\right)$$

其中 $\Omega_0 = \frac{6\pi}{8}$ ， $\frac{\Omega_0}{2\pi} = \frac{3}{8}$ ，由于 $\frac{3}{8}$ 是不可约分的有理数，故 $f_3(k)$ 的周期 $N = 8$。

从时间上来看， $f_3(k)$ 信号波形重复出现的时间间隔为 $T = NT_s = 1\mathrm{s}$。而模拟信号 $f_3(t)$ 的频率 $f_0 = \frac{\omega_0}{2\pi} = \frac{6\pi}{2\pi} = \frac{1}{T_0} = 3\mathrm{Hz}$ ，即信号的周期为 $T_0 = \frac{1}{3}\mathrm{s}$ 。由此可见，模拟信号和对其进行抽样所得离散信号的周期不一定相同。

3.1.2 单位脉冲序列

单位脉冲序列又称单位序列或单位函数，其定义为

$$\delta(k) = \begin{cases} 1 & k = 0 \\ 0 & k \neq 0 \end{cases} \qquad (3\text{-}1\text{-}6)$$

$\delta(k)$ 在 $k = 0$ 时有确定值 1，这与 $\delta(t)$ 在 $t = 0$ 时的情况不同。

将 $\delta(k)$ 平移 n 位，可得

$$\delta(k-n) = \begin{cases} 1 & k = n \\ 0 & k \neq n \end{cases} \qquad (3\text{-}1\text{-}7)$$

单位脉冲序列 $\delta(k)$ 和移位的单位脉冲序列 $\delta(k-n)$ 分别如图 3-1-4（a）和图 3-1-4（b）所示。

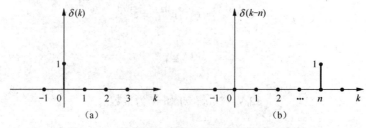

图 3-1-4　单位脉冲序列和移位的单位脉冲序列

由于 $\delta(k-n)$ 只有在 $k = n$ 时值为 1，k 取其他值时为 0，故有以下特性。

（1）筛选特性

$$\sum_{k=-\infty}^{\infty} f(k)\delta(k-n) = f(n) \qquad (3\text{-}1\text{-}8)$$

（2）加权特性

$$f(k)\delta(k-n) = f(n)\delta(k-n) \qquad (3\text{-}1\text{-}9)$$

因此，任意序列都可以利用单位脉冲序列及移位的单位脉冲序列的线性加权和表示，即

$$f(k) = \cdots + f(-2)\delta(k+2) + f(-1)\delta(k+1) + f(0)\delta(k) + f(1)\delta(k-1) + \cdots$$
$$= \sum_{n=-\infty}^{\infty} f(n)\delta(k-n) \qquad (3\text{-}1\text{-}10)$$

3.1.3 单位阶跃序列

单位阶跃序列的定义为

$$u(k) = \begin{cases} 1 & k \geqslant 0 \\ 0 & k < 0 \end{cases} \qquad (3\text{-}1\text{-}11)$$

将 $u(k)$ 平移 n 位，可得

$$u(k-n) = \begin{cases} 1 & k \geqslant n \\ 0 & k < n \end{cases} \qquad (3\text{-}1\text{-}12)$$

单位阶跃序列和移位的单位阶跃序列分别如图 3-1-5（a）和图 3-1-5（b）所示。

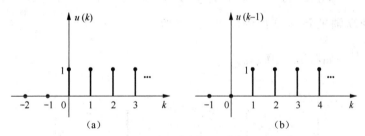

图 3-1-5　单位阶跃序列和移位的单位阶跃序列

单位脉冲序列与单位阶跃序列的关系如下：

$$\delta(k) = u(k) - u(k-1) \overset{\Delta}{=} \nabla u(k) \qquad (3\text{-}1\text{-}13)$$

$$u(k) = \sum_{n=0}^{\infty} \delta(k-n) = \sum_{n=-\infty}^{k} \delta(n) \qquad (3\text{-}1\text{-}14)$$

【例 3-1-2】　分别用单位脉冲序列和单位阶跃序列表示图 3-1-6（a）和图 3-1-6（b）所示的矩形序列 $g_{\mathrm{N}}(k)$ 和斜坡序列 $r(k)$。

解

$$g_{\mathrm{N}}(k) = u(k) - u(k-N) = \sum_{n=0}^{N-1} \delta(k-n)$$

$$r(k) = ku(k) = \sum_{n=0}^{\infty} n\delta(k-n)$$

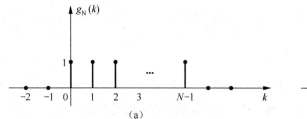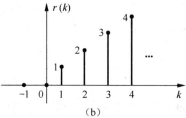

图 3-1-6　矩形序列和斜坡序列

3.2 离散时间信号的基本运算

离散时间信号的
基本运算

3.2.1 替换自变量的运算

将序列 $f(k)$ 中所有的自变量 k 替换为 $mk+n$（其中，m 取整数或整数的倒数，n 取整数），就得到了新的序列 $f(mk+n)$。这种运算是针对自变量 k 而言的，下面根据参数 m、n 的不同取值，讨论其运算特点。

1. 翻转

当 $m=-1$、$n=0$ 时，序列 $f(mk+n)$ 即为 $f(-k)$。从波形上看，$f(-k)$ 与 $f(k)$ 关于纵坐标轴对称，或者说将 $f(k)$ 绕纵轴翻转即可得到 $f(-k)$。例如，若序列 $f(k)=\dfrac{k(k+1)}{2}$，则序列 $f(-k)=\dfrac{-k(-k+1)}{2}=\dfrac{k(k-1)}{2}$，如图 3-2-1 所示。

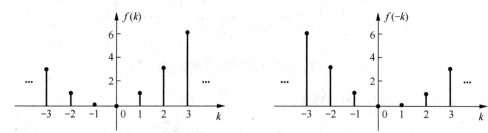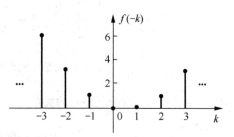

图 3-2-1　序列的翻转

2. 移位

当 $m=1$ 时，信号 $f(mk+n)$ 即为 $f(k+n)$。从波形上看，$f(k+n)$ 是将 $f(k)$ 左移（$n>0$）或右移（$n<0$）n 个单位得到的，例如，若序列 $f(k)=\dfrac{k(k+1)}{2}$，则序列 $f(k-1)=\dfrac{(k-1)k}{2}$，$f(k+2)=\dfrac{(k+2)(k+3)}{2}$，如图 3-2-2 所示。

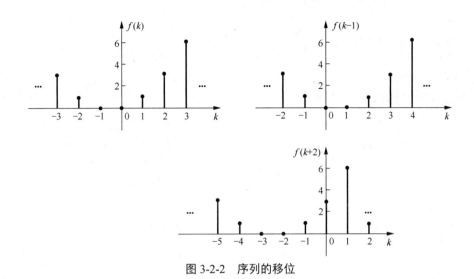

图 3-2-2　序列的移位

3．尺度变换

当 $n=0$ 时，信号 $f(mk+n)$ 即为 $f(mk)$。设 m 为正整数，从波形上看，$f(mk)$ 是将 $f(k)$ 的波形压缩，表示在序列 $f(k)$ 中每隔 $m-1$ 点抽取一点，也称为序列 $f(k)$ 的 m 倍抽取，如图 3-2-3 所示；$f(k/m)$ 是将 $f(k)$ 的波形展宽，表示在序列 $f(k)$ 的每相邻两点之间插入 $m-1$ 个零值点，也称为序列 $f(k)$ 的 m 倍内插，如图 3-2-4 所示。

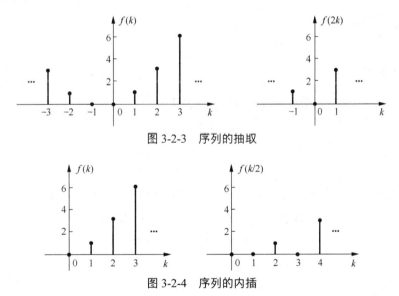

图 3-2-3　序列的抽取

图 3-2-4　序列的内插

一般情况下，序列 $f(mk+n)$ 是对序列 $f(k)$ 进行翻转、移位与尺度变换后得到的。运算过程与连续信号类似，不再赘述。

3.2.2　相加与相乘

序列的相加和相乘运算与连续信号类似，两个序列的相加或相乘是把同序号的数值逐项对应相加或相乘得到一个新的序列。

【例 3-2-1】 已知序列 $f_1(k) = \begin{cases} 0 & k < -1 \\ 2^{-k} + 5 & k \geq -1 \end{cases}$，$f_2(k) = \begin{cases} 2^k & k < 0 \\ k+2 & k \geq 0 \end{cases}$，试求 $f_1(k) + f_2(k)$ 和

$f_1(k) \cdot f_2(k)$。

解 $f_1(k)$ 和 $f_2(k)$ 的表达式可分别改写为

$$f_1(k) = \begin{cases} 0 & k < -1 \\ 7 & k = -1 \\ 2^{-k} + 5 & k \geq 0 \end{cases}, \qquad f_2(k) = \begin{cases} 2^k & k < -1 \\ \dfrac{1}{2} & k = -1 \\ k+2 & k \geq 0 \end{cases}$$

它们的和为

$$f_1(k) + f_2(k) = \begin{cases} 2^k & k < -1 \\ \dfrac{15}{2} & k = -1 \\ 2^{-k} + k + 7 & k \geq 0 \end{cases}$$

它们的乘积为

$$f_1(k) \cdot f_2(k) = \begin{cases} 0 & k < -1 \\ \dfrac{7}{2} & k = -1 \\ k2^{-k} + 2^{-k+1} + 5k + 10 & k \geq 0 \end{cases}$$

3.2.3 差分与累加

1．序列的差分

离散信号的差分与连续信号的微分相对应，可表示为

$$\Delta f(k) = f(k+1) - f(k) \tag{3-2-1}$$

或

$$\nabla f(k) = f(k) - f(k-1) \tag{3-2-2}$$

式（3-2-1）称为一阶前向差分，式（3-2-2）称为一阶后向差分。二阶差分可分别表示为

$$\begin{aligned} \Delta^2 f(k) = \Delta[\Delta f(k)] &= \Delta f(k+1) - \Delta f(k) \\ &= f(k+2) - 2f(k+1) + f(k) \end{aligned} \tag{3-2-3}$$

$$\begin{aligned} \nabla^2 f(k) = \nabla[\nabla f(k)] &= \nabla f(k) - \nabla f(k-1) \\ &= f(k) - 2f(k-1) + f(k-2) \end{aligned} \tag{3-2-4}$$

以此类推，还可以有 n 阶差分。

单位脉冲序列 $\delta(k)$ 可用单位阶跃序列 $u(k)$ 的一阶后向差分表示，即

$$\delta(k) = \nabla u(k) = u(k) - u(k-1) \tag{3-2-5}$$

2．序列的累加

离散信号的累加与连续信号的积分相对应，是对其在 $(-\infty, k)$ 区间求和，可表示为

$$y(k) = \sum_{n=-\infty}^{k} f(n) \tag{3-2-6}$$

图 3-2-5 为一个序列累加的例子。

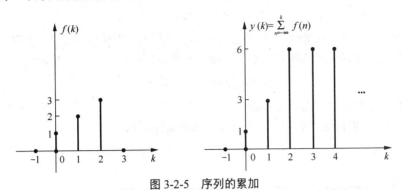

图 3-2-5 序列的累加

单位阶跃序列也可用单位脉冲序列的求和表示为

$$u(k) = \sum_{n=-\infty}^{k} \delta(n) = \sum_{n=0}^{\infty} \delta(k-n) \qquad (3\text{-}2\text{-}7)$$

3.2.4 离散信号的时域分解

根据单位脉冲序列的加权特性[式（3-1-9）]得 $f(k)\delta(k-n) = f(n)\delta(k-n)$，任意序列可以表示为延迟的单位脉冲序列的线性加权和，即

$$f(k) = \cdots + f(-2)\delta(k+2) + f(-1)\delta(k+1) + f(0)\delta(k) + f(1)\delta(k-1) + \cdots$$
$$= \sum_{n=-\infty}^{\infty} f(n)\delta(k-n) \qquad (3\text{-}2\text{-}8)$$

这表明任意离散时间信号可以分解为单位脉冲信号的线性组合。这也是非常重要的结论。当求序列 $f(k)$ 通过离散时间线性时不变系统产生的响应时，只需求单位脉冲序列 $\delta(k)$ 通过该系统产生的响应，然后利用线性时不变系统的特性，即可求得序列 $f(k)$ 产生的响应。因此，任意序列 $f(k)$ 分解为脉冲序列是离散时间系统时域分析的基础。

知识回顾 齐次差分方程的求解

描述一个 n 阶线性时不变离散时间系统的数学模型为线性常系数的 n 阶差分方程

$$\sum_{i=0}^{n} a_i y(k+i) = \sum_{j=0}^{m} b_j x(k+j)$$

当输入信号为零时，方程右边为零，称为齐次差分方程，即

$$a_n y(k+n) + a_{n-1} y(k+n-1) + \cdots + a_1 y(k+1) + a_0 y(k) = 0$$

解齐次差分方程的一般方法是先根据差分方程写出其特征方程

$$a_n \gamma^n + a_{n-1} \gamma^{n-1} + \cdots + a_1 \gamma + a_0 = 0$$

然后求出特征方程的 n 个特征根 $r_1, r_2, \cdots, r_n$。根据特征根的不同类型，齐次解的形式有以下 3 种。

（1）若方程的特征根 r_i 均为单根，则

$$y(k) = \sum_{i=1}^{n} c_i r_i^k$$

（2）若方程的特征根中有一个 p 重根 r_1，则该特征根对应的项变为

$$(c_1 + c_2 k + \cdots + c_p k^{p-1})r_1^k$$

其余 $n-p$ 个单根所对应的项仍如（1）中所示。有多个重根的情况可以按照类似方法处理。

（3）若方程的特征根中有共轭复根 $r_{1,2} = |r|\,e^{\pm j\varphi}$，则该特征根对应的项变为

$$|r|^k (c_1 \cos k\varphi + c_2 \sin k\varphi)$$

有多个共轭复根的情况可以按照类似方法处理。

系数 $c_1, c_2, \cdots, c_n$ 可以根据齐次差分方程的 n 个初始条件求解。

离散时间系统的
零输入响应

3.3 离散时间系统的零输入响应

当输入信号为零时，描述系统的差分方程为齐次差分方程，即

$$a_n y(k+n) + a_{n-1} y(k+n-1) + \cdots + a_1 y(k+1) + a_0 y(k) = 0$$

此时只要根据零输入响应的 n 个初始条件求解齐次差分方程即可。

【例 3-3-1】 已知某线性时不变离散时间系统的差分方程为 $y(k+2) - 0.5y(k+1) - 0.5y(k) = 3x(k+1) - 2x(k)$，初始条件为 $y_{zi}(0) = 3$，$y_{zi}(1) = 0$，试求该系统的零输入响应。

解 特征方程为 $r^2 - 0.5r - 0.5 = 0$，解得特征根 $r_1 = 1$，$r_2 = -0.5$。零输入响应的形式应为

$$y_{zi}(k) = c_1 + c_2(-0.5)^k, \quad k \geqslant 0$$

代入初始条件，得

$$\begin{cases} y_{zi}(0) = c_1 + c_2 = 3 \\ y_{zi}(1) = c_1 - 0.5c_2 = 0 \end{cases}$$

解得

$$\begin{cases} c_1 = 1 \\ c_2 = 2 \end{cases}$$

故

$$y_{zi}(k) = 1 + 2(-0.5)^k, \quad k \geqslant 0$$

3.4 离散时间系统的单位脉冲响应

单位脉冲序列 $\delta(k)$ 作用于离散时间系统所产生的零状态响应称为单位脉冲响应，用符号 $h(k)$ 表示，其类似于连续时间系统的冲激响应 $h(t)$。可以用迭代法或间接求解法求单位脉冲响应。

1. 迭代法

单位脉冲序列 $\delta(k)$ 只在 $k = 0$ 时取非零值 $\delta(0) = 1$。利用这一特点，可以方便地用迭代法求出 $h(k)$。

【例 3-4-1】 若某离散时间系统的差分方程为 $y(k+1) + a_0 y(k) = b_0 x(k)$，求该系统的单位脉冲响应 $h(k)$。

解 根据单位脉冲响应 $h(k)$ 的定义，它应满足方程

$$h(k+1) + a_0 h(k) = b_0 \delta(k)$$

对于因果系统，由于 $\delta(-1)=0$ ，故 $h(-1)=0$ 。

采用迭代法，将差分方程写成 $h(k+1)=b_0\delta(k)-a_0h(k)$

取 $k=-1$ 代入，可求得 $h(0)=b_0\delta(-1)-a_0h(-1)=0$

取 $k=0$ 代入，可求得 $h(1)=b_0\delta(0)-a_0h(0)=b_0$

取 $k=1$ 代入，可求得 $h(2)=b_0\delta(1)-a_0h(1)=-a_0b_0$

取 $k=2$ 代入，可求得 $h(3)=b_0\delta(2)-a_0h(2)=(-a_0)^2b_0$

……

用归纳法，可得 $h(k)=b_0\delta(k-1)-a_0h(k-1)=(-a_0)^{k-1}b_0u(k-1)$

2．间接求解法

一般情况下，用迭代法求系统的单位脉冲响应不易得出解析形式的解。为了能够给出解析解，可采用等效初始条件法。对于因果系统，单位脉冲序列瞬时作用后即变为 0，因而当 $k>0$ 时，描述系统的差分方程变为齐次方程，单位脉冲序列对系统的瞬时作用转化为系统的等效初始条件。这样就把问题转化为求解齐次方程，可得到 $h(k)$ 的解析解。单位脉冲作用下的等效初始条件可以根据差分方程和系统的因果性递推求出。

对于差分方程右边只有 $x(k)$ 的 n 阶线性时不变离散时间系统

$$a_ny(k+n)+a_{n-1}y(k+n-1)+\cdots+a_1y(k+1)+a_0y(k)=x(k) \tag{3-4-1}$$

设其单位脉冲响应为 $h_0(k)$，则

$$a_nh_0(k+n)+a_{n-1}h_0(k+n-1)+\cdots+a_1h_0(k+1)+a_0h_0(k)=\delta(k) \tag{3-4-2}$$

取 $k=-n$ 代入上式，有

$$a_nh_0(0)+a_{n-1}h_0(-1)+\cdots+a_1h_0(-n+1)+a_0h_0(-n)=\delta(-n)=0$$

对于因果系统，当 $k<0$ 时，$h_0(k)=0$，所以得 $h_0(0)=0$。

依次分别取 $k=-n+1,-n+2,\cdots,2,1$ 代入式（3-4-2），可得

$$h_0(1)=h_0(2)=\cdots=h_0(n-1)=0 \tag{3-4-3}$$

取 $k=0$ 代入式（3-4-2），则有

$$a_nh_0(n)+a_{n-1}h_0(n-1)+\cdots+a_1h_0(1)+a_0h_0(0)=\delta(0)=1$$

可得

$$h_0(n)=\frac{1}{a_n} \tag{3-4-4}$$

式（3-4-3）和式（3-4-4）即为求单位脉冲响应 $h_0(k)$ 所需的 n 个初始条件。

注意：与连续时间系统一样，n 个初始条件必须包括由 $\delta(0)=1$ 所推得的条件，即式（3-4-4），这样才能反映单位脉冲响应的实质。

类似地，对于 n 阶后向差分方程

$$a_nh_0(k-n)+a_{n-1}h_0(k-n+1)+\cdots+a_1h_0(k-1)+a_0h_0(k)=\delta(k) \tag{3-4-5}$$

其初始条件为

$$h_0(-1)=h_0(-2)=\cdots=h_0(-n+1)=0,\ h_0(0)=\frac{1}{a_0} \tag{3-4-6}$$

与上一节中的讨论类似，对于一般的线性时不变离散时间系统

$$a_n y(k+n) + a_{n-1} y(k+n-1) + \cdots + a_1 y(k+1) + a_0 y(k)$$
$$= b_m x(k+m) + b_{m-1} x(k+m-1) + \cdots + b_1 x(k+1) + b_0 x(k) \tag{3-4-7}$$

根据系统的零状态时不变性和线性，如下推论成立。

由

$$\delta(k) \longrightarrow \boxed{S} \longrightarrow h_0(k)$$

根据时不变性，有

$$\delta(k+n) \longrightarrow \boxed{S} \longrightarrow h_0(k+n)$$

根据线性，有

$$\sum_{j=0}^{m} b_j \delta(k+j) \longrightarrow \boxed{S} \longrightarrow \sum_{j=0}^{m} b_j h_0(k+j)$$

因此，系统的单位脉冲响应为

$$h(k) = \sum_{j=0}^{m} b_j h_0(k+j) \tag{3-4-8}$$

【例 3-4-2】 已知描述某系统的差分方程为 $y(k+2) + 5y(k+1) + 6y(k) = x(k+2) - 3x(k)$，求该系统的单位脉冲响应 $h(k)$。

解 设

$$h_0(k+2) + 5h_0(k+1) + 6h_0(k) = \delta(k)$$

特征方程为

$$r^2 + 5r + 6 = 0$$

特征根为

$$r_1 = -2, \quad r_2 = -3$$

初始条件为

$$h_0(1) = 0, \quad h_0(2) = 1$$

代入单位脉冲响应的表达式

$$h_0(k) = [c_1(-2)^k + c_2(-3)^k] u(k-1)$$

可解得

$$c_1 = -\frac{1}{2}, \quad c_2 = \frac{1}{3}$$

所以

$$h_0(k) = \left[(-2)^{k-1} - (-3)^{k-1} \right] u(k-1)$$

注意：此处加后缀 $u(k-1)$ 是因为代入的初始条件最低序号为 1。

由式（3-4-8），有

$$h(k) = h_0(k+2) - 3h_0(k)$$
$$= \left[(-2)^{k+1} - (-3)^{k+1} \right] \left[\delta(k+1) + \delta(k) + u(k-1) \right] - 3\left[(-2)^{k-1} - (-3)^{k-1} \right] u(k-1)$$
$$= \delta(k) + \left[(-2)^{k-1} - 6(-3)^{k-1} \right] u(k-1)$$

还可以用变换域的方法求离散时间系统的单位脉冲响应，我们将在第 6 章进行讨论。

3.5 离散时间系统的零状态响应

　　线性时不变离散时间系统的数学模型是线性常系数差分方程，求离散时间系统响应的经典方法是解差分方程，即先求出齐次解和特解，然后代入仅由激励引起的初始条件，从而确定待定系数。但是当激励信号较复杂、差分方程阶数较高时，上述求解非齐次差分方程的过程就会非常复杂。因此，与连续时间系统的时域分析类似，计算离散时间系统的零状态响应也常用卷积分析法。

离散时间系统的
零状态响应

离散时间系统的
数学模型

3.5.1 离散卷积的引出

　　在连续时间系统中，我们通过把激励信号分解为冲激信号的线性组合，先求出每一个冲激信号单独作用于系统的冲激响应，然后把这些响应叠加，得到系统在激励信号作用下的零状态响应。这个叠加过程的数学表现形式就是卷积积分。

　　在离散时间系统中，可以按照上述原理求系统响应。由式（3-2-8）可知，任意序列 $x(k)$ 可以表示为单位脉冲序列的线性组合，即

$$x(k) = \cdots + x(-2)\delta(k+2) + x(-1)\delta(k+1) + x(0)\delta(k) + x(1)\delta(k-1) + \cdots$$

$$= \sum_{n=-\infty}^{\infty} x(n)\delta(k-n) \tag{3-5-1}$$

　　因此，只要知道系统在单位脉冲序列 $\delta(k)$ 作用下的零状态响应，即单位脉冲响应 $h(k)$，利用线性时不变系统的特性，即可求得序列 $x(k)$ 产生的响应。推理过程如下。

　　由

$$\delta(k) \longrightarrow \boxed{S} \longrightarrow h(k)$$

根据系统的时不变性，有

$$\delta(k-n) \longrightarrow \boxed{S} \longrightarrow h(k-n)$$

根据线性系统的齐次性，有

$$x(n)\delta(k-n) \longrightarrow \boxed{S} \longrightarrow x(n)h(k-n)$$

根据连续信号的脉冲分解以及线性系统的叠加性，有

$$x(k) = \sum_{n=-\infty}^{\infty} x(n)\delta(k-n) \longrightarrow \boxed{S} \longrightarrow \sum_{n=-\infty}^{\infty} x(n)h(k-n) = y(k)$$

即序列 $x(k)$ 作用于线性时不变离散时间系统所引起的零状态响应 $y(k)$ 为

$$y(k) = \sum_{n=-\infty}^{\infty} x(n)h(k-n) \tag{3-5-2}$$

式（3-5-2）称为 $x(k)$ 与 $h(k)$ 的卷积和或离散卷积，记作

$$y(k) = x(k) * h(k) = \sum_{n=-\infty}^{\infty} x(n)h(k-n) \tag{3-5-3}$$

3.5.2　离散卷积的性质

显然，离散卷积和卷积积分具有相同的运算性质，对应的物理意义也相同。

1. 代数运算

（1）交换律

$$x(k)*h(k)=h(k)*x(k) \tag{3-5-4}$$

（2）分配律

$$x(k)*[h_1(k)+h_2(k)]=x(k)*h_1(k)+x(k)*h_2(k) \tag{3-5-5}$$

（3）结合律

$$[x(k)*h_1(k)]*h_2(k)=x(k)*[h_1(k)*h_2(k)] \tag{3-5-6}$$

2. 差分与求和

设 $y(k)=x(k)*h(k)$，有

（1）差分

$$\Delta y(k)=\Delta x(k)*h(k)=x(k)*\Delta h(k) \tag{3-5-7}$$

$$\nabla y(k)=\nabla x(k)*h(k)=x(k)*\nabla h(k) \tag{3-5-8}$$

（2）求和

$$\sum_{n=-\infty}^{k}y(n)=x(k)*\sum_{n=-\infty}^{k}h(n)=\sum_{n=-\infty}^{k}x(n)*h(k) \tag{3-5-9}$$

3. 移位

由式（3-5-1）可知，任意序列 $x(k)$ 与单位脉冲序列 $\delta(k)$ 的卷积和仍然是 $x(k)$ 本身，即

$$x(k)=x(k)*\delta(k) \tag{3-5-10}$$

进一步推广，可得

$$x(k)*\delta(k-k_1)=x(k-k_1) \tag{3-5-11}$$

$$x(k-k_1)*\delta(k-k_2)=x(k-k_1-k_2) \tag{3-5-12}$$

$$x(k-k_1)*h(k-k_2)=y(k-k_1-k_2) \tag{3-5-13}$$

3.5.3　确定离散卷积求和限的公式

式（3-5-1）是对无时限的函数 $x(k)$ 和 $h(k)$ 而言的，考虑到实际情况，输入信号 $x(k)$ 通常为有始序列，假设当 $k<k_1$ 时，$x(k)=0$，则 k_1 表示输入信号的起始作用时刻。此时的 $x(k)$ 可以表示为

$$x(k)=x(k)u(k-k_1)$$

实际系统都是因果系统，其冲激响应 $h(k)$ 必定为有始函数，设当 $k<k_2$ 时，$h(k)=0$，则 k_2 表示系统的输出信号相对于输入信号的延迟时间，此时的 $h(k)$ 可以表示为

$$h(k)=h(k)u(k-k_2)$$

该公式与确定卷积积分限的公式［式（2-6-3）］的推导过程相似，这里不再重复推导，而是直

接给出此时的卷积和公式

$$y(k) = x(k) * h(k) = \sum_{n=k_1}^{k-k_2} x(n)h(k-n) \cdot u(k-k_1-k_2) \qquad (3\text{-}5\text{-}14)$$

【例 3-5-1】 求序列 $x(k) = a^k u(k-1)$ 与 $h(k) = b^k u(k-2)$ 的卷积和。

解

$$y(k) = x(k) * h(k) = \sum_{n=1}^{k-2} x(n)h(k-n) \cdot u(k-1-2)$$

$$= \sum_{n=1}^{k-2} a^n \cdot b^{k-n} \cdot u(k-3) = b^k \sum_{n=1}^{k-2} \left(\frac{a}{b}\right)^n \cdot u(k-3)$$

由等比级数的求和公式

$$\sum_{n=n_1}^{n_2} q^n = \begin{cases} \dfrac{q^{n_1} - q^{n_2+1}}{1-q} & q \neq 1 \\ n_2 - n_1 + 1 & q = 1 \end{cases} \qquad (n_1 < n_2)$$

得

$$y(k) = \begin{cases} \dfrac{b^k \left[\dfrac{a}{b} - \left(\dfrac{a}{b}\right)^{k-1}\right]}{1 - \dfrac{a}{b}} u(k-3) & \dfrac{a}{b} \neq 1 \\ b^k(k-2)u(k-3) & \dfrac{a}{b} = 1 \end{cases} = \begin{cases} \dfrac{ab^k - b^2 a^{k-1}}{b-a} u(k-3) & \dfrac{a}{b} \neq 1 \\ b^k(k-2)u(k-3) & \dfrac{a}{b} = 1 \end{cases}$$

3.5.4 离散卷积的图解

卷积和的图解与卷积积分的图解类似，也可分解为以下 5 个步骤。

（1）换元：将 $x(k)$、$h(k)$ 中的自变量由 k 替换为 n。

（2）翻转：将 $h(n)$ 翻转得到 $h(-n)$。

（3）移位：将 $h(-n)$ 位移 k，得到 $h(k-n)$，k 是参变量。当 $k > 0$ 时，图形右移；当 $k < 0$ 时，图形左移。

（4）相乘：将 $x(n)$ 与 $h(k-n)$ 相乘。

（5）对相乘后的图形求和。

下面举例说明卷积和的图解。

【例 3-5-2】 设激励信号 $x(k) = \{\underline{1}, 2, 1, 2 \cdots\}$，离散时间系统的单位脉冲响应 $h(k) = \{\underline{1}, 2, 1\}$，试求其零状态响应。

解 根据卷积和公式[式（3-5-14）]，有

$$y(k) = x(k) * h(k) = \sum_{n=0}^{k} x(n)h(k-n) \cdot u(k)$$

（1）将序列的自变量由 k 改为 n，如图 3-5-1（a）、图 3-5-1（b）所示。

（2）将 $h(n)$ 翻转成 $h(-n)$，如图 3-5-1（c）所示。

（3）将 $h(-n)$ 位移 k。

根据 $x(n)$ 与 $h(-n)$ 的重叠情况，分段讨论如下。

当 $k<0$ 时，$x(n)$ 与 $h(k-n)$ 的图形没有相遇，故 $y(k)=0$。

当 $k=0$ 时，$y(0)=\sum\limits_{n=0}^{0}x(n)h(0-n)=x(0)h(0)=1\times1=1$。

当 $k=1$ 时，$x(n)h(1-n)$ 如图 3-5-1（d）所示，此时

$$y(1)=\sum_{n=0}^{1}x(n)h(1-n)=x(0)h(1)+x(1)h(0)=1\times2+2\times1=4$$

当 $k=2$ 时，$x(n)h(2-n)$ 如图 3-5-1（e）所示，此时

$$y(2)=\sum_{n=0}^{2}x(n)h(2-n)=x(0)h(2)+x(1)h(1)+x(2)h(0)=1\times1+2\times2+1\times1=6$$

照此进行下去，可得 $y(k)=\{\underline{1},4,6,6,\cdots\}$，如图 3-5-1（f）所示。

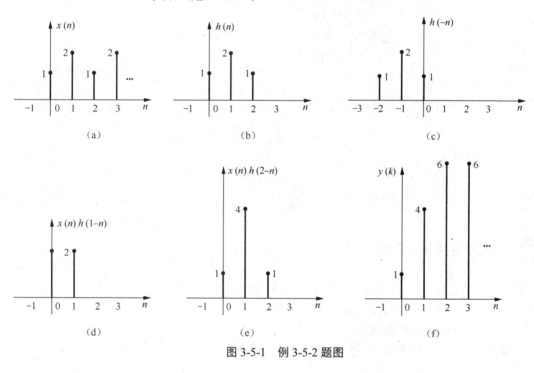

图 3-5-1　例 3-5-2 题图

3.5.5　离散卷积的列表计算

两个有始序列的卷积还可以通过列表法计算，此法可由有始序列的卷积公式[式（3-5-14）]简单推出。

例如，设有始序列 $x(k)=\{3,\underline{2},1,5,\cdots\}$，$h(k)=\{\underline{3},1,4,2,\cdots\}$，计算卷积和的方法是：$x(k)$ 的值按顺序排成一行，$h(k)$ 的值按顺序排成一列，构成一个如表 3-5-1 所示的序列阵表格，把 $x(k)$ 与 $h(k)$ 的值逐项相乘填入对应的方格。不难看出：表 3-5-1 中，第 k 条对角斜线上即是顺序排列的 $x(n)h(k-n)$ 的值（右上为 n 递增的方向）。这些数值之和就是 $y(k)$。表 3-5-1 中，穿过乘积 $x(0)$ $h(0)$ 的对角斜线序号 $k=0$，数值 $x(0)h(0)$ 用下画线标出，序号 k 的值往右下递增。这样就可以依次算出卷积和的数值。

表 3-5-1　序列阵表格

	$x(k)=3$	$x(k)=2$	$x(k)=1$	$x(k)=5$	$\cdots$
$h(k)=\underline{3}$	9	6	3	15	*
$h(k)=1$	3	2	1	5	*
$h(k)=4$	12	8	4	20	*
$h(k)=2$	6	4	2	10	*
$\vdots$	*	*	*	*	*

本例中卷积和 $y(k) = x(k)*h(k) = \{9,\underline{9},17,30,\cdots\}$ 。

显然，如果两个序列都是有限序列，例如，$x(k) = \{3,\underline{2},1,5\}$，$h(k) = \{\underline{3},1,4,2\}$，则卷积和 $y(k) = x(k)*h(k) = \{9,\underline{9},17,30,13,22,10\}$ 。两个有限序列相卷积，还可以用不进位乘法，此时把 $x(k)$ 与 $h(k)$ 的值排成两行，像竖式计算那样运算但是不要进位。

H5 交互：不进位
乘法练习

3.6　离散时间系统的全响应

求离散时间系统的全响应的方法与连续时间系统类似。需要注意的是，连续时间系统的初始条件一般都是 0^- 时刻，而离散时间系统的初始条件可以是任意时刻。

离散时间系统的　　离散时间系统的
全响应　　　　单位响应函数

（1）初始条件分为全响应和零输入响应两种，在求解过程中应当灵活处理。

（2）全响应的分解形式等与连续时间系统类似，这里不再赘述。

【例 3-6-1】　已知某线性时不变系统的差分方程为 $y(k+1) + 0.5y(k) = x(k+1)$，激励 $x(k) = (2-0.5^k)u(k)$ 。

（1）若初始条件 $y_{zi}(0) = 1$，求该系统的全响应 $y(k)$，并指出其中的零输入响应分量、零状态响应分量、自然响应分量、强制响应分量、暂态响应分量和稳态响应分量。

（2）若初始条件 $y(0) = 3$，求该系统的全响应 $y(k)$ 和零输入响应 $y_{zi}(k)$ 。

解　方程的特征根为 $\lambda = -0.5$，单位脉冲响应为（求解过程略）

$$h(k) = \left(-0.5\right)^k u(k)$$

由卷积分析法可求得零状态响应

$$y_{zs}(k) = x(k)*h(k) = (2-0.5^k)u(k)*(-0.5)^k u(k)$$
$$= \left(\frac{4}{3} - \frac{1}{2}\times 0.5^k + \frac{1}{6}(-0.5)^k\right)u(k)$$

（1）零输入响应的形式为

$$y_{zi}(k) = c(-0.5)^k$$

代入初始条件 $y_{zi}(0) = 1$，解得

$$y_{zi}(k) = (-0.5)^k, \ k \geq 0$$

系统的全响应

$$y(t) = y_{zs}(k) + y_{zi}(k) = \frac{4}{3} - \frac{1}{2}\times 0.5^k + \frac{7}{6}(-0.5)^k, \ k \geq 0$$

其中，自然响应分量为 $\frac{7}{6}(-0.5)^k$，强制响应分量为 $\frac{4}{3}-\frac{1}{2}\times0.5^k$，暂态响应分量为 $\frac{7}{6}(-0.5)^k-\frac{1}{2}\times0.5^k$，稳态响应分量为 $\frac{4}{3}$。

（2）系统的全响应

$$y(t)=y_{zs}(k)+y_{zi}(k)=\left(\frac{4}{3}-\frac{1}{2}\times0.5^k+\frac{1}{6}(-0.5)^k\right)u(k)+c(-0.5)^k,\ k\geqslant0$$

代入初始条件 $y(0)=3$，解得 $c=2$，故零输入响应

$$y_{zi}(k)=2(-0.5)^k,\ k\geqslant0$$

全响应

$$y(t)=\frac{4}{3}-\frac{1}{2}\times0.5^k+\frac{13}{6}(-0.5)^k,\ k\geqslant0$$

*3.7 离散时间系统建模的应用案例
——建立银行还款额的差分方程

差分方程是描述离散时间系统动态行为的重要工具，许多领域的问题都可以利用差分方程来建模。本节以金融领域中房屋贷款常用的等额本金还款方式为例，将还款过程视为一个离散时间系统，展示如何建立差分方程模型，通过差分方程描述资金流的动态变化。

假设贷款总额为 P，借款期 N 个月，利率使用贷款市场报价利率（Loan Prime Rate，LPR）方式浮动，以等额本金方式还款，要求列出差分方程，计算每月还款额。

我们知道，每月还款基本公式为：每月还款额=本金+利息。等额本金还款方式是指每月偿还相同数额的本金，同时支付剩余本金在该月产生的利息。因此，每月还款额由固定本金和逐月递减的利息组成，利息部分随剩余本金和利率浮动变化，具体利率通常是每年 1 月 1 日根据最新公布的 LPR 和基点利率确定。

首先对建立方程需要用到的变量进行定义：

（1）k 表示还款期数。

（2）$x(k)$ 表示第 k 个月的剩余本金。

（3）$y(k)$ 表示第 k 个月的还款额。

（4）$\alpha(k)$ 表示第 k 个月的月利率，$\alpha(k)=\dfrac{LPR(k)+基点}{12}$

根据相关定义可知，等额本金还款方式每月所还固定的本金为：本金 $=\dfrac{P}{N}$。第 k 个月浮动利息为：$x(k-1)\cdot\alpha(k)$。每月还款额为：

$$y(k)=\frac{P}{N}+x(k-1)\cdot\alpha(k) \tag{3-7-1}$$

剩余本金的计算公式为：

$$x(k)=x(k-1)-\frac{P}{N} \tag{3-7-2}$$

式（3-7-1）即为等额本金还款额的差分方程。由于 $\alpha(k)$ 通常每年调整一次，一年内此系统是非线性时不变系统，总体而言是非线性时变系统。

为直观起见，假设贷款总额为 100 万元，借款期 360 个月（30 年），年利率使用 LPR 方式浮动，首年利率为 3.85%，固定基点为 35 个基点。那么，等额本金还款方式每月所还固定本金为 $\frac{1000000}{360} \approx 2777.78$ 元，由于仅给出明确的首年固定利率和浮动基点，所以该方程仅能计算出第一年的每月还款额。

在还款首年中，$\alpha(k)$ 为固定值，那么首年 $LPR(1) = 3.85\%$，加 35 个基点为 4.2%，若首次还款时间是在该年的 1 月，则可得 $\alpha(k) = \frac{4.2\%}{12} = 0.0035$，$k = 1, 2, \cdots, 12$。由此可得首年每月还款额的差分方程为：

$$y(k) = 2777.78 + x(k-1) \cdot 0.0035, \quad k = 1, 2, \cdots 12$$

下面具体计算各个月份的还款额。

第 1 个月：

$$x(0) = 1000000 \text{元}, \quad y(1) = 2777.78 + 1000000 \cdot 0.0035 = 6277.78 \text{元}$$

$$\text{剩余本金 } x(1) = 1000000 - 2777.78 = 997222.22 \text{元}$$

第 2 个月：

$$y(2) = 2777.78 + 997222.22 \cdot 0.0035 = 6268.06 \text{元}$$

$$\text{剩余本金 } x(2) = 997222.22 - 2777.78 = 994444.44 \text{元}$$

以此类推。除首年后的其他年份的月还款额需在每年 1 月 1 日的利率调整后，根据剩余本金和最新利率重新计算。

另一种还款方式为等额本息，其特点是在利率不变的情况下每月还款额固定不变，即 $y(k)$ 为常数，不需列差分方程，但每月还款额中本金与利息的动态变化可以利用差分方程解决。在此不作分析。

差分方程模型可以清晰地描述等额本金还款方式下剩余本金和还款额的变化规律，该模型为贷款人制订还款计划提供了理论依据。

拓展阅读

学习本节内容时，可以通过向 AI 大模型提问获取知识，理顺思维过程，如可以直接让 AI 大模型求离散卷积 $\delta(k)*\delta(k-2)$，根据离散卷积和单位函数的定义可以得到正确结果。也可以输入离散系统的差分方程，让 AI 大模型求单位函数响应，此时问题相对复杂，AI 大模型在求得结果后会代入差分方程验算，然后会矫正答案，尽管最后得到的结果可能与我们演算结果不一致，但是可以从中找到不一致的原因。

思 考 题

3-1 典型的离散时间信号有哪些?

3-2 简述离散时间信号单位脉冲响应的定义。

3-3　简述序列差分运算的定义。差分运算对应连续时间信号的什么运算?

3-4　简述序列累加运算的定义。累加运算对应连续时间信号的什么运算?

3-5　离散时间系统的零输入响应对应哪一类差分方程?

3-6　写出两个有始序列相卷积的卷积和公式。

3-7　离散卷积的列表运算适用于哪一类序列?

练 习 题

3-1　绘出下面序列的波形图。

（1）$f_1(k) = \left(\dfrac{1}{2}\right)^k u(k)$

（2）$f_2(k) = \left(\dfrac{1}{2}\right)^{-k} u(-k+1)$

（3）$f_3(k) = \sin\left(\dfrac{\pi}{6}k\right)$

（4）$f_4(k) = \cos\left(\dfrac{\pi}{4}k + \dfrac{\pi}{4}\right) u\left(k + \dfrac{\pi}{2}\right)$

（5）$f_5(k) = 4\cos(k)u(k)$

（6）$f_6(k) = u(k+2) - u(k-3)$

（7）$f_7(k) = \delta(k+2) + 2\delta(k+1) - \delta(k) + \delta(k-2)$

（8）$f_8(k) = (k-2)u(k-1)$

（9）$f_9(k) = \dfrac{k(k-2)}{4}[u(k+1) - u(k-4)]$

（10）$f_{10}(k) = \begin{cases} 0 & k < -3 \\ k+2 & -3 \leqslant k \leqslant 2 \\ 2 & k > 2 \end{cases}$

3-2　试写出题图3-1所示各序列的解析表达式。

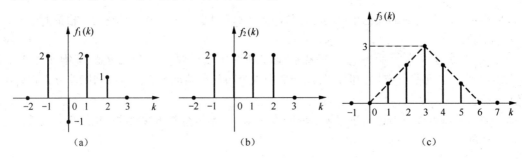

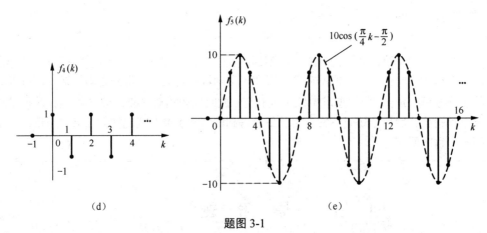

题图 3-1

3-3　已知离散时间信号 $f_1(k)$ 和 $f_2(k)$ 如题图3-2所示，试画出下列序列的图形。

（1）$f_1(k+2)$　　　　　　（2）$f_1(k+1)u(-k-1)$　　　　　　（3）$f_2(k)[u(k) - u(k-2)]$

（4）$f_1(k)f_2(k)$　　　　（5）$f_1(k)+f_2(k)$　　　　（6）$f_1(k)-f_2(k)$

（7）$f_1(-k)+f_2(k)$　　　（8）$f_1(k+1)-f_1(k)$　　　（9）$f_2(k)-f_2(k-1)$

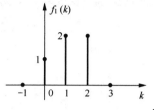 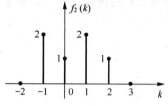

题图 3-2

3-4　已知序列 $f_1(k)=\begin{cases}0 & k<1 \\ k-1 & k\geqslant 1\end{cases}$，$f_2(k)=\begin{cases}0 & k<0 \\ 2^{-k} & k\geqslant 0\end{cases}$，求下列各序列的表达式。

（1）$f_1(k)+f_2(k)$　　　　　　　　　　　　　（2）$f_1(k)\cdot f_2(k)$

3-5　已知连续信号 $f(t)=t(t-1)$，离散信号 $f(k)=k(k-1)$，分别计算 $f'(t)$、$\Delta f(k)$ 和 $\nabla f(k)$，并给出它们之间的关系。

3-6　已知 $y(k)=\sum\limits_{i=0}^{k} f(i)$，求 $\Delta y(k)$、$\nabla y(k)$。

3-7　试用单位阶跃序列 $u(k)$ 表示题图 3-3 所示的序列。

3-8　已知序列 $f(k)$ 如题图 3-4 所示，试画出下列序列的图形。

（1）$f_1(k)=\sum\limits_{n=-\infty}^{k} f(n)$　　　　　　　　　（2）$f_2(k)=\sum\limits_{n=0}^{k} f(n)$

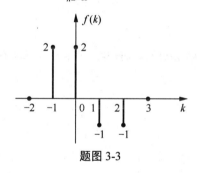 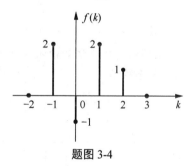

题图 3-3　　　　　　　　　　　　　　　　题图 3-4

3-9　设描述某离散时间系统的差分方程为 $y(k+2)+3y(k+1)-4y(k)=x(k+1)$，求该系统的单位脉冲响应 $h(k)$。

3-10　设描述某离散时间系统的差分方程为 $y(k+2)+0.5y(k+1)-0.5y(k)=x(k+2)-2x(k+1)$，求该系统的单位脉冲响应 $h(k)$。

3-11　设描述某离散时间系统的差分方程为 $y(k+2)+y(k+1)=2x(k+1)+3x(k)$，求该系统的单位脉冲响应 $h(k)$。

3-12　试求下列序列的离散卷积。

（1）$u(k)*u(k-2)$

（2）$u(k-1)*[u(k)-u(k-2)]$

（3）$u(k)*ku(k)$

（4）$\left(\dfrac{1}{2}\right)^k u(k)*\left(\dfrac{1}{3}\right)^k u(k)$

（5）$a^k u(k) * a^k u(k)$

（6）$ku(k) * (-1)^k u(k)$

3-13 某离散时间系统的输入信号 $x(k)$ 和单位脉冲响应 $h(k)$ 如题图 3-5 所示，试求该系统的零状态响应。

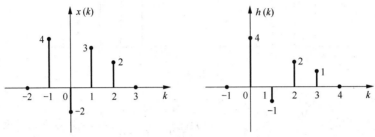

题图 3-5

3-14 某离散时间系统的输入信号 $x(k)$ 和单位脉冲响应 $h(k)$ 如题图 3-6 所示，试求该系统在 $k = 2$ 时的零状态响应。

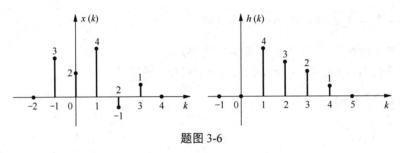

题图 3-6

3-15 某离散时间系统的输入信号 $x(k)$ 和单位脉冲响应 $h(k)$ 如题图 3-7 所示，试求该系统在 $k = 4$ 时的零状态响应。

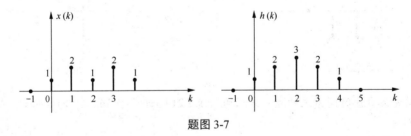

题图 3-7

3-16 求下列离散时间系统的零状态响应。

（1）$y(k+1) - 0.5y(k) = x(k+1)$，$x(k) = \left(-\dfrac{1}{3}\right)^k u(k)$

（2）$y(k+2) + y(k) = x(k+2) - 2x(k+1)$，$x(k) = (-1)^k u(k)$

（3）$y(k+2) + 3y(k+1) + 2y(k) = x(k)$，$x(k) = \left(\dfrac{1}{2}\right)^k u(k)$

（4）$y(k+1) + 2y(k) = x(k)$，$x(k) = ku(k)$

3-17 已知下列离散时间系统的输入为 $x(k)$，单位脉冲响应为 $h(k)$，试计算各系统对应的零状态响应。

（1）$x(k)=\begin{cases}3 & k=0,1,2,3\\0 & \text{其他}\end{cases}$ $h(k)=\begin{cases}2 & k=1,2,3\\0 & \text{其他}\end{cases}$

（2）$x(k)=\{\underline{0},1,2,3,2,-3,-5\}$ ， $h(k)=u(k)$

（3）$x(k)=2^k u(k+1)$ ， $h(k)=\left(\dfrac{1}{4}\right)^k u(k-1)$

（4）$x(k)=\left(\dfrac{1}{2}\right)^k u(k)$ ， $h(k)=u(k)$

3-18　题图 3-8 所示的系统中的各子系统的单位脉冲响应分别为 $h_1(k)=u(k)$ ， $h_2(k)=\delta(k-1)$ ，

$h_3(k)=\left(\dfrac{1}{2}\right)^k u(k)$ ，试求该系统的单位脉冲响应 $h(k)$ 。

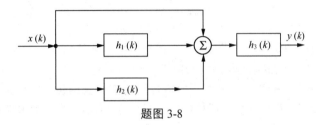

题图 3-8

3-19　已知某线性时不变系统的差分方程为 $y(k+1)-0.2y(k)=x(k)$ ，激励 $x(k)=(2-0.5^k)u(k)$ ，完成下列各题。

（1）若初始条件为 $y_{zi}(0)=1$ ，求该系统的全响应 $y(k)$ 。

（2）若初始条件为 $y(0)=3$ ，求该系统的全响应 $y(k)$ 和零输入响应 $y_{zi}(k)$ 。

第 4 章

连续时间信号与系统的频域分析

本章主要内容

第 2、3 章讨论了信号与系统的时域分析。进行时域分析时，需将信号分解为一系列加权的冲激信号（连续）或单位函数（离散），求系统的响应时，先求冲激响应或单位函数响应，再利用线性时不变性求得总响应。本章将信号分解为一系列不同频率的正弦（本书将正弦、余弦信号统称为正弦）分量或虚指数信号分量。由于此时分析的自变量是频率，故此时的信号与系统分析称为频域分析。

系统的频域
分析概述

本章首先介绍傅里叶级数及傅里叶变换思想的相关内容，然后介绍希尔伯特变换、信号的频谱和带宽等概念和取样定理，最后介绍连续时间系统的频域分析、信号的无失真传输和滤波器。

4.1 傅里叶级数的形成历史回顾

由电路分析的知识可知，线性时不变电路在单一频率的正弦信号激励下，其稳态响应仍是同一频率的正弦信号。这个结论同样适用于线性时不变系统。由线性时不变系统的线性时不变性质可知，当输入信号是基本信号的线性组合时，系统的响应就是对基本信号响应的线性组合。

信号的时域分析是把信号分解成一系列基本信号的组合，还可以用成谐波关系的正弦函数或周期复指数函数来描述周期信号，后一种方法被称为周期信号的三角级数展开。这种方法可以追溯到古代巴比伦时代，那时候它被用于预测天体运动。这种方法演变成傅里叶分析方法的过程一波三折：近代，欧拉曾将这种方法用在振动弦的研究中，但后来欧拉放弃了这种方法；伯努利曾经声称"一根弦的实际运动可以用标准振荡模的线性组合来表示"，但是他没有从数学上探究下去；拉格朗日曾经强烈批评用三角级数研究弦运动的思路。约瑟夫·傅里叶在研究热的传播和扩散现象时发现，在表示一个物体的温度分布时，成谐波关系的正弦函数级数是非常有用的，1807 年，他撰写了论文并断言：任何周期函数都可以用这样的级数来表示。尽管他的论述非常有用，但其数学证明不够完善，且受到了四位论文评阅人之一——拉格朗日的强烈反对，因此，该论文没有获准发表。傅里叶为了让他的研究成果被法兰西研究院接受并发表，还做了其他的尝试，但都没有成功。1822 年，也就是距上次投稿 15 年之后，该成果随《热的解析理论》一书得以面世。到 1829 年，狄利克雷给出信号分解的精确条件，就是后文将介绍的狄利克雷条件。傅里叶没有对傅里叶级数的数学理论做多大的贡献，但是他洞察出三角级数表示法的潜在作用，他的断言大大推动了三角级数问题的深入研究，并且他还提出非周期信号是不全为谐波关系的正弦信号的加权积分，也就是后面讲到的傅里叶积分。所以，三角级数的分析方法还是以傅里叶的名字命名。

4.2 周期信号分解为傅里叶级数

周期信号是定义在 $(-\infty,\infty)$ 区间，每隔时间 T 按相同规律重复变化的信号。它满足

$$f(t) = f(t-nT) \qquad (4\text{-}2\text{-}1)$$

周期信号分解为傅里叶级数（上）

周期信号分解为傅里叶级数（下）

式中，n 为整数。满足式（4-2-1）的最小非零正值 T 称为该信号的（重复）周期，周期的倒数称为频率，即 $f_0 = \dfrac{1}{T}$，而 $\omega_0 = \dfrac{2\pi}{T}$ 称为该信号的角频率。

周期为 T 的信号 $f(t)$，若满足狄利克雷条件，就可以展开为三角形式傅里叶级数或指数形式傅里叶级数，两者统称为傅里叶级数。狄利克雷条件是指：

（1）函数在一个周期内绝对可积，即 $\int_{t_0}^{t_0+T} |f(t)|\mathrm{d}t < \infty$。

（2）在一个周期内函数有有限个极大值和极小值。

（3）在一个周期内，函数只有有限个不连续点，且在这些不连续点上，函数是有限值。

条件（1）中的积分上下限的范围是一个周期，即 t_0 可为任意时刻。通常遇到的信号都满足狄利克雷条件，故以后不做特别说明。

知识回顾　复数表示及应用

（1）复数的概念

形如 $z = a + bj$（a,b 均为实数）的数称为复数，其中 a 称为实部，记作 $\mathrm{Re}(z) = a$；b 称为虚部，记作 $\mathrm{Im}(z) = b$；j 为虚数单位，且 $j^2 = -1$。数学中常用 i 作为虚数单位，但电路及信号分析的相关课程通常用 i 来表示电路中的电流，故此处使用 j 代替 i。复数由意大利米兰学者卡当在 16 世纪首次引入。

当 z 的虚部 $b=0$ 时，$z=a$，称 z 为实数。

当 z 的虚部 $b\neq0$，且 $a=0$ 时，$z=bj$，称 z 为纯虚数。

（2）复数的模

将复数的实部与虚部的平方和的正的平方根称为该复数的模，记作 $|z|$。

对于复数 $z=a+bj$，它的模 $|z|=\sqrt{a^2+b^2}$。

（3）复数的辐角

任意一个不为零的复数 $z=a+bj$ 的辐角有无限多个值，且这些值之间相差 2π 的整数倍。位于区间 $(-\pi,\pi]$ 的辐角 θ 的值，叫作辐角的主值，记作 $\arg(z)$，显然，辐角的主值满足 $-\pi<\theta\leqslant\pi$，辐角的主值是唯一的。

复数有如下 4 种表达形式。

① 直角坐标形式：$z = a + bj$。

② 三角形式：$z = r(\cos\theta + j\sin\theta)$。

③ 指数形式：$z = re^{j\theta}$。

④ 极坐标形式：$z = r \angle \theta$。

显然，$|z| = r$，$r\cos\theta = a$，$r\sin\theta = b$。对于某确定的复数，其4种表达形式可以相互转换。

（4）复平面

复数可以用一个平面上的点来表示。在直角坐标系中，在横轴上取对应实数 a 的点 A，从纵轴上取对应实数 b 的点 B，并分别过这两点引平行于坐标轴的直线。两条直线的交点 C 就表示复数 $a+bj$，点 C 与坐标原点一间线段长度为 r，对应复数的模，线段与实数轴的夹角为 θ，各点都对应复数的平面叫复平面。

（5）复指数函数

$e^{a+bj} = e^a \times e^{jb} = e^a \times (\cos b + j\sin b)$，其中 e^a 称为实指数函数，e^{jb} 称为虚指数函数。

（6）复数应用于电路分析

我们知道，正弦量由它的振幅、角频率和初相3个要素唯一确定。在正弦稳态电路中，响应与激励均为同频率的正弦量，通常激励的频率是已知的，因此求响应时只需要求出其幅度和初相即可。电路分析中的相量分析法就是利用这一点，用相量（即复数）表示正弦量的振幅和初相，将解电路微分方程转化为解复数代数方程，从而大大简化了正弦稳态电路的分析计算。

（7）复数应用于信号分析

信号分析中使用复数 z 的实部来表示周期信号 $r\cos(\omega t + \theta)$，用模 $|z| = r$ 表示周期信号的振幅，辐角的主值 $\arg(z) = \theta$ 表示周期信号的初相。即 $r\cos(\omega t + \theta) = \text{Re}(r\,e^{j(\omega t + \theta)})$，其振幅为 r，显然 r 为正值。可见，如果不考虑角频率这个要素，与电路分析中的相量分析法一样，可以用复数的模和辐角主值分别表示周期信号的振幅和初相。为简便起见，将信号中用到的复数的辐角主值简称为辐角。信号分析中用频谱图表示信号的各个分量，详见后文。

4.2.1　三角形式傅里叶级数

角频率为 ω_0 的周期信号 $f(t)$，可分解为

$$f(t) = a_0 + a_1\cos\omega_0 t + a_2\cos 2\omega_0 t + \cdots + b_1\sin\omega_0 t + b_2\sin 2\omega_0 t + \cdots$$
$$= a_0 + \sum_{n=1}^{\infty}[a_n\cos n\omega_0 t + b_n\sin n\omega_0 t] \tag{4-2-2}$$

式中，系数 a_0、a_n、b_n 称为三角形式傅里叶级数的系数，它们的值由下式确定

$$a_0 = \frac{1}{T}\int_{-\frac{T}{2}}^{\frac{T}{2}} f(t)\mathrm{d}t \tag{4-2-3a}$$

$$a_n = \frac{2}{T}\int_{-\frac{T}{2}}^{\frac{T}{2}} f(t)\cos n\omega_0 t\mathrm{d}t，\quad n = 1,2,3,\cdots \tag{4-2-3b}$$

$$b_n = \frac{2}{T}\int_{-\frac{T}{2}}^{\frac{T}{2}} f(t)\sin n\omega_0 t\mathrm{d}t，\quad n = 1,2,3,\cdots \tag{4-2-3c}$$

式（4-2-3b）和式（4-2-3c）中，积分区间可从任意时刻 t_0 开始到 t_0+T 结束。由式（4-2-3）可知，a_n 是 n（或 $n\omega_0$）的偶函数，即 $a_{-n} = a_n$；b_n 是 n（或 $n\omega_0$）的奇函数，即 $b_{-n} = -b_n$。式（4-2-2）中同频率项可以合成一个正弦分量，有

$$a_n\cos n\omega_0 t + b_n\sin n\omega_0 t = A_n\cos(n\omega_0 t + \varphi_n) \tag{4-2-4}$$

此时三角形式傅里叶级数可以写成

$$f(t) = A_0 + \sum_{n=1}^{\infty} A_n \cos(n\omega_0 t + \varphi_n) \qquad (4\text{-}2\text{-}5)$$

系数 a_n、b_n 与振幅 A_n 和相位 φ_n 之间的关系为

$$\begin{cases} A_n = \sqrt{a_n^2 + b_n^2}, \ \varphi_n = \arctan\left(\dfrac{-b_n}{a_n}\right) \\ a_n = A_n \cos\varphi_n, \ b_n = -A_n \sin\varphi_n \\ A_0 = a_0 \end{cases} \qquad (4\text{-}2\text{-}6)$$

式（4-2-5）中，$A_0 = a_0 = \dfrac{1}{T}\displaystyle\int_{-\frac{T}{2}}^{\frac{T}{2}} f(t)\mathrm{d}t$，称为直流分量，是函数 $f(t)$ 在一个周期内的平均值。由式（4-2-6）结合 a_n 和 b_n 的奇偶性可知，A_n 是 n（或 $n\omega_0$）的偶函数，φ_n 是 n（或 $n\omega_0$）的奇函数。式（4-2-5）表明，周期信号可分解为直流分量和许多正弦分量：当 $n=1$ 时，$A_1 \cos(\omega_0 t + \varphi_1)$ 称为基波分量或一次谐波，A_1、φ_1 分别称为基波的振幅和初相；当 $n=2$ 时，$A_2 \cos(2\omega_0 t + \varphi_2)$ 称为二次谐波，A_2、φ_2 分别称为二次谐波的振幅和初相；以此类推，$A_n \cos(n\omega_0 t + \varphi_n)$ 称为 n 次谐波。也就是说，周期信号可以分解为直流分量和各次谐波分量之和。

信号波形的奇偶对称性与信号所含谐波分量存在以下关系。

（1）$f(t)$ 为奇函数，即 $f(-t) = -f(t)$，波形关于原点对称。由于 $f(t)$ 为奇函数，所以 $f(t)\cos n\omega_0 t$ 是奇函数，$f(t)\sin n\omega_0 t$ 是偶函数，由式（4-2-3）得到奇函数的傅里叶系数为

$$a_0 = a_n = 0$$

$$b_n = \frac{2}{T}\int_{-\frac{T}{2}}^{\frac{T}{2}} f(t)\sin n\omega_0 t\,\mathrm{d}t = \frac{4}{T}\int_0^{\frac{T}{2}} f(t)\sin n\omega_0 t\,\mathrm{d}t，\quad n = 1,2,3,\cdots$$

所以，奇对称周期信号只含有正弦谐波分量。

（2）$f(t)$ 为偶函数，即 $f(-t) = f(t)$，波形关于纵坐标轴对称，由于 $f(t)$ 为偶函数，所以 $f(t)\cos n\omega_0 t$ 是偶函数，$f(t)\sin n\omega_0 t$ 是奇函数，由式（4-2-3）得到偶函数的傅里叶系数为

$$b_n = 0$$

$$a_0 = \frac{2}{T}\int_0^{\frac{T}{2}} f(t)\mathrm{d}t$$

$$a_n = \frac{2}{T}\int_{-\frac{T}{2}}^{\frac{T}{2}} f(t)\cos n\omega_0 t\,\mathrm{d}t = \frac{4}{T}\int_0^{\frac{T}{2}} f(t)\cos n\omega_0 t\,\mathrm{d}t，\quad n = 1,2,3,\cdots$$

H5 交互：三角波
信号的傅里叶级数
分解

所以，偶对称周期信号只含有直流分量和余弦谐波分量。

（3）$f(t)$ 为奇谐函数，即 $f\left(t + \dfrac{T}{2}\right) = -f(t)$。奇谐函数的示例波形如图 4-2-1 所示，$f(t)$ 的前半个周期波形移动 $\dfrac{T}{2}$ 后，与后半个周期波形关于横坐标轴对称，周期信号不包含直流分量和偶次谐波分量，而只含有奇次谐波分量，奇谐函数的名称由此而来。

（4）$f(t)$ 为偶谐函数，即 $f\left(t + \dfrac{T}{2}\right) = f(t)$。偶谐函数的示例波形如图 4-2-2 所示，$f(t)$ 的前半个周期波形移动 $\dfrac{T}{2}$ 后，与后半个周期波形完全重叠。事实上，偶谐函数的周期应为 $\dfrac{T}{2}$，信号的各次谐波分量的角频率比以 T 为周期的信号的角频率增加 1 倍，即只含有偶次谐波项。偶谐函数的名称由此而来。

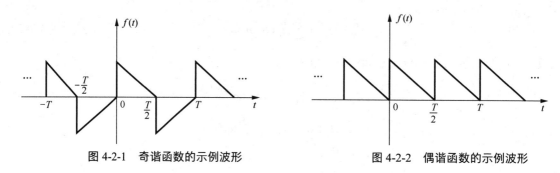

图 4-2-1 奇谐函数的示例波形   图 4-2-2 偶谐函数的示例波形

【**例 4-2-1**】 将图 4-2-3 所示的周期矩形脉冲信号展开为三角形式傅里叶级数。矩形脉冲信号的振幅为 A，脉冲宽度为 τ，周期为 T。

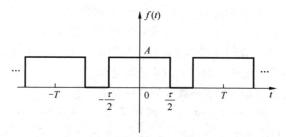

图 4-2-3 周期矩形脉冲信号

解 $f(t)$ 是偶函数，只含直流分量和余弦谐波分量。

$$a_0 = \frac{2}{T}\int_0^{\frac{T}{2}} f(t)\mathrm{d}t = \frac{2}{T}\int_0^{\frac{\tau}{2}} A\mathrm{d}t = \frac{A\tau}{T}$$

$$a_n = \frac{4}{T}\int_0^{\frac{T}{2}} f(t)\cos(n\omega_0 t)\mathrm{d}t = \frac{4}{T}\int_0^{\frac{\tau}{2}} A\cos(n\omega_0 t)\mathrm{d}t$$

$$= \frac{2A}{n\pi}\sin\left(\frac{n\omega_0\tau}{2}\right)$$

$$b_n = 0$$

周期矩形脉冲信号三角形式傅里叶级数为

$$f(t) = a_0 + \sum_{n=1}^{\infty} a_n \cos(n\omega_0 t)$$

$$= \frac{A\tau}{T} + \sum_{n=1}^{\infty} \frac{2A}{n\pi}\sin\left(\frac{n\omega_0\tau}{2}\right)\cdot\cos(n\omega_0 t)$$

H5 交互：周期矩形脉冲的 N 次谐波合成及频谱图

改变谐波次数，可以观察到三角形式傅里叶级数叠加后的信号波形的变化。

4.2.2 指数形式傅里叶级数

欧拉公式建立了三角函数与虚指数函数之间的关系，有

$$\cos n\omega_0 t = \frac{\mathrm{e}^{jn\omega_0 t} + \mathrm{e}^{-jn\omega_0 t}}{2}$$

将上式代入式（4-2-5）中，有

$$f(t) = A_0 + \sum_{n=1}^{\infty} \frac{A_n}{2}[e^{j(n\omega_0 t + \varphi_n)} + e^{-j(n\omega_0 t + \varphi_n)}]$$

$$= A_0 + \frac{1}{2}\sum_{n=1}^{\infty} A_n e^{j\varphi_n} e^{jn\omega_0 t} + \frac{1}{2}\sum_{n=1}^{\infty} A_n e^{-j\varphi_n} e^{-jn\omega_0 t}$$

将上式第三项中的 n 用 $-n$ 替换，并且考虑到 A_n 是 n（或 $n\omega_0$）的偶函数，以及 φ_n 是 n（或 $n\omega_0$）的奇函数，上式可写成

$$f(t) = A_0 + \frac{1}{2}\sum_{n=1}^{\infty} A_n e^{j\varphi_n} e^{jn\omega_0 t} + \frac{1}{2}\sum_{n=-1}^{-\infty} A_{-n} e^{-j\varphi_{-n}} e^{jn\omega_0 t}$$

$$= A_0 + \frac{1}{2}\sum_{n=1}^{\infty} A_n e^{j\varphi_n} e^{jn\omega_0 t} + \frac{1}{2}\sum_{n=-1}^{-\infty} A_n e^{j\varphi_n} e^{jn\omega_0 t} \tag{4-2-7}$$

令 $F_n = \frac{1}{2}A_n e^{j\varphi_n}$，$F_0 = A_0 = F_n e^{jn\omega_0 t}\big|_{n=0}$，则上式可写成

$$f(t) = F_0 + \sum_{n=1}^{\infty} F_n e^{jn\omega_0 t} + \sum_{n=-1}^{-\infty} F_n e^{jn\omega_0 t} \tag{4-2-8}$$

合并等式右端为

$$f(t) = \sum_{n=-\infty}^{\infty} F_n e^{jn\omega_0 t} \tag{4-2-9}$$

这就是指数形式傅里叶级数，复数 F_n 称为傅里叶级数的复系数。

由复数的相关知识以及式（4-2-6），可得

$$F_n = \frac{1}{2}A_n e^{j\varphi_n} = \frac{1}{2}(A_n\cos\varphi_n + jA_n\sin\varphi_n) = \frac{1}{2}(a_n - jb_n) \tag{4-2-10}$$

将式（4-2-3）代入式（4-2-10），可得

$$F_n = \frac{1}{T}\int_{-\frac{T}{2}}^{\frac{T}{2}} f(t)\cos n\omega_0 t \mathrm{d}t - j\frac{1}{T}\int_{-\frac{T}{2}}^{\frac{T}{2}} f(t)\sin n\omega_0 t \mathrm{d}t$$

$$= \frac{1}{T}\int_{-\frac{T}{2}}^{\frac{T}{2}} f(t)e^{-jn\omega_0 t}\mathrm{d}t, \quad n = 0, \pm 1, \pm 2, \cdots \tag{4-2-11}$$

式（4-2-11）就是求指数形式傅里叶级数的复系数 F_n 的公式。

一般情况下，F_n 是 $n\omega_0$ 的复数函数，可以写成指数形式，即

$$F_n = |F_n|e^{j\theta_n}$$

由式（4-2-11）可知，当 $f(t)$ 是实周期信号时，F_n 与 F_{-n} 为一对共轭复数，所以，F_n 的模 $|F_n|$ 是 $n\omega_0$ 的偶函数，F_n 的辐角 θ_n 是 $n\omega_0$ 的奇函数。

式（4-2-9）表明，周期信号可以分解为许多不同频率的虚指数信号 $e^{jn\omega_0 t}$ 的和，其各分量的复振幅为 F_n。式（4-2-9）中出现了负频率分量，这并不是说将信号分解成负频率分量。可以观察到，当 $f(t)$ 为实信号时，正负频率分量总是成对共轭出现，它们一起构成了一个实际的正弦分量，即

$$F_n e^{jn\omega_0 t} + F_{-n}e^{-jn\omega_0 t} = |F_n|e^{j\theta_n}e^{jn\omega_0 t} + |F_n|e^{-j\theta_n}e^{-jn\omega_0 t}$$

$$= 2|F_n|\cos(n\omega_0 t + \theta_n) \tag{4-2-12}$$

式（4-2-8）的推导过程揭示了 $n\neq 0$ 时指数形式傅里叶复系数 F_n 的模 $|F_n|$ 和辐角 θ_n 与三角形式傅里叶系数 A_n、φ_n 之间的关系，即：

当 $n>0$ 时，

$$|F_n| = \frac{A_n}{2}, \theta_n = \varphi_n \tag{4-2-13}$$

当 $n=0$ 时，

$$F_0 = A_0 \tag{4-2-14}$$

当 $n<0$ 时，只存在于指数形式傅里叶系数中，且满足 F_n 的模 $|F_n|$ 是 $n\omega_0$ 的偶函数；F_n 的幅角 θ_n 是 $n\omega_0$ 的奇函数。

【例 4-2-2】 将图 4-2-3 所示的周期矩形脉冲信号 $f(t)$ 展开为指数形式傅里叶级数。矩形脉冲信号的振幅为 A，脉冲宽度为 τ，周期为 T。

解 该信号在一个周期内可以表示为

$$f(t) = \begin{cases} A & |t| < \dfrac{\tau}{2} \\ 0 & |t| > \dfrac{\tau}{2} \end{cases}$$

根据式（4-2-11），可得

$$\begin{aligned} F_n &= \frac{1}{T} \int_{-\frac{T}{2}}^{\frac{T}{2}} f(t)\, \mathrm{e}^{-jn\omega_0 t}\,\mathrm{d}t \\ &= \frac{A}{T} \int_{-\frac{\tau}{2}}^{\frac{\tau}{2}} \mathrm{e}^{-jn\omega_0 t}\,\mathrm{d}t \\ &= \frac{2A}{n\omega_0 T} \sin\left(\frac{n\omega_0 \tau}{2}\right) \\ &= \frac{A}{n\pi} \sin\left(\frac{n\omega_0 \tau}{2}\right) \end{aligned}$$

上式可以写成

$$F_n = \frac{2A}{n\omega_0 T} \sin\left(\frac{n\omega_0 \tau}{2}\right) = \frac{A\tau}{T} \frac{\sin\left(\dfrac{n\omega_0 \tau}{2}\right)}{\dfrac{n\omega_0 \tau}{2}} \tag{4-2-15}$$

函数 $\dfrac{\sin x}{x}$ 称为取样函数，记作 $Sa(x)$，即 $Sa(x) = \dfrac{\sin x}{x}$，所以式（4-2-15）可以写成

$$F_n = \frac{A\tau}{T} Sa\left(\frac{n\omega_0 \tau}{2}\right) \tag{4-2-16}$$

周期矩形脉冲信号的指数形式傅里叶级数为

$$f(t) = \frac{A\tau}{T} \sum_{n=-\infty}^{\infty} Sa\left(\frac{n\omega_0 \tau}{2}\right) \mathrm{e}^{jn\omega_0 t}$$

取样函数 $Sa(x)$ 在通信理论中有重要作用，有必要了解其函数特性。$Sa(x)$ 的波形如图 4-2-4 所示，其特性为：

（1）取样函数是 x 的偶函数。

（2）$\lim\limits_{x \to 0} Sa(x) = 1$ 是振荡波形的峰值。

（3）除 $x=0$ 外，$Sa(x)$ 与 $\sin(x)$ 有相同的过零点，即都是在 $x = \pm\pi, \pm2\pi, \cdots$ 等处的取值为零。

【例 4-2-3】 求图 4-2-5 所示周期冲激序列 $\delta_T(t) = \sum\limits_{n=-\infty}^{\infty} \delta(t-nT)$ 的指数形式傅里叶级数。

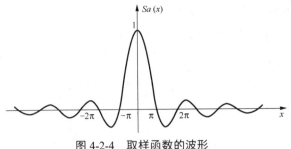

图 4-2-4　取样函数的波形

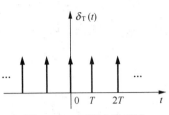

图 4-2-5　周期冲激序列

解　根据式（4-2-11），可得

$$F_n = \frac{1}{T}\int_{-\frac{T}{2}}^{\frac{T}{2}} f(t)\,\mathrm{e}^{-jn\omega_0 t}\,\mathrm{d}t = \frac{1}{T}\int_{-\frac{T}{2}}^{\frac{T}{2}} \delta(t)\,\mathrm{e}^{-jn\omega_0 t}\,\mathrm{d}t = \frac{1}{T} \tag{4-2-17}$$

所以

$$\delta_{\mathrm{T}}(t) = \sum_{n=-\infty}^{\infty} \frac{1}{T}\,\mathrm{e}^{jn\omega_0 t} \tag{4-2-18}$$

4.3　周期信号的频谱

由 4.2 节内容可知，周期信号可用式（4-2-5）所代表的三角形式傅里叶级数或式（4-2-9）所代表的指数形式傅里叶级数来表示其谐波的组成情况。这两种数学表达式虽详尽、准确地表示了信号分解的结果，但往往不够直观。这时，可以用频谱图来表示一个信号所包含的谐波分量以及各谐波分量的振幅和初相位。

周期信号的频谱（上）　　周期信号的频谱（下）

4.3.1　周期信号的频谱类型

周期信号 $f(t)$ 可展开为三角形式傅里叶级数，即

$$f(t) = A_0 + \sum_{n=1}^{\infty} A_n \cos(n\omega_0 t + \varphi_n) \tag{4-3-1}$$

上式中 n 为大于等于零的整数，所以把振幅 A_n 随 $n\omega_0$ 变化的图形称为单边幅度（振幅）频谱，简称单边幅度谱，把初相位 φ_n 随 $n\omega_0$ 变化的图形称为单边相位频谱，简称单边相位谱，单边幅度谱和单边相位谱合起来称为单边频谱。

周期信号 $f(t)$ 还可以展开为指数形式傅里叶级数，即

$$f(t) = \sum_{n=-\infty}^{\infty} F_n \mathrm{e}^{jn\omega_0 t} \tag{4-3-2}$$

上式中，n 为整数，且 $-\infty < n < \infty$，所以把 F_n 的模 $|F_n|$ 随 $n\omega_0$ 变化的图形称为双边幅度（振幅）频谱，简称双边幅度谱，把 F_n 的辐角 θ_n 随 $n\omega_0$ 变化的图形称为双边相位频谱，简称双边相位谱，双边幅度谱和双边相位谱合起来称为双边频谱。

图 4-2-3 所示的周期矩形脉冲信号，其傅里叶复系数为

$$F_n = \frac{A\tau}{T} Sa\left(\frac{n\omega_0\tau}{2}\right) \tag{4-3-3}$$

F_n 过零点时满足 $\dfrac{n\omega_0\tau}{2} = \pm\pi, \pm 2\pi, \cdots$，即 $n\omega_0 = \pm\dfrac{2\pi}{\tau}, \pm\dfrac{4\pi}{\tau}, \cdots$。

　　由式（4-3-3）可知，周期矩形脉冲信号的傅里叶复系数为实数：当为正实数时，其辐角为 0；当为负实数时，其辐角为 π。结合图 4-2-4 所示的 $Sa(x)$ 函数波形，可以得到周期矩形脉冲信号的双边幅度谱和双边相位谱，如图 4-3-1 所示。

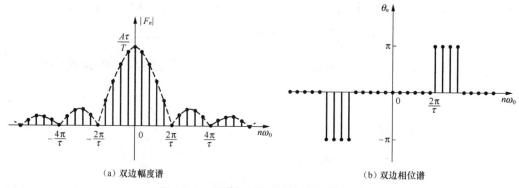

(a) 双边幅度谱　　　　　　　　　　　　(b) 双边相位谱

图 4-3-1　周期矩形脉冲信号的双边频谱

　　当傅里叶复系数为实数时，还可以把幅度谱和相位谱合并画在一幅图上，用正实数和负实数表示它们的相位分别为 0 和 π。如图 4-3-2 所示。后文的图 4-3-6 和图 4-4-6 都是用一幅图表示的频谱。

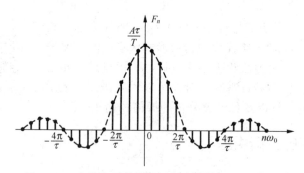

图 4-3-2　合并表示的周期矩形脉冲信号的双边频谱

　　由式（4-2-12）可知，成对出现的正负频率分量构成一个实际的正弦（余弦函数表示）分量。式（4-2-13）和式（4-2-14）说明了单边频谱和双边频谱的关系：单边幅度谱可由双边幅度谱围绕纵轴将 n 由负数对折到 n 为正数一边，并将振幅相加得到，坐标原点的值不变；单边相位谱可由双边相位谱去除 n 为负数的一边得到。根据上述关系，可以画出周期矩形脉冲信号的单边频谱，如图 4-3-3 所示。

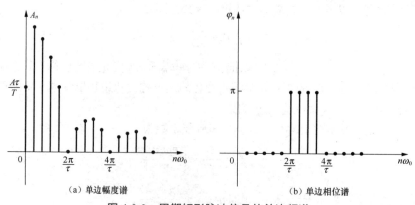

(a) 单边幅度谱　　　　　　　　　　　　(b) 单边相位谱

图 4-3-3　周期矩形脉冲信号的单边频谱

为使图形清晰，在频谱图中采用竖线代替点。这些竖线称为谱线。每条谱线代表一个基波或一个谐波分量，谱线的高度（即谱线顶端的纵坐标）代表这个正弦分量的振幅，谱线所在的横坐标代表这一正弦分量的角频率。很明显，谱线只在基波的整数倍处出现。连接各谱线顶点的曲线（如图 4-3-1 中的虚线所示）称为包络线。它反映了各分量振幅随角频率变化的情况。

画频谱图时必须将所给信号表示成规范形式，即

（1）三角形式傅里叶级数必须用余弦函数表示。

（2）振幅 A_n 为正值，即 $A_n \geq 0$。

（3）初相位于区间 $(-\pi, \pi]$ 内。

同时，我们注意到，当 $f(t)$ 是实周期信号时，F_n 与 F_{-n} 为一对共轭复数，所以，F_n 的模 $|F_n|$ 是 $n\omega_0$ 的偶函数，F_n 的辐角 θ_n 是 $n\omega_0$ 的奇函数，从而双边幅度谱 $|F_n|$ 是 $n\omega_0$ 的偶函数，双边相位谱 θ_n 是 $n\omega_0$ 的奇函数。

【例 4-3-1】 已知周期信号 $f(t) = 3\cos t + \sin\left(5t - \dfrac{\pi}{6}\right) - 2\cos\left(8t - \dfrac{\pi}{3}\right)$，试分别画出此信号的单边、双边幅度谱和相位谱。

解　首先将所给信号表示成规范形式，利用附录 7 的数学公式可得。

$$f(t) = 3\cos t + \sin\left(5t - \frac{\pi}{6}\right) - 2\cos\left(8t - \frac{\pi}{3}\right)$$
$$= 3\cos t + \cos\left(5t - \frac{2\pi}{3}\right) + 2\cos\left(8t + \frac{2\pi}{3}\right)$$

由此画出其单边、双边幅度谱和相位谱分别如图 4-3-4 和图 4-3-5 所示。

由式（4-2-13）和式（4-2-14）可知，在双边幅度谱中，当 $n > 0$ 时，$|F_n| = \dfrac{A_n}{2}$，且满足偶对称；在双边相位谱中，当 $n > 0$ 时，$\theta_n = \varphi_n$，且满足奇对称。

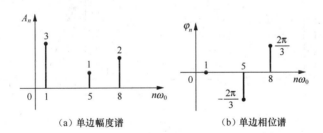

(a) 单边幅度谱　　　　　　　　　(b) 单边相位谱

图 4-3-4　例 4-3-1 信号的单边幅度谱和相位谱

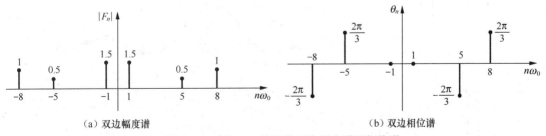

(a) 双边幅度谱　　　　　　　　　(b) 双边相位谱

图 4-3-5　例 4-3-1 信号的双边幅度谱和相位谱

4.3.2　周期信号的频谱特点

由图 4-3-1 可以看出周期矩形脉冲信号的频谱有如下特点。

（1）离散性：指频谱由不连续的谱线组成。这种频谱称为不连续频谱或离散频谱。

（2）谐波性：指频谱的每条谱线只能出现在基波频率 ω_0 的整数倍频率上，频谱中不可能存在频率为基波频率非整数倍的分量。

（3）收敛性：指谱线的高度即各次谐波的振幅随 $n \to \infty$ 总趋势衰减到零，频谱具有收敛性。

以上 3 个特点虽然是从一个特殊的周期信号得出的，但代表了所有周期信号频谱的普遍特性。

4.3.3　周期信号的频带宽度

从信号的频谱可以引出一个非常重要的概念——频带宽度。理论上讲，周期信号的谐波分量是无限多的，但在实际工作中没有必要也不可能考虑无限多的谐波分量。因为谐波分量振幅具有收敛性，信号的能量主要集中在低频分量中，故只需考虑频率较低的一部分谐波分量。对于某个信号，从零频率开始到需要考虑的最高频率范围称为信号占有的频带宽度，简称带宽。如果频谱包络线为取样函数，就常常把从零频率开始到频谱包络线第一次过零点的那个频率之间的频带作为信号的频带宽度；如果频谱包络线第一次过零点的频率不易获得，就将从零频率开始到频谱振幅降为包络线最大值的 $\dfrac{1}{10}$ 的频率之间的频带定义为信号的频带宽度。

下面仍以周期矩形脉冲信号为例，说明周期信号频谱的一般性质。脉冲幅度 A 和脉冲宽度 τ 保持不变，增大周期 T，图 4-3-6 画出了 $T = 2\tau, 4\tau, 8\tau$ 情况下的周期矩形脉冲信号的频谱。由图 4-3-6 可见，谱线随周期增大变得密集，同时同频率分量的振幅相应地减小。可以想象，当周期 T 无限增大时，周期信号就转化为非周期信号，频谱的谱线就无限密集，频谱振幅则趋于无限小。这时周期信号离散频谱将过渡到非周期信号的连续频谱。非周期信号的频谱将在下一节讨论。

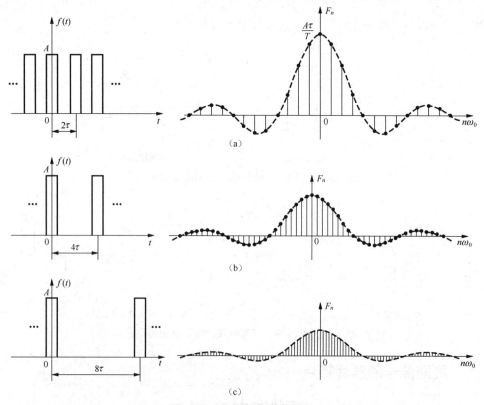

图 4-3-6　周期与频谱的关系

若脉冲振幅 A 和周期 T 不变, 改变脉冲宽度 τ, 图 4-3-7 画出了 $\tau=\dfrac{T}{4}, \dfrac{T}{8}, \dfrac{T}{16}$ 情

况下的周期矩形脉冲信号的频谱。由图 4-3-7 可见, 谱线的间隔 $\omega_0=\dfrac{2\pi}{T}$ 不变, 而

H5 交互: 周期信号时域变化对应的频谱变化

信号频谱中第一个过零点的角频率 $\omega_z=\dfrac{2\pi}{\tau}$ 增加, 即信号的频带宽度增大; 当脉冲

宽度趋于无限小时, 频带宽度将趋于无限大, 此时信号能量就不再集中在低频分量中, 而是均匀分布在零到无限大的整个频段中。事实上, 一切脉冲信号的脉冲宽度与频带宽度是成反比的。这一特性反映了信号时间特性及频率特性间的关系。

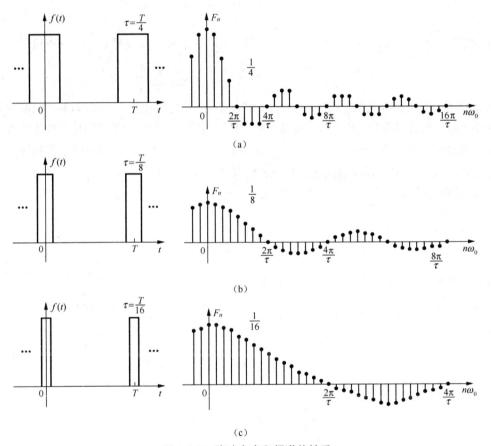

图 4-3-7　脉冲宽度和频谱的关系

4.3.4　周期信号的功率谱

周期信号属于功率信号。第 1 章讲到, 周期信号的平均功率可定义为它在 1Ω 电阻上消耗的平均功率。如果周期信号 $f(t)$ 是实函数, 那么无论它是电压还是电流, 其平均功率都为

$$P=\frac{1}{T}\int_{-\frac{T}{2}}^{\frac{T}{2}}f^2(t)\,\mathrm{d}t \tag{4-3-4}$$

将 $f(t)$ 的指数形式傅里叶级数展开式[式(4-3-2)]代入式(4-3-4)可得

$$P=\frac{1}{T}\int_{-\frac{T}{2}}^{\frac{T}{2}}f^2(t)\,\mathrm{d}t=\frac{1}{T}\int_{-\frac{T}{2}}^{\frac{T}{2}}f(t)[\sum_{n=-\infty}^{\infty}F_n\mathrm{e}^{\mathrm{j}n\omega_0 t}]\,\mathrm{d}t \tag{4-3-5}$$

交换上式中的求和、积分顺序，有

$$P = \sum_{n=-\infty}^{\infty} F_n [\frac{1}{T} \int_{-\frac{T}{2}}^{\frac{T}{2}} f(t) e^{jn\omega_0 t} dt] \qquad (4\text{-}3\text{-}6)$$

由式（4-2-11）有

$$F_n = \frac{1}{T} \int_{-\frac{T}{2}}^{\frac{T}{2}} f(t) e^{-jn\omega_0 t} dt \qquad (4\text{-}3\text{-}7)$$

从而得到

$$F_{-n} = \frac{1}{T} \int_{-\frac{T}{2}}^{\frac{T}{2}} f(t) e^{jn\omega_0 t} dt \qquad (4\text{-}3\text{-}8)$$

当 $f(t)$ 是实信号时，F_n 与 F_{-n} 是一对共轭复数，所以 $F_n \times F_{-n} = |F_n|^2$，于是式（4-3-6）可以写成

$$P = \sum_{n=-\infty}^{\infty} |F_n|^2 = F_0^2 + 2\sum_{n=1}^{\infty} |F_n|^2 = A_0^2 + \sum_{n=1}^{\infty} \frac{A_n^2}{2} \qquad (4\text{-}3\text{-}9)$$

式（4-3-9）称为帕塞瓦尔定理（Parseval's Theorem）。该式表明周期信号的平均功率不仅可以在时域中求取，还可以在频域中用 F_n 加以确定，且周期信号在时域中的平均功率等于频域中的直流分量和各次谐波分量的平均功率之和。$|F_n|^2$ 随 $n\omega_0$ 变化的图形称为周期信号的功率频谱，简称功率谱（Power Spectrum）。功率谱的谱线高度是相应的双边幅度谱的谱线高度的平方，与相位谱无关。显然，它也是离散频谱。

【例 4-3-2】 在图 4-3-8 所示的周期矩形脉冲中，$A = 1$，$T = 0.5$，$\tau = 0.1$，试画出其频谱和功率谱，并求出其在有效频带宽度 $\left[0, \dfrac{2\pi}{\tau}\right]$ 内的分量所具有的平均功率占整个信号平均功率的百分比。

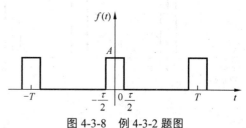

图 4-3-8 例 4-3-2 题图

解

$$\omega_0 = \frac{2\pi}{T} = 4\pi，\quad F_n = \frac{A\tau}{T} Sa\left(\frac{n\omega_0 \tau}{2}\right) = 0.2 Sa(0.2n\pi)$$

在时域中求得信号的功率为

$$P = \frac{1}{T} \int_{-\frac{T}{2}}^{\frac{T}{2}} f^2(t) dt = \frac{1}{0.5} \int_{-0.05}^{0.05} 1^2 dt = 0.2$$

频谱和功率谱如图 4-3-9 所示。

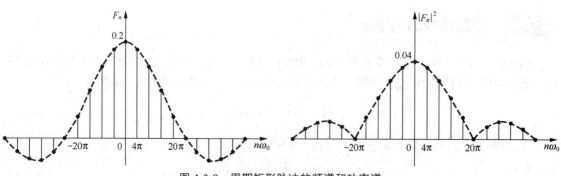

图 4-3-9 周期矩形脉冲的频谱和功率谱

在有效频带宽度 $\left[0, \dfrac{2\pi}{\tau}\right]$ 内的分量所具有的平均功率为

$$P' = |F_0|^2 + 2\sum_{n=1}^{5}|F_n|^2 = 0.2^2 + 2\sum_{n=1}^{5}0.2^2 \cdot Sa^2(0.2n\pi) = 0.1806$$

所以，$\dfrac{P'}{P} = \dfrac{0.1806}{0.2} \times 100\% = 90.3\%$。

周期矩形脉冲在有效频带宽度内的分量所具有的平均功率占整个信号平均功率的 90.3%，从一个侧面说明了频带宽度如此定义的合理性。

4.4 非周期信号的频谱密度函数——傅里叶变换

4.3 节已经指出，当周期信号 $f_T(t)$ 的周期 T 无限增大时，信号频谱的相邻谱线间隔 $\omega_0 = \dfrac{2\pi}{T}$ 无限减小，谱线无限密集，于是离散频谱就变成连续频谱（Continuous Frequency Spectrum）。同时，复数振幅 F_n 的模 $|F_n|$ 也无限减小，信号中各频率分量的振幅虽然都是无穷小量，但它们的相对值是有区别的。为了表示振幅的相对大小，有必要引入一个新的概念——频谱密度。

傅里叶变换

4.4.1 非周期信号的频谱密度函数

周期信号 $f_T(t)$ 可以表示成指数形式傅里叶级数

$$f_T(t) = \sum_{n=-\infty}^{\infty} F_n e^{jn\omega_0 t} \tag{4-4-1}$$

式中，

$$F_n = \frac{1}{T}\int_{-\frac{T}{2}}^{\frac{T}{2}} f_T(t)e^{-jn\omega_0 t}dt \tag{4-4-2}$$

上式左右两边同时乘以 T，得

$$F_n T = \frac{2\pi F_n}{\omega} = \frac{F_n}{f} = \int_{-\frac{T}{2}}^{\frac{T}{2}} f_T(t)e^{-jn\omega_0 t}dt$$

当 T 无限增大时，谱线间隔无限减小，离散频谱成为连续频谱，离散变量变为连续变量，即当 $T \to \infty$ 时，$\omega_0 \to d\omega$，$n\omega_0 \to \omega$，$f_T(t) \to f(t)$，此时记

$$F(\omega) = \lim_{T \to \infty} F_n T = \int_{-\infty}^{\infty} f(t)e^{-j\omega t}dt \tag{4-4-3}$$

这个新的量 $F(\omega)$，也记作 $F(j\omega)$，是 ω 的复变函数，其量纲为单位频带的振幅，因而称为原函数 $f(t)$ 的频谱密度函数（Frequency Spectrum Density Function），简称频谱密度函数或频谱密度，在与周期信号频谱不发生混淆的情况下也简称为频谱。

从以上讨论可知，非周期信号 $f(t)$ 的频谱密度函数 $F(\omega)$ 与对应的周期信号 $f_T(t)$ 的傅里叶复系数 F_n 之间的关系满足

$$F(\omega) = \lim_{T \to \infty} F_n T \Big|_{n\omega_0 = \omega} \tag{4-4-4}$$

和

$$F_n = \frac{F(\omega)}{T}\bigg|_{\omega=n\omega_0} \tag{4-4-5}$$

利用以上关系可方便地从周期信号的 F_n 求相应的非周期信号的 $F(\omega)$，或者反过来从非周期信号的 $F(\omega)$ 求对应的周期信号的 F_n。$F(\omega)$ 的形状与对应的周期信号的频谱包络线相同。

$F(\omega)$ 是 ω 的函数，可表示为指数形式，$F(\omega)=|F(\omega)|e^{j\theta(\omega)}$。它的模 $|F(\omega)|$ 代表信号中各频率分量的相对大小，于是把 $|F(\omega)|$ 随 ω 的变化曲线称为幅度谱；辐角 $\theta(\omega)$ 代表信号中各频率分量的初相位，$\theta(\omega)$ 随 ω 的变化曲线称为相位谱。

由于

$$F(\omega) = \lim_{T\to\infty} F_n T = \lim_{T\to\infty} \frac{2\pi}{\omega_0} F_n$$

可得

$$\lim_{T\to\infty} F_n = \lim_{T\to\infty} \frac{\omega_0}{2\pi} F(\omega) = \frac{F(\omega)}{2\pi}\mathrm{d}\omega$$

当 $T\to\infty$ 时，式（4-4-1）变为

$$f(t) = \int_{-\infty}^{\infty} \frac{F(\omega)}{2\pi} e^{j\omega t}\mathrm{d}\omega = \frac{1}{2\pi}\int_{-\infty}^{\infty} F(\omega)e^{j\omega t}\mathrm{d}\omega \tag{4-4-6}$$

上式表明，非周期信号可以表示成无限多个振幅无穷小的复指数谐波分量的和，每个谐波分量的复振幅为 $\frac{F(\omega)\mathrm{d}\omega}{2\pi}$。

4.4.2　傅里叶变换

式（4-4-3）和式（4-4-6）是一对重要的变换式，现重写如下：

$$F(\omega) = \int_{-\infty}^{\infty} f(t)e^{-j\omega t}\mathrm{d}t \tag{4-4-7}$$

$$f(t) = \frac{1}{2\pi}\int_{-\infty}^{\infty} F(\omega)e^{j\omega t}\mathrm{d}\omega \tag{4-4-8}$$

式（4-4-7）和式（4-4-8）称为傅里叶变换（Fourier Transform）对。其中，式（4-4-7）称为傅里叶正变换，简称傅氏变换；式（4-4-8）称为傅里叶反变换，简称傅氏反变换，可以记为

$$F(\omega) \leftrightarrow \mathscr{F}[f(t)] \text{ 和 } f(t) \leftrightarrow \mathscr{F}^{-1}[F(\omega)]$$

$f(t)$ 与 $F(\omega)$ 的对应关系可记为 $f(t) \leftrightarrow F(\omega)$。

与周期信号存在傅里叶级数类似，非周期信号 $f(t)$ 存在傅里叶变换也是有条件的，要求 $f(t)$ 绝对可积，即要求

$$\int_{-\infty}^{\infty} |f(t)|\mathrm{d}t < \infty \tag{4-4-9}$$

这是充分条件，当信号满足绝对可积条件时，其傅里叶变换存在，可用定义式（4-4-7）计算。这不是必要条件，在频域内引用 $\delta(\omega)$ 后，有些信号虽然不满足绝对可积条件，但傅里叶变换依然存在，且有确定的表达式。这给信号与系统的频域分析带来很大的方便。

4.4.3　常用信号的傅里叶变换

我们看到，根据傅里叶正反变换的定义式，求取傅里叶正反变换都要进行积分计算，比较烦

琐。掌握常用信号的傅里叶变换，再结合下一节讨论的傅里叶变换性质，几乎可以分析工程中遇到的所有信号的频谱，计算就简单了。

1. 门函数

门函数用符号 $g_\tau(t)$ 表示，$g_\tau(t) = u\left(t + \dfrac{\tau}{2}\right) - u\left(t - \dfrac{\tau}{2}\right)$。

显然，门函数满足绝对可积条件，可用定义式求傅里叶变换，有

$$F(\omega) = \int_{-\infty}^{\infty} f(t) \mathrm{e}^{-\mathrm{j}\omega t}\,\mathrm{d}t = \int_{-\frac{\tau}{2}}^{\frac{\tau}{2}} \mathrm{e}^{-\mathrm{j}\omega t}\,\mathrm{d}t = \left.\frac{\mathrm{e}^{-\mathrm{j}\omega t}}{-\mathrm{j}\omega}\right|_{-\frac{\tau}{2}}^{\frac{\tau}{2}} = \frac{1}{-\mathrm{j}\omega}\left(\mathrm{e}^{-\mathrm{j}\omega\frac{\tau}{2}} - \mathrm{e}^{\mathrm{j}\omega\frac{\tau}{2}}\right) \tag{4-4-10}$$

$$= \frac{2}{\omega}\sin\left(\frac{\omega\tau}{2}\right) = \tau Sa\left(\frac{\omega\tau}{2}\right)$$

振幅为 A，脉冲宽度为 τ 的矩形脉冲信号 $f(t) = A \cdot g_\tau(t)$，其频谱为 $A\tau Sa\left(\dfrac{\omega\tau}{2}\right)$，有

$$A \cdot g_\tau(t) \leftrightarrow A\tau Sa\left(\frac{\omega\tau}{2}\right) \tag{4-4-11}$$

式（4-4-11）与周期矩形脉冲的傅里叶复系数式[式（4-2-16）]有联系，它们之间符合式（4-4-4）。实际上，应用式（4-4-4），将式（4-2-16）中的 F_n 乘以 T，再将 $n\omega_0$ 换成 ω 就可以得到式（4-4-11）；或者，已知矩形脉冲信号的傅里叶变换，应用式（4-4-5），将式（4-4-11）除以 T，再将 ω 换成 $n\omega_0$，就可以得到周期矩形脉冲信号的傅里叶复系数。

矩形脉冲信号的波形和频谱如图 4-4-1 所示。

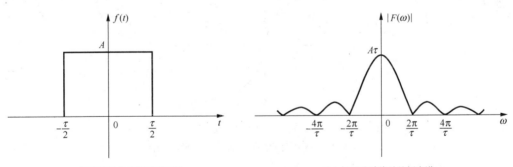

（a）矩形脉冲信号的时域波形　　　　　　　　　（b）矩形脉冲信号的幅度谱

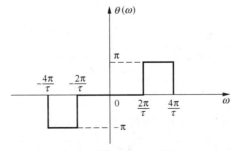

（c）矩形脉冲信号的相位谱

图 4-4-1　矩形脉冲信号的波形和频谱

2. 单边实指数衰减信号 $e^{-\alpha t}u(t), \alpha > 0$

单边实指数信号满足绝对可积条件，可用定义式求傅里叶变换，有

$$F(\omega) = \int_{-\infty}^{\infty} e^{-\alpha t}u(t)e^{-j\omega t}dt = \int_{0}^{\infty} e^{-\alpha t}e^{-j\omega t}dt = \frac{1}{\alpha + j\omega}, \quad \alpha > 0$$

$$e^{-\alpha t}u(t)(\alpha > 0) \leftrightarrow \frac{1}{\alpha + j\omega}, \quad \alpha > 0 \qquad (4\text{-}4\text{-}12)$$

单边实指数衰减信号的波形和频谱如图 4-4-2 所示。

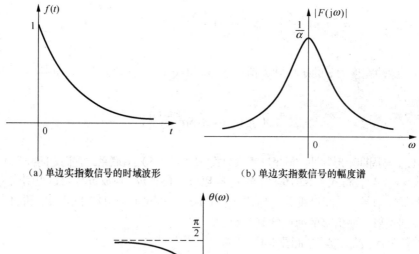

（a）单边实指数信号的时域波形　　　（b）单边实指数信号的幅度谱

（c）单边实指数信号的相位谱

图 4-4-2　单边实指数衰减信号的波形和频谱

3. 双边实指数衰减信号 $e^{-\alpha|t|}, \alpha > 0$

双边指数衰减信号可以表示为

$$f(t) = \begin{cases} e^{-\alpha t} & t > 0 \\ e^{\alpha t} & t < 0 \end{cases}$$

它满足绝对可积条件，可用定义式求傅里叶变换，有

$$F(\omega) = \int_{-\infty}^{\infty} e^{-\alpha|t|}e^{-j\omega t}dt = \int_{0}^{\infty} e^{-\alpha t}e^{-j\omega t}dt + \int_{-\infty}^{0} e^{\alpha t}e^{-j\omega t}dt$$

$$F(\omega) = \frac{1}{\alpha + \mathrm{j}\omega} + \frac{1}{\alpha - \mathrm{j}\omega} = \frac{2\alpha}{\alpha^2 + \omega^2} , \quad \alpha > 0$$

$$\mathrm{e}^{-\alpha|t|} , \quad \alpha > 0 \leftrightarrow \frac{2\alpha}{\alpha^2 + \omega^2} , \quad \alpha > 0 \tag{4-4-13}$$

其频谱函数为正实数，故相位为零。

双边实指数衰减信号的时域波形和频谱如图 4-4-3 所示。

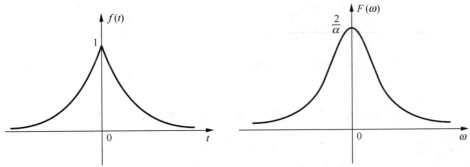

图 4-4-3　双边实指数衰减信号的时域波形（左图）和频谱（右图）

4. 单位冲激信号 $\delta(t)$ 和直流信号

单位冲激信号满足绝对可积条件，可用定义式求傅里叶变换，有

$$F(\omega) = \int_{-\infty}^{\infty} \delta(t)\mathrm{e}^{-\mathrm{j}\omega t}\mathrm{d}t = \int_{-\infty}^{\infty} \delta(t)\mathrm{d}t = 1$$

$$\delta(t) \leftrightarrow 1 \tag{4-4-14}$$

单位冲激信号的频谱是常数 1。冲激函数在时域中变化最为剧烈，其频谱包含了所有的频率分量，且所有频率分量的振幅相等。这再一次反映了信号的时、频域之间的联系。

单位冲激信号的时域波形和频谱如图 4-4-4 所示。

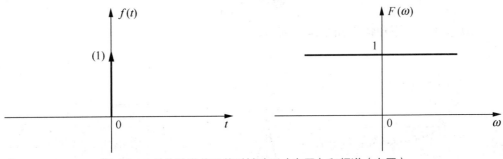

图 4-4-4　单位冲激信号的时域波形（左图）和频谱（右图）

当 $F(\omega) = \delta(\omega)$ 时，用傅里叶反变换定义式可得原函数 $f(t)$ 为

$$f(t) = \frac{1}{2\pi}\int_{-\infty}^{\infty} F(\omega)\mathrm{e}^{\mathrm{j}\omega t}\mathrm{d}\omega = \frac{1}{2\pi}\int_{-\infty}^{\infty} \delta(\omega)\mathrm{e}^{\mathrm{j}\omega t}\mathrm{d}\omega = \frac{1}{2\pi}$$

即

$$\frac{1}{2\pi} \leftrightarrow \delta(\omega) \qquad (4\text{-}4\text{-}15)$$

式（4-4-15）表明，直流信号 $\frac{1}{2\pi}$ 的频谱为 $\delta(\omega)$。直流信号在时域中是确定值，其频谱只含有 $\omega = 0$ 的频率分量，故它的频谱密度为单位冲激函数。直流信号的时域波形和频谱如图 4-4-5 所示。

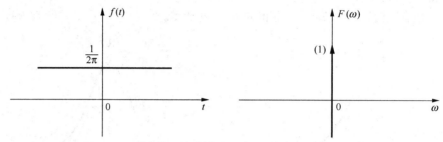

图 4-4-5　直流信号的时域波形（左图）和频谱（右图）

5. 符号函数

符号函数的定义为

$$\operatorname{sgn}(t) = \begin{cases} 1 & t > 0 \\ 0 & t = 0 \\ -1 & t < 0 \end{cases} \qquad (4\text{-}4\text{-}16)$$

显然，符号函数不满足绝对可积条件，但它的傅里叶变换存在，因此，只能用间接法求其频谱。符号函数可以看成下列函数在 $\alpha \to 0$ 时的极限。有

$$\operatorname{sgn}(t) = \lim_{\alpha \to 0}[\mathrm{e}^{-\alpha t}u(t) - \mathrm{e}^{\alpha t}u(-t)]$$

所以

$$F(\omega) = \lim_{\alpha \to 0}\left[\frac{1}{\alpha + \mathrm{j}\omega} - \frac{1}{\alpha - \mathrm{j}\omega}\right] = \frac{2}{\mathrm{j}\omega}$$

$$\operatorname{sgn}(t) \leftrightarrow \frac{2}{\mathrm{j}\omega} \qquad (4\text{-}4\text{-}17)$$

符号函数的时域波形和频谱如图 4-4-6 所示。

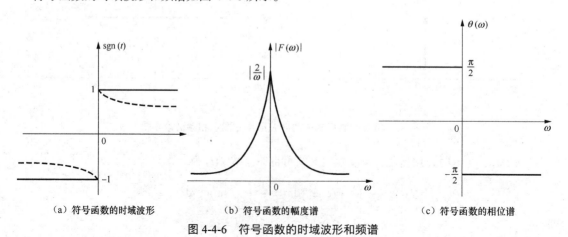

（a）符号函数的时域波形　　　　（b）符号函数的幅度谱　　　　（c）符号函数的相位谱

图 4-4-6　符号函数的时域波形和频谱

结合 4.5 节介绍的傅里叶变换的性质，还可以得到其他一些常用信号的傅里叶变换，见附录 1。

4.5 傅里叶变换的性质及其应用

4.5.1 傅里叶变换的性质和基本应用

信号有两方面特性：时间特性和频率特性。傅里叶变换建立了时域与频域的一一对应关系。傅里叶变换的性质进一步揭示了时域与频域的内在联系。人们以此可以知道信号在一个域中的运算会在另一个域中引起什么效应。利用傅里叶变换的性质，能够方便地求取傅里叶正反变换，避免进行复杂的积分运算。

1．线性

若 $f_1(t) \leftrightarrow F_1(\omega)$，$f_2(t) \leftrightarrow F_2(\omega)$，则对于任意常数 a_1 和 a_2，有

$$a_1 f_1(t) + a_2 f_2(t) \leftrightarrow a_1 F_1(\omega) + a_2 F_2(\omega) \tag{4-5-1}$$

与系统的线性性质类似，此处所称线性包括齐次性和叠加性。由傅里叶变换的定义式很容易证明该性质。

【例 4-5-1】 求单位阶跃信号 $u(t)$ 的傅里叶变换。

解 单位阶跃信号 $u(t)$ 不满足绝对可积条件，不能用定义式计算傅里叶变换。单位阶跃信号可以看成直流信号与符号函数的叠加，有

$$u(t) = \frac{1}{2} + \frac{1}{2}\mathrm{sgn}(t)$$

由于 $\frac{1}{2\pi} \leftrightarrow \delta(\omega)$，$\frac{1}{2}\mathrm{sgn}(t) \leftrightarrow \frac{1}{j\omega}$，由线性性质得

$$u(t) \leftrightarrow \pi\delta(\omega) + \frac{1}{j\omega} \tag{4-5-2}$$

2．对称性

若 $f(t) \leftrightarrow F(\omega)$，则

$$F(t) \leftrightarrow 2\pi f(-\omega) \tag{4-5-3}$$

证明 由傅里叶反变换式 $f(t) = \frac{1}{2\pi}\int_{-\infty}^{\infty} F(\omega)e^{j\omega t}d\omega$，得

$$f(-t) = \frac{1}{2\pi}\int_{-\infty}^{\infty} F(\omega)e^{-j\omega t}d\omega \tag{4-5-4}$$

式（4-5-4）两边同时乘以 2π，得

$$2\pi f(-t) = \int_{-\infty}^{\infty} F(\omega)e^{-j\omega t}d\omega$$

将上式中 t 与 ω 互换，等式依然成立，有

$$2\pi f(-\omega) = \int_{-\infty}^{\infty} F(t)e^{-j\omega t}dt \tag{4-5-5}$$

式（4-5-5）说明，$F(t)$的傅里叶变换是$2\pi f(-\omega)$，于是式（4-5-3）得证。

【例 4-5-2】 求直流信号$f(t)=1$的频谱。

解 已知

$$\delta(t) \leftrightarrow 1$$

应用对称性，有

$$1 \leftrightarrow 2\pi\delta(-\omega)$$

又由于冲激函数是偶函数，有

$$1 \leftrightarrow 2\pi\delta(\omega) \tag{4-5-6}$$

实际上，由式（4-4-15），两边同时乘以2π，也可以得到同样的结果。

【例 4-5-3】 已知矩形频谱$F(\omega)$如图 4-5-1 所示，求傅里叶反变换$f(t)$。

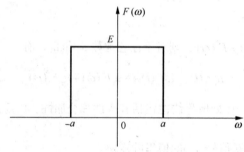

图 4-5-1　例 4-5-3 题图

解 将$F(\omega)$写成门函数形式，即

$$F(\omega) = E \cdot g_{2a}(\omega)$$

利用常用信号矩形脉冲信号变换对，即

$$A \cdot g_\tau(t) \leftrightarrow A\tau Sa\left(\frac{\omega\tau}{2}\right)$$

对上式运用对称性，有

$$A\tau Sa\left(\frac{t\tau}{2}\right) \leftrightarrow 2\pi A \cdot g_\tau(-\omega)$$

因为$g_\tau(-\omega)$是偶函数，所以有

$$A\tau Sa\left(\frac{t\tau}{2}\right) \leftrightarrow 2\pi A \cdot g_\tau(\omega)$$

令$A = E$，$\tau = 2a$，且变换对两边除以常数2π，得

$$\frac{Ea}{\pi} Sa(at) \leftrightarrow E g_{2a}(\omega)$$

3. 尺度变换特性（比例性）

若$f(t) \leftrightarrow F(\omega)$，则对任意非零实常数$a$，有

$$f(at) \leftrightarrow \frac{1}{|a|}F\left(\frac{\omega}{a}\right) \tag{4-5-7}$$

证明

$$\mathscr{F}[f(at)] = \int_{-\infty}^{\infty} f(at)\mathrm{e}^{-\mathrm{j}\omega t}\mathrm{d}t$$

$$\overset{at \to \tau}{=} \begin{cases} \displaystyle\int_{-\infty}^{\infty} f(\tau)\mathrm{e}^{-\mathrm{j}\omega\frac{\tau}{a}}\frac{1}{a}\mathrm{d}\tau = \frac{1}{a}\int_{-\infty}^{\infty} f(\tau)\mathrm{e}^{-\mathrm{j}\omega\frac{\tau}{a}}\mathrm{d}\tau, & a > 0 \\[3mm] \displaystyle\int_{\infty}^{-\infty} f(\tau)\mathrm{e}^{-\mathrm{j}\omega\frac{\tau}{a}}\frac{1}{a}\mathrm{d}\tau = \frac{-1}{a}\int_{-\infty}^{\infty} f(\tau)\mathrm{e}^{-\mathrm{j}\omega\frac{\tau}{a}}\mathrm{d}\tau, & a < 0 \end{cases}$$

$$\overset{\tau \to t}{=} \frac{1}{|a|}\int_{-\infty}^{\infty} f(t)\mathrm{e}^{-\mathrm{j}t\frac{\omega}{a}}\mathrm{d}t = \frac{1}{|a|}F\left(\frac{\omega}{a}\right)$$

特别地，当 $a = -1$ 时，有

$$f(-t) \leftrightarrow F(-\omega) \tag{4-5-8}$$

　　尺度变换特性表明，信号在时域中压缩（或展宽），其频谱函数展宽（或压缩），并且压缩或展宽的倍数是一致的。图 4-5-2 表示了两个不同宽度的矩形脉冲及其频谱。从图 4-5-2 中看到，矩形脉冲信号的有效频带宽度与脉冲宽度成反比。事实上，一切脉冲信号的脉冲宽度与频带宽度都是反比变化的。这一特性反映了信号时间特性及频率特性间的关系。这与周期信号的频谱结论一致。

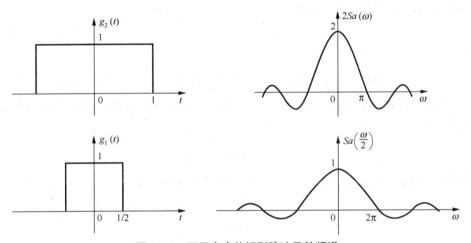

图 4-5-2　不同宽度的矩形脉冲及其频谱

4．时移性

若 $f(t) \leftrightarrow F(\omega)$，则有

$$f(t-t_0) \leftrightarrow \mathrm{e}^{-\mathrm{j}\omega t_0}F(\omega)，\quad t_0 \text{ 为常数} \tag{4-5-9}$$

证明

$$\mathscr{F}[f(t-t_0)] = \int_{-\infty}^{\infty} f(t-t_0)\mathrm{e}^{-\mathrm{j}\omega t}\mathrm{d}t$$

$$\overset{t-t_0 \to \tau}{=} \int_{-\infty}^{\infty} f(\tau)\mathrm{e}^{-\mathrm{j}\omega(\tau+t_0)}\mathrm{d}t = \mathrm{e}^{-\mathrm{j}\omega t_0}\int_{-\infty}^{\infty} f(\tau)\mathrm{e}^{-\mathrm{j}\omega\tau}\mathrm{d}\tau = \mathrm{e}^{-\mathrm{j}\omega t_0}F(\omega)$$

　　时移性表明，信号在时域中的平移，对应着频谱的所有分量相应地相位落后 ωt_0，而振幅保持不变。

【例 4-5-4】　已知 $f(t) \leftrightarrow F(\omega)$，求 $f(at-t_0)$ 的傅里叶变换（ $a \neq 0$， t_0 为常数）。

解　$f(at-t_0)$ 可看成 $f(t)$ 经过如下的运算得到

$$f(t)\xrightarrow{\text{时移}t_0} f(t-t_0)\xrightarrow{\text{尺度变换}} f(at-t_0)$$

相应地，频谱的变化过程为

$$F(\omega)\longrightarrow \mathrm{e}^{-\mathrm{j}\omega t_0}F(\omega)\longrightarrow \frac{1}{|a|}\mathrm{e}^{-\mathrm{j}\frac{\omega}{a}t_0}F\left(\frac{\omega}{a}\right)$$

或时域运算为

$$f(t)\xrightarrow{\text{尺度变换}} f(at)\xrightarrow{\text{时移}\frac{t_0}{a}} f(at-t_0)$$

相应地，频谱的变化过程为

$$F(\omega)\longrightarrow \frac{1}{|a|}F\left(\frac{\omega}{a}\right)\longrightarrow \frac{1}{|a|}F\left(\frac{\omega}{a}\right)\mathrm{e}^{-\mathrm{j}\omega\frac{t_0}{a}}$$

所以有

$$f(at-t_0)\leftrightarrow \frac{1}{|a|}F\left(\frac{\omega}{a}\right)\mathrm{e}^{-\mathrm{j}\omega\frac{t_0}{a}} \tag{4-5-10}$$

5. 频移性（调制定理）

若 $f(t)\leftrightarrow F(\omega)$，$\omega_0$ 为常数，则有

$$f(t)\mathrm{e}^{\mathrm{j}\omega_0 t}\leftrightarrow F(\omega-\omega_0) \tag{4-5-11}$$

证明

$$\mathscr{F}\left[f(t)\mathrm{e}^{\mathrm{j}\omega_0 t}\right]=\int_{-\infty}^{\infty}f(t)\mathrm{e}^{\mathrm{j}\omega_0 t}\mathrm{e}^{-\mathrm{j}\omega t}\mathrm{d}t=\int_{-\infty}^{\infty}f(t)\mathrm{e}^{-\mathrm{j}(\omega-\omega_0)t}\mathrm{d}t=F(\omega-\omega_0)$$

频移性表明，时域信号 $f(t)$ 乘以因子 $\mathrm{e}^{\mathrm{j}\omega_0 t}$，对应于频谱函数沿 ω 轴右移 ω_0。令 $f(t)=1$，由于 $1\leftrightarrow 2\pi\delta(\omega)$，有

$$\mathrm{e}^{\mathrm{j}\omega_0 t}\leftrightarrow 2\pi\delta(\omega-\omega_0) \tag{4-5-12}$$

利用式（4-5-12）还可以得到周期信号 $f_\mathrm{T}(t)$ 的傅里叶变换表达式

$$f_\mathrm{T}(t)=\sum_{n=-\infty}^{\infty}F_n\mathrm{e}^{\mathrm{j}n\omega_0 t} \tag{4-5-13}$$

$$\mathscr{F}[f_\mathrm{T}(t)]=2\pi\sum_{n=-\infty}^{\infty}F_n\delta(\omega-n\omega_0) \tag{4-5-14}$$

虚指数信号 $\mathrm{e}^{\mathrm{j}\omega_0 t}$ 与实信号 $\cos(\omega_0 t)$ 存在联系，根据欧拉公式有

$$\cos(\omega_0 t)=\frac{1}{2}(\mathrm{e}^{\mathrm{j}\omega_0 t}+\mathrm{e}^{-\mathrm{j}\omega_0 t})$$

利用频移特性和线性性质，得到

$$\mathscr{F}[f(t)\cos\omega_0 t]=\frac{1}{2}\mathscr{F}[f(t)\mathrm{e}^{\mathrm{j}\omega_0 t}]+\frac{1}{2}\mathscr{F}[f(t)\mathrm{e}^{-\mathrm{j}\omega_0 t}]$$
$$=\frac{1}{2}\{F(\omega+\omega_0)+F(\omega-\omega_0)\} \tag{4-5-15}$$

对 $f(t)$ 乘以信号 $\sin\omega_0 t$，有

$$\mathscr{F}[f(t)\sin\omega_0 t]=\frac{\mathrm{j}}{2}\{F[(\omega+\omega_0)]-F[(\omega-\omega_0)]\} \tag{4-5-16}$$

例如，$f(t)$是门函数，则

$$y(t) = g_\tau(t)\cos(\omega_0 t) = \frac{\tau}{2} Sa\left[\frac{(\omega+\omega_0)\tau}{2}\right] + \frac{\tau}{2} Sa\left[\frac{(\omega-\omega_0)\tau}{2}\right] \tag{4-5-17}$$

图 4-5-3 画出了门函数调制信号及其频谱。从图 4-5-3 中可以看出，当用低频信号$f(t)$调制高频信号$\cos(\omega_0 t)$时，$y(t)$的振幅随调制信号$f(t)$线性变化，因此称为调幅。$y(t)$的频谱$Y(j\omega)$是将$f(t)$的频谱$F(j\omega)$左右各搬移ω_0，振幅降为一半，频谱形状没有改变。

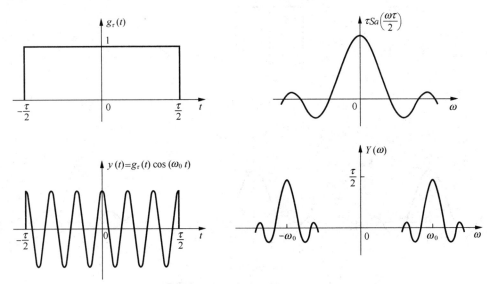

图 4-5-3 门函数调制信号及其频谱

利用傅里叶变换的频移性质，可以把频谱搬移到所希望的位置，如式（4-5-15）和式（4-5-16），称为调制定理。4.5 节将具体介绍调制技术。

6．卷积定理

卷积包含时域卷积和频域卷积两个方面。卷积定理在信号和系统分析中占有重要地位，其内容为：若

$$f_1(t) \leftrightarrow F_1(\omega), \quad f_2(t) \leftrightarrow F_2(\omega)$$

则时域卷积定理有

$$f_1(t) * f_2(t) \leftrightarrow F_1(\omega) \cdot F_2(\omega) \tag{4-5-18}$$

频域卷积定理有

$$f_1(t) \cdot f_2(t) \leftrightarrow \frac{1}{2\pi} F_1(\omega) * F_2(\omega) \tag{4-5-19}$$

卷积定理表明，时域中的两个函数的卷积积分对应频域中的两个函数的频谱的乘积；时域中的两个函数的乘积对应频域中的两个函数的频谱的卷积积分的$\frac{1}{2\pi}$倍。

卷积定理的证明可以根据卷积积分和傅里叶变换的定义计算得到，此处略。

【例 4-5-5】 求三角形脉冲 $\Delta_2(t) = \begin{cases} 1-|t| & |t|<1 \\ 0 & |t|>1 \end{cases}$ 的频谱。

解 三角形脉冲可看成两个相同的门函数卷积的结果，如图 4-5-4（a）所示。

根据门函数的傅里叶变换，有 $g_1(t) \leftrightarrow Sa\left(\dfrac{\omega}{2}\right)$，应用时域卷积定理可知三角形脉冲 $\Delta_2(t)$ 的频谱为 $\Delta_2(t) \leftrightarrow \mathscr{F}[g_1(t)*g_2(t)] = Sa^2\left(\dfrac{\omega}{2}\right)$，如图 4-5-4（b）所示。

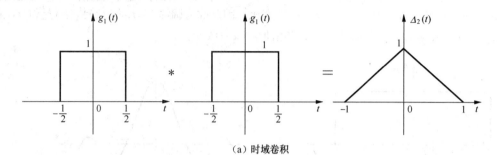

（a）时域卷积

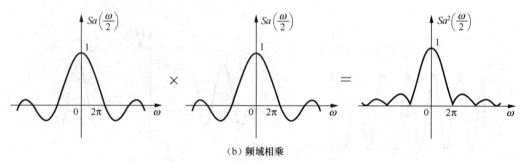

（b）频域相乘

图 4-5-4   时域卷积对应频域相乘

一般而言，卷积积分比乘积运算复杂，不过当其中一个信号的频谱为冲激函数时，用频域卷积定理求频谱比较方便，如

$$f(t)\mathrm{e}^{\mathrm{j}\omega_0 t} \leftrightarrow \frac{1}{2\pi}F(\omega)*2\pi\delta(\omega-\omega_0) = F(\omega-\omega_0) \tag{4-5-20}$$

7. 时域微分和积分

（1）时域微分

若 $f(t) \leftrightarrow F(\omega)$，则

$$\frac{\mathrm{d}f(t)}{\mathrm{d}t} \leftrightarrow \mathrm{j}\omega \cdot F(\omega) \tag{4-5-21}$$

证明 根据傅里叶反变换定义式，有

$$f(t) = \frac{1}{2\pi}\int_{-\infty}^{\infty} F(\omega)\,\mathrm{e}^{\mathrm{j}\omega t}\mathrm{d}\omega$$

两边对时间 t 求导，得

$$\frac{\mathrm{d}f(t)}{\mathrm{d}t} = \frac{1}{2\pi}\int_{-\infty}^{\infty} F(\omega)\cdot\mathrm{j}\omega\cdot\mathrm{e}^{\mathrm{j}\omega t}\mathrm{d}\omega$$

把上式仍然看成傅里叶反变换，得

$$\frac{\mathrm{d}f(t)}{\mathrm{d}t} \leftrightarrow \mathrm{j}\omega \cdot F(\omega)$$

时域微分性质表明，函数在时域中的微分对应频谱在频域中乘以 $\mathrm{j}\omega$。这一结论可以推广到时域中求 n 阶导数，于是有

$$\frac{d^n f(t)}{dt^n} \leftrightarrow (j\omega)^n \cdot F(\omega) \qquad (4\text{-}5\text{-}22)$$

（2）时域积分

若 $f(t) \leftrightarrow F(\omega)$，则

$$\int_{-\infty}^{t} f(\tau)\,d\tau \leftrightarrow \pi F(0)\delta(\omega) + \frac{F(\omega)}{j\omega} \qquad (4\text{-}5\text{-}23a)$$

证明

$$\int_{-\infty}^{t} f(\tau)\,d\tau = \int_{-\infty}^{\infty} f(\tau)\cdot u(t-\tau)d\tau = f(t)*u(t)$$

根据时域卷积定理

$$f(t)*u(t) \leftrightarrow F(\omega)\cdot\left[\pi\delta(\omega)+\frac{1}{j\omega}\right]$$

而

$$F(\omega)\cdot\left[\pi\delta(\omega)+\frac{1}{j\omega}\right] = \pi F(\omega)\cdot\delta(\omega)+\frac{F(\omega)}{j\omega} = \pi F(0)\delta(\omega)+\frac{F(\omega)}{j\omega}$$

所以有

$$\int_{-\infty}^{t} f(\tau)\,d\tau \leftrightarrow \pi F(0)\delta(\omega) + \frac{F(\omega)}{j\omega}$$

（3）时域积分性质的一个应用

在求取信号 $f(t)$ 的频谱 $F(\omega)$ 时，会遇到其导数信号 $g(t)$ 的频谱 $G(\omega)$ 易于求得的情况。由 $G(\omega)$ 建立 $F(\omega)$ 要考虑 $f(t)$ 的直流分量，此时式（4-5-23a）修正为

$$F(\omega) = \frac{G(\omega)}{j\omega} + \pi\left[f(\infty)+f(-\infty)\right]\delta(\omega) \qquad (4\text{-}5\text{-}23b)$$

上式中，$f(\infty)$、$f(-\infty)$ 分别为信号 $f(t)$ 趋于 $\pm\infty$ 时的极限值。

证明

$$\int_{-\infty}^{t} g(\tau)\,d\tau = \int_{-\infty}^{t} \frac{df(\tau)}{d\tau}\,d\tau = f(t)-f(-\infty) \qquad (4\text{-}5\text{-}24)$$

$$G(0) = \int_{-\infty}^{\infty}\left[\frac{df(\tau)}{d\tau}\right]\cdot e^{j0t}d\tau = f(\infty)-f(-\infty) \qquad (4\text{-}5\text{-}25)$$

对式（4-5-24）两边取傅里叶变换，应用式（4-5-23a）和式（4-5-25）得

$$\frac{G(\omega)}{j\omega}+\pi[f(\infty)-f(-\infty)]\delta(\omega) = F(\omega)-2\pi f(-\infty)\delta(\omega)$$

整理得

$$F(\omega) = \frac{G(\omega)}{j\omega}+\pi[f(\infty)+f(-\infty)]\delta(\omega)$$

这种先求导数函数的频谱，再求原函数频谱的方法称为微分冲激法。求信号的傅里叶变换可以尝试先求该信号的导数函数的傅里叶变换 $G(\omega)$，再利用式（4-5-23b）得到 $F(\omega)$。

【例 4-5-6】 用微分冲激法求例 4-5-5 中的三角形脉冲的频谱 $F(\omega)$。

解 对 $\Delta_2(t)$ 求一阶导数，得信号

$$\Delta_2'(t) = g_1\left(t + \frac{1}{2}\right) - g\left(t - \frac{1}{2}\right)$$

如图 4-5-5（b）所示。

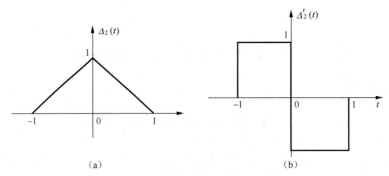

图 4-5-5　三角形脉冲及其导数

由门函数变换对 $g_1(t) \leftrightarrow Sa\left(\dfrac{\omega}{2}\right)$，结合时移性质有

$$\Delta_2'(t) \leftrightarrow Sa\left(\frac{\omega}{2}\right)e^{j\omega\cdot\frac{1}{2}} - Sa\left(\frac{\omega}{2}\right)e^{-j\omega\cdot\frac{1}{2}}$$

将上式代入式（4-5-23b），得到三角形脉冲的频谱

$$F(\omega) = \frac{Sa\left(\dfrac{\omega}{2}\right)e^{j\omega\cdot\frac{1}{2}} - Sa\left(\dfrac{\omega}{2}\right)e^{-j\omega\cdot\frac{1}{2}}}{j\omega} = Sa\left(\frac{\omega}{2}\right)\cdot\frac{\sin\left(\dfrac{\omega}{2}\right)}{\dfrac{\omega}{2}} = Sa^2\left(\frac{\omega}{2}\right)$$

8. 频域微分和积分

（1）频域微分

若 $f(t) \leftrightarrow F(\omega)$，则 $tf(t) \leftrightarrow j\dfrac{\mathrm{d}F(\omega)}{\mathrm{d}\omega}$，$t^n f(t) \leftrightarrow (j)^n \dfrac{\mathrm{d}^n F(\omega)}{\mathrm{d}\omega^n}$。

证明 因为

$$F(\omega) = \int_{-\infty}^{\infty} f(t)\,e^{-j\omega t}\mathrm{d}t$$

两边对 ω 求导，得

$$\frac{\mathrm{d}F(\omega)}{\mathrm{d}\omega} = \int_{-\infty}^{\infty} (-jt)\cdot f(t)\,e^{-j\omega t}\mathrm{d}t$$

上式两边同时乘以 j，得

$$j\frac{\mathrm{d}F(\omega)}{\mathrm{d}\omega} = \int_{-\infty}^{\infty} tf(t)\,e^{-j\omega t}\mathrm{d}t$$

所以有

$$tf(t) \leftrightarrow \mathrm{j}\frac{\mathrm{d}F(\omega)}{\mathrm{d}\omega} \tag{4-5-26}$$

对 ω 求 n 阶导数，得

$$t^n f(t) \leftrightarrow \left(\mathrm{j}\right)^n \frac{\mathrm{d}^n F(\omega)}{\mathrm{d}\omega^n} \tag{4-5-27}$$

【例 4-5-7】　求斜坡函数 $f(t) = tu(t)$ 的频谱。

解　已知

$$u(t) \leftrightarrow \pi\delta(\omega) + \frac{1}{\mathrm{j}\omega}$$

由频域微分性质，有

$$tu(t) \leftrightarrow \mathrm{j}\pi\delta'(\omega) - \frac{1}{\omega^2} \tag{4-5-28}$$

（2）频域积分

若 $f(t) \leftrightarrow F(\omega)$，则

$$\pi f(0) \cdot \delta(t) + \mathrm{j} \cdot \frac{f(t)}{t} \leftrightarrow \int_{-\infty}^{\omega} F(x)\,\mathrm{d}x$$

傅里叶变换性质的
综合应用

证明方法与时域积分性质的证明类似，此处略。

4.5.2　调制技术简介

傅里叶变换的最重要的性质之一就是调制定理。该定理在信号传输中的应用是模拟通信的基础。

由于从消息变换过来的原始信号（基带信号）具有频率较低的频谱分量，不适宜直接进行传输，因此信号发送端通常需要对原始信号进行调制，而在接收端则需要反调制——解调。调制可以把信号的频谱搬移到所希望的新的频率位置上，从而达到充分利用信道的目的。

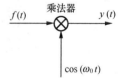

图 4-5-6　频谱搬移原理

实现频谱搬移的原理如图 4-5-6 所示。图 4-5-6 中，箭头离开乘法器的信号为乘法器的输出；箭头指向乘法器的信号为输入。乘法器的输出等于两个输入信号相乘。频谱搬移利用乘法器将信号乘以正弦信号或余弦信号实现。这里，$f(t)$ 称为调制信号，正弦或余弦信号称为载波信号，$y(t)$ 称为已调信号。

例如，一般语音信号的频率范围为 100Hz~5kHz，是频率相对较低的信号，其在空气中传播很慢，速度约为 340m/s，且衰减很快，不能远距离传播。此时可以利用天线向天空辐射。但要做到有效辐射，要求天线的长度大约是信号波长的四分之一。设音频信号中的最高频率为 30kHz（包含音乐和语音），则音频的波长为 10km，那么天线的尺寸就需要 2.5km。这显然不符合实际情况。因此不能直接将音频信号辐射到空中，可以将它调制到更高的频率上，然后由天线辐射出去。

调制分为模拟调制和数字调制两种方式。在模拟调制中，调制信号的取值是连续的；在数字调制中，调制信号的取值是离散的。调制可以通过使高频载波随信号振幅的变化而改变载波的振幅、相位或者频率来实现。模拟调制又分为调幅调制（Amplitude Modulation，AM）、调频调制（Frequency Modulation，FM）和相位调制（Phase Modulation，PM），广播电台一般就是模拟调

制，分为调幅广播和调频广播。例如，广播电台经常说的 FM96.6MHz，其实就是调频广播电台，其载波频率为 96.6MHz。听众把收音机也调到这个频率，就能收到这个频率的广播信号。然后，收音机把调制信号解调，还原成原来的基带信号，基带信号驱动扬声器发出声音，这样人们就能听到广播内容了。

利用调制定理还可以将需要传输的多个低频信号的频谱调制到不同的载波频率附近，并且使它们互不重叠。这样，就可以在同一个信道内传送多路信号，实现"频分复用多路通信"。

4.5.3 频谱资源的有限性与认知无线电

同一个频率的调频广播在不同的地区会对应不同的节目内容。这是利用了调频信号发射后覆盖范围有限的特点，但也说明频谱资源不够用。

伴随着无线通信业务的不断增长，频谱资源的匮乏逐渐成为无线通信研究与应用过程中亟待解决的问题。为了缓解人们日益增长的无线接入需求和有限频谱资源之间的矛盾，一方面，需要人们不断开发新的无线接入技术，利用新的频段来提供各种业务；另一方面，需要不断改进各种编码调制方式，提高频谱效率。

然而，受到无线电波的传播特性、传输技术和可使用的无线电设备方面的限制，实际可使用的无线频谱资源非常有限。目前，很多国家差不多已经将本国的可用频谱资源分配完毕。例如，中国 450MHz～5.85GHz 的频谱分配情况如图 4-5-7 所示。

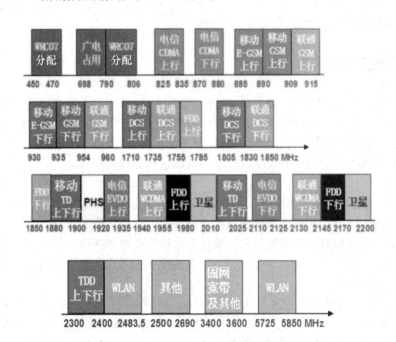

图 4-5-7　中国 450MHz～5.85GHz 的频谱分配情况

另外，由于无线频谱的有限性，为了避免通信间的干扰，现有的无线通信系统分配频谱的方法主要是固定分配。这一分配模式并不能为未来的无线通信系统提供更多可用的带宽，而实际频谱利用情况也表明许多已经分配的频段在空间和时间上并没有被充分利用。图 4-5-8 为美国联邦通信委员会（Federal Communications Commission，FCC）在美国某市 0～6GHz 频段使用的频谱覆盖图，频谱利用率为 15%～85%，3～6GHz 频谱浪费尤其明显。传统的特定授权频带频谱利用率很低，大量授权的无线频谱被闲置，这大大阻碍了无线通信的应用和发展。

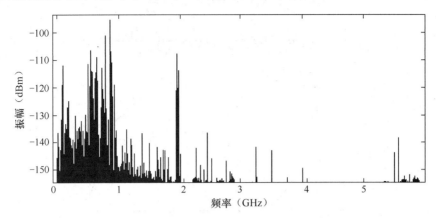

图 4-5-8 美国某市 0~6GHz 的频谱覆盖图

目前，频谱资源的缺乏在很大程度上是低效率的固定频谱分配方案引起的，而不是由于物理上频谱本身的短缺。因此，导致这些矛盾的根本原因在于固定分配频谱方案和独占频谱使用权（即业务接入权或频谱准入权）原则。但由于固定频谱分配方案过去在频谱规范管理方面曾发挥过很好的作用，同时存在巨大的经济和政治背景，所以短期内改变这种状况很困难。因此，现阶段最实际的办法是改变业务接入权或频谱准入权，以开放频谱使用、提高频谱使用率和充分利用空闲频谱。与不断开放新的频段满足新增业务的需求相比，改变频谱资源的分配方式是更可行的方法。

目前，建立在软件无线电基础上的无线智能通信系统——认知无线电（Cognitive Radio，CR）是解决上述无线频谱低利用率、实现无线频谱复用的最佳方案。CR 通过对周围环境的认知，根据环境干扰的变化，自适应实时调整发射功率、载波频率和调制策略等参数，达到系统最佳性能。

认知无线电目前还处于预研阶段，距实际应用还有很长一段路要走。

4.6 希尔伯特变换及小波变换简介

4.6.1 希尔伯特变换

希尔伯特变换（Hilbert Transform）反映出了傅里叶正反变换之间存在的单边特性与解析性的对应关系。在讨论调制、滤波等问题时用单边频谱分析比较方便。

通常一个实函数信号 $f(t)$ 的频谱 $F(\omega)$ 是一个复变函数，包含幅度 $|F(\omega)|$ 和相位 $\varphi(\omega)$，其中 $|F(\omega)|$ 是 ω 的偶函数，$\varphi(\omega)$ 是奇函数，所以正谱（频率为正的频谱部分）与负谱互成共轭复数关系，有 $F(\omega) = F^*(-\omega)$。也就是说，如果正谱确定，负谱也随之确定。$|F(\omega)|$ 中去除负谱部分后剩下的部分就是单边频谱。这时，信号包含的信息不会丢失。这时的信号就是通信技术中所说的单边带信号。单边频谱所对应的时域信号是复函数，常称为解析信号（Analytic Signal）。

单边频谱可以在将图 4-6-1 所示的双边频谱中的负谱部分对称于纵轴反褶后加到正谱上获得，即

$$F_a(\omega) = 2F(\omega)u(\omega) = F(\omega)[1 + \text{sgn}(\omega)] \tag{4-6-1}$$

运用时域卷积定理求得解析信号

$$f_{s}(t) = \mathscr{F}^{-1}[F_{s}(\omega)] = f(t) * \left(\delta(t) + \frac{\mathrm{j}}{\pi t}\right)$$

$$= f(t) + f(t) * \frac{\mathrm{j}}{\pi t} = f(t) + \mathrm{j}\frac{1}{\pi}\int_{-\infty}^{\infty}\frac{f(\tau)}{t-\tau}\mathrm{d}\tau \qquad (4\text{-}6\text{-}2)$$

$$= f(t) + \mathrm{j}\hat{f}(t)$$

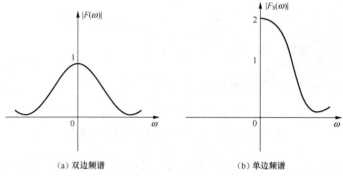

(a) 双边频谱   (b) 单边频谱

图 4-6-1   单边频谱的构造

式（4-6-2）说明，对应单边频谱的解析信号，其实部为原来对应双边频谱的实信号 $f(t)$，而其虚部则由原信号 $f(t)$ 通过下列积分来确定

$$\hat{f}(t) = f(t) * \frac{1}{\pi t} = \frac{1}{\pi}\int_{-\infty}^{\infty}\frac{f(\tau)}{t-\tau}\mathrm{d}\tau \qquad (4\text{-}6\text{-}3)$$

比较式（4-6-1）和式（4-6-2）可知

$$\mathscr{F}\left[\hat{f}(t)\right] = -\mathrm{j}F(\omega)\mathrm{sgn}(\omega) \qquad (4\text{-}6\text{-}4)$$

如果用解析信号的虚部来表示其实部，则可得希尔伯特变换式。考虑到 $\mathrm{sgn}^{2}(\omega) = 1$，$f(t)$ 的频谱可表示为

$$F(\omega) = -\mathrm{j}F(\omega)\mathrm{sgn}(\omega) \cdot \mathrm{jsgn}(\omega) \qquad (4\text{-}6\text{-}5)$$

对式（4-6-5）取傅里叶反变换并考虑式（4-6-4），有

$$f(t) = \mathscr{F}^{-1}[F(\omega)] = \mathscr{F}^{-1}[-\mathrm{j}F(\omega)\mathrm{sgn}(\omega) \cdot \mathrm{jsgn}(\omega)] = \hat{f}(t) * \left(-\frac{1}{\pi t}\right)$$

所以

$$f(t) = -\frac{1}{\pi}\int_{-\infty}^{\infty}\frac{\hat{f}(\tau)}{t-\tau}\mathrm{d}\tau \qquad (4\text{-}6\text{-}6)$$

式（4-6-3）和式（4-6-6）一起构成了希尔伯特正反变换的关系式，二者仅差一个负号。

4.6.2   小波变换简介

确定性时域信号可以分为平稳信号和非平稳信号。平稳信号的变化比较平缓，通常表现为低频信号；非平稳信号的变化急剧，甚至有突变现象。例如，语音信号、电网中含有用电故障表现的电压信号等都是非平稳信号。对于非平稳信号，我们常常需要了解某局部段的时域信号对应的频谱特性，或某频段的频谱所对应的时域特性，有时还希望建立局部时域信号和局部频域信号的对应关系。这就是实际需要中提出的时-频局部化要求。

傅里叶变换一直是传统的信号处理的基本方法，但是傅里叶分析对时-频局部化要求无能为力。这是因为：一方面，傅里叶变换 $F(\omega)$ 提供的是关于 $\omega \in \mathbf{R}$（$\mathbf{R}$ 为实数集）的全部信息，某个短时段时域信号的局部频域特性无法知道；另一方面，时域信号 $f(t)$ 的局部改变会影响其 $F(\omega)$ 的全局改变。同样，频域中某点的局部变化也会影响到全部时域。

为了弥补傅里叶变换的不足，研究信号在局部时间段的频域特性，伽伯于 1946 年提出了窗口傅里叶变换（Windowed Fourier Transform，WFT）方法。它的基本思想是对信号加窗，然后对窗内的信号进行傅里叶变换。由于实际应用中的高频信号持续时间短、低频信号持续时间长，所以人们希望对高频信号采用小时间窗进行分析，对低频信号采用大时间窗进行分析。而 WFT 的时-频窗总是形状相同且面积相同，不能根据高、低频信号特点自适应地调整时-频窗。

小波变换继承了窗口傅里叶变换的思想，同时又对信号的时-频局部化处理提出了新的理论。

设模拟信号 $f(t) \in L^2(\mathbf{R})$（$L^2(\mathbf{R})$ 代表函数线性空间，即 $L^2(\mathbf{R})$ 中函数间线性运算的结果仍是 $L^2(\mathbf{R})$ 中的函数），则称

$$W_{\mathrm{f}}(a,b) = \int_{-\infty}^{\infty} f(t)\psi_{\mathrm{ab}}(t)\mathrm{d}t \qquad (4\text{-}6\text{-}7)$$

为连续小波变换，简称小波变换。其中小波基函数

$$\psi_{\mathrm{ab}}(t) = |a|^{-1/2}\,\psi\!\left(\frac{t-b}{a}\right),\ \ a \neq 0 \qquad (4\text{-}6\text{-}8)$$

是由母小波 $\psi(t)$ 经平移和缩放所产生的一组函数。$\psi(t)$ 称为基本小波函数或母小波，具有两个特点：一是在时域具有快速衰减性；二是正负交替的波动性，即直流分量为零。

在小波变换定义中，小波基函数 $\psi_{\mathrm{ab}}(t)$ 是窗函数。它的时-频窗反映了小波变换的时-频局部化能力，见图 4-6-2。在该定义中，时-频窗面积不变。当 a 一定，b 增大或减小时，时-频窗在时域表现为向右或向左平移；当 b 一定，a 减小时，频窗中心自动地调整到较高位置，且时-频窗的形状自动地变为"瘦窄"状，因为高频信号在很窄的时域范围内的振幅变化大，频率含量高，所以这种"瘦窄"时-频窗正符合高频信号的局部时-频特性。同样，当 a 增大时，频窗中心自动地调整到较低位置，且时-频窗的形状自动地变为"扁平"状，因为低频信号在很宽的时域范围内仅有较低的频率含量，所以这种"扁平"时-频窗正符合低频信号的局部时-频特性。小波变换的

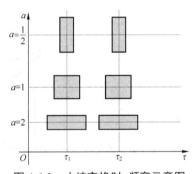

图 4-6-2　小波变换时-频窗示意图

时-频窗是灵活可调的，是自适应的。小波分析由于可以由粗到精地逐步观察信号，所以被誉为分析信号的"数学显微镜"。

小波分析虽然发展历史不长，但已经在多个领域得到了应用，并取得了引人注目的进展。小波分析理论的应用主要集中在以下几个方面。

（1）信号处理：小波分析具有局部分析和细化的功能，所以小波分析能揭示信号的间断点、趋势和自相似性等性质。小波分析还能在没有明显损失的情况下，对信号进行压缩和降噪。

（2）图像处理：图像处理领域是小波分析应用最广泛和最成熟的领域。小波分析在图像数据压缩、去噪、融合、边缘检测等方面都有着广泛的应用。

（3）机械故障诊断：小波分析已经广泛应用于旋转机械、齿轮、轴承等的状态监测和故障诊断。人们采用不同的小波基函数，并将其与分形、模糊评判等方法相结合，解决了大量的实际工程问题。

（4）数字水印：数字水印是信息隐藏技术的一个重要研究方向。采用小波水印算法大大提高了水印提取或检测的准确率。

（5）语音信号处理：如信号预处理、语音端点检测、语音分析与合成等。

4.7 取样信号的频谱

本书第 1 章指出，信号按照它的时间变量 t 是否连续分为连续时间信号和离散时间信号两类。随着数字技术的发展，离散时间信号的应用已非常广泛。我们可通过取样的方法，将一个连续时间信号转化为离散时间信号。在一定条件下，一个连续时间信号完全可以用信号在等时间间隔上的瞬时值或样本值来表示，并且可以用这些样本值把信号没有失真地恢复出来。

取样定理的过去、
现在和未来

本节介绍信号的取样方法、取样信号的频谱以及用取样信号建立原连续时间信号的条件，即取样定理。

4.7.1 时域取样

信号的取样用"取样器"来表现。"取样器"实际上是电子线路，可看成一个开关。如图 4-7-1（a）所示，开关每隔时间 T_s 周期性地输入信号或接地，接通的时间是 τ。输出信号 $f_s(t)$ 只包含开关接通时间内原信号 $f(t)$ 的一小段。取样过程可看成原信号 $f(t)$ 和取样脉冲 $s(t)$ 的乘积。图 4-7-2 是取样器的数学模型。取样后的信号称为取样信号 $f_s(t)$，有

$$f_s(t) = f(t) \cdot s(t) \tag{4-7-1}$$

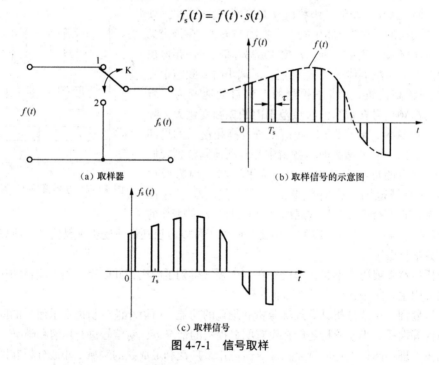

（a）取样器　　　　　　（b）取样信号的示意图

（c）取样信号

图 4-7-1　信号取样

式（4-7-1）中，取样脉冲 $s(t)$ 也称为开关函数（Switching Function），其周期 T_s 称为取样周期，$\omega_s = \dfrac{2\pi}{T_s}$ 称为取样角频率。令 $f(t) \leftrightarrow F(\omega)$，设周期信号 $s(t)$ 的傅里叶复系数为 F_n，则频谱为

$$F_s(\omega) = \frac{1}{2\pi} F(\omega) * S(\omega) = \sum_{n=-\infty}^{\infty} F_n F(\omega - n\omega_s) \tag{4-7-2}$$

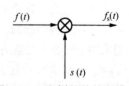

图 4-7-2　取样器的数学模型

取样脉冲 $s(t)$ 有两种，即周期冲激序列和周期矩形脉冲序列，相应地称为理想取样和自然取样。

1. 理想取样

取样脉冲 $s(t)$ 是周期冲激序列 $S_{T_s}(t)$，称为理想取样或冲激取样。周期冲激序列 $S_{T_s}(t) = \sum_{n=-\infty}^{\infty} \delta(t - nT_s)$，其 $F_n = \dfrac{1}{T_s}$，频谱函数为

$$S(\omega) = \omega_s \sum_{n=-\infty}^{\infty} \delta(\omega - n\omega_s) = \omega_s \delta_{\omega_s}(\omega)$$

$$F_s(\omega) = \frac{1}{T_s} \sum_{n=-\infty}^{\infty} F(\omega - n\omega_s)$$

对应的频谱如图 4-7-3 所示。

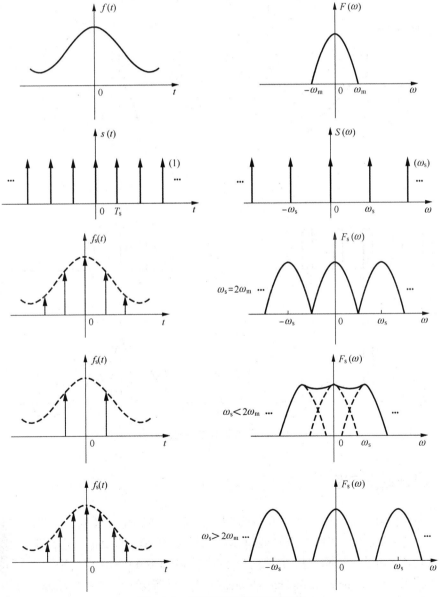

图 4-7-3　理想取样的频谱示意图

图 4-7-3 中，信号 $f(t)$ 的频谱在区间 $(-\omega_{\mathrm{m}}, \omega_{\mathrm{m}})$ 以外为零，这样的信号称为频带有限信号，简称带限信号。从图 4-7-3 中可知，如果取样角频率 $\omega_{\mathrm{s}} \geq 2\omega_{\mathrm{m}}$，则 $F_{\mathrm{s}}(\omega)$ 中的各频谱分量不重叠；如果 $\omega_{\mathrm{s}} < 2\omega_{\mathrm{m}}$，则频谱分量相互重叠，这种现象称为混叠现象，此时想要从 $F_{\mathrm{s}}(\omega)$ 中分离出原信号 $F(\omega)$ 几乎不可能。

2．自然取样

取样脉冲 $s(t)$ 是周期矩形序列时称为自然取样。周期矩形脉冲的傅里叶复系数为

$$F_n = \frac{A\tau}{T_s} Sa\left(\frac{n\omega_s\tau}{2}\right)$$

取样信号的频谱为

$$F_s(\omega) = \frac{A\tau}{T_s} \sum_{n=-\infty}^{\infty} Sa\left(\frac{n\omega_s\tau}{2}\right) F(\omega - n\omega_s)$$

对应的频谱如图 4-7-4 所示。

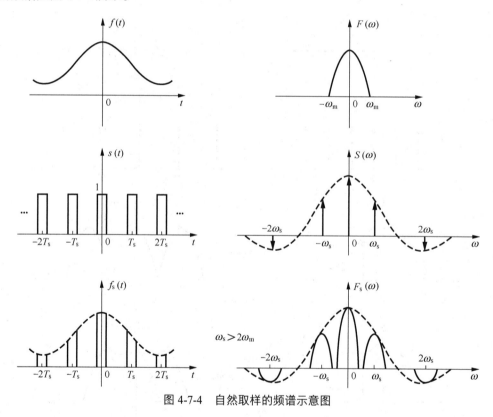

图 4-7-4　自然取样的频谱示意图

4.7.2　时域取样定理

对一个频谱在区间 $(-\omega_{\mathrm{m}}, \omega_{\mathrm{m}})$ 以外为零（带宽为 ω_{m} rad/s，频带限于 0 到 ω_{m}，称为低通型信号）的带限信号，以均匀时间间隔取样，只要取样频率 $\omega_{\mathrm{s}} \geq 2\omega_{\mathrm{m}}$，那么取样后的信号就包含原信号的全部信息，且原信号可由样本值 $f(nT_s)$ 唯一确定。这个定理称为香农取样定理（Shannon Sampling Theorem）或奈奎斯特取样定理（Nyquist Sampling Theorem）。也就是说，取样信号包含原信号全部信息的条件是：

H5 交互：取样定理及取样恢复

（1）$f(t)$是带限信号。

（2）取样频率不能过低，必须满足 $f_s \geqslant 2f_m$，否则将发生混叠。

称 $f_s = 2f_m$ 为奈奎斯特取样率（Nyquist Sample Rate），$T_s = \dfrac{1}{2f_m}$ 为奈奎斯特取

取样定理的
相关例题讲解

样间隔。

此处被取样的信号是低通型信号，没有被调制过。

4.7.3　压缩感知简介

压缩感知是近年来兴起的研究热点，其在某种意义上突破了奈奎斯特取样定理。奈奎斯特取样定理认为，若要取样后不失真地还原出原信号，则取样频率必须大于两倍信号谱的最高频率，但是对于时变信号，通常仅在很小时间范围内存在最高频率分量，所以，在任何时刻都使用最高频率进行取样，会导致数据冗余性很大。压缩感知理论认为，如果信号在某个已知变换域上为 K 稀疏的（有 K 个非零点），就可以用长度为 cK 的信号在另一个与已知变换域不相干的变换域上的投影（也称为观测向量）来近似地重构原信号，通常取 $c=3\sim4$。可以看出，信号越稀疏（K 越小），所需重构原信号的观测向量的长度越小，与信号的最高频率并无关联，并且观测向量通常可以通过原始信号与随机符号矩阵（Random Signs Ensemble）或满足高斯分布的随机矩阵相乘获得。从这个意义上讲，观测向量可以看作原始信号的随机取样或随机取样的组合。也就是说，只要信号在某个已知变换域是稀疏的，就可以通过比原始信号数量要少的随机取样来近似重构原始信号。这无疑是很有吸引力的。压缩感知在信息论与编码、信号恢复、有损压缩、机器学习、传感器网络、图像信号处理等很多领域得到了广泛的研究和应用。

4.8　连续时间系统的频域分析

傅里叶变换将信号分解成一系列正弦信号或虚指数信号，而系统的频域分析就是求不同频率的正弦信号或复指数信号的响应。频域分析的研究对象是零状态系统，所求的是零状态响应。频域分析又称为傅里叶变换分析。

连续时间系统的
频域分析

本节将首先讨论系统对虚指数信号和正弦信号的响应，然后考虑在频域中求周期、非周期信号响应的一般方法。

4.8.1　虚指数信号的响应

当系统的激励为无时限虚指数信号 $x(t) = \mathrm{e}^{jn\omega_0 t}$（$-\infty < t < \infty$）时，系统的零状态响应可用时域卷积积分求得，为

$$
\begin{aligned}
y(t) &= h(t) * x(t) \\
&= \int_{-\infty}^{\infty} h(\tau) \cdot x(t-\tau)\mathrm{d}\tau \\
&= \int_{-\infty}^{\infty} h(\tau) \cdot \mathrm{e}^{j[n\omega_0(t-\tau)]}\mathrm{d}\tau \\
&= \mathrm{e}^{jn\omega_0 t}\int_{-\infty}^{\infty} h(\tau) \cdot \mathrm{e}^{-jn\omega_0\tau}\mathrm{d}\tau \\
&= \mathrm{e}^{jn\omega_0 t} H(n\omega_0)
\end{aligned}
\tag{4-8-1}
$$

式中

$$H(n\omega_0) = \int_{-\infty}^{\infty} h(\tau) \cdot \mathrm{e}^{-jn\omega_0\tau} \mathrm{d}\tau = H(\omega)\big|_{\omega=n\omega_0} \qquad (4\text{-}8\text{-}2)$$

$H(\omega)$是系统冲激响应 $h(t)$的傅里叶变换，称为系统的频域系统函数（System Function），也称为频率响应特性。

式（4-8-1）表明，当一个无时限虚指数信号作用于线性时不变系统时，其零状态响应为同频率的虚指数信号，不同的是响应比激励多乘一个与时间 t 无关的系统函数 $H(n\omega_0)$。

4.8.2 正弦信号的响应

当系统的激励为正弦信号，即 $x(t) = A_n \cos(n\omega_0 t + \varphi_n)$ 时，响应为

$$\begin{aligned}
y(t) &= x(t) * h(t) \\
&= \frac{A_n}{2}\left[\mathrm{e}^{j(n\omega_0 t + \varphi_n)} + \mathrm{e}^{-j(n\omega_0 t + \varphi_n)}\right] * h(t) \\
&= \frac{A_n}{2}\mathrm{e}^{j(n\omega_0 t + \varphi_n)} * h(t) + \frac{A_n}{2}\mathrm{e}^{-j(n\omega_0 t + \varphi_n)} * h(t)
\end{aligned}$$

利用式（4-8-1）有

$$y(t) = \frac{A_n}{2}\mathrm{e}^{j(n\omega_0 t + \varphi_n)} \cdot H(n\omega_0) + \frac{A_n}{2}\mathrm{e}^{-j(n\omega_0 t + \varphi_n)} \cdot H(-n\omega_0)$$

一般地，$h(t)$是实函数信号，有

$$H(n\omega_0) = H^*(-n\omega_0)$$

记 $H(n\omega_0) = \left|H(n\omega_0)\right|\mathrm{e}^{j\theta_n}$，所以

$$H(-n\omega_0) = \left|H(n\omega_0)\right|\mathrm{e}^{-j\theta_n}$$

有

$$\begin{aligned}
y(t) &= \frac{A_n}{2} \cdot \left|H(n\omega_0)\right|\mathrm{e}^{j(n\omega_0 t + \varphi_n + \theta_n)} + \frac{A_n}{2} \cdot \left|H(n\omega_0)\right|\mathrm{e}^{-j(n\omega_0 t + \varphi_n + \theta_n)} \\
&= A_n \cdot \left|H(n\omega_0)\right| \cdot \cos(n\omega_0 t + \varphi_n + \theta_n)
\end{aligned} \qquad (4\text{-}8\text{-}3)$$

类似地，若 $x(t) = A_n \sin(n\omega_0 t + \varphi_n)$，则 $y(t) = A_n \cdot \left|H(n\omega_0)\right| \cdot \sin(n\omega_0 t + \varphi_n + \theta_n)$。

式（4-8-3）表明，当一个正弦信号作用于线性时不变系统时，其零状态响应仍为同频率正弦信号，不同的是振幅和初相。

4.8.3 直流信号的响应

当系统的激励为直流信号，即 $x(t)=A_0$ 时，由于直流信号可以看成 $\omega_0=0$ 时的虚指数信号或正弦信号，所以有响应

$$y(t) = A_0 \cdot H(0) \qquad (4\text{-}8\text{-}4)$$

4.8.4 非正弦周期信号

当系统的激励为周期信号，但不是正弦信号时，可将激励分解为一系列不同频率的正弦信号或

虚指数信号之和，即三角形式和指数形式的傅里叶级数。利用系统的线性（即齐次性和叠加性）得到其零状态响应。由于周期信号从 $t = -\infty$ 开始作用于系统，所以相应系统的零状态响应也就是全响应而且是稳态响应。

4.8.5　非周期信号的响应

当非周期信号作用于系统时，由傅里叶反变换式有

$$x(t) = \frac{1}{2\pi} \int_{-\infty}^{\infty} X(\omega)\, \mathrm{e}^{\mathrm{j}\omega t} \mathrm{d}\omega = \int_{-\infty}^{\infty} \left[\frac{X(\omega)\mathrm{d}\omega}{2\pi} \right] \cdot \mathrm{e}^{\mathrm{j}\omega t}$$

其实质就是把信号分解为无穷多个虚指数分量之和，在 $\mathrm{d}\omega$ 范围内的分量为 $\dfrac{X(\omega)\mathrm{d}\omega}{2\pi} \cdot \mathrm{e}^{\mathrm{j}\omega t}$。由式（4-8-1）可知，其响应分量为 $\dfrac{X(\omega)\mathrm{d}\omega}{2\pi} \cdot \mathrm{e}^{\mathrm{j}\omega t} H(\omega)$，将无穷多个响应分量叠加起来便得到了系统的响应，即

$$y(t) = \int_{-\infty}^{\infty} \left[\frac{X(\omega)\mathrm{d}\omega}{2\pi} \right] \cdot \mathrm{e}^{\mathrm{j}\omega t} \cdot H(\omega) = \int_{-\infty}^{\infty} \left[\frac{X(\omega) \cdot H(\omega)}{2\pi} \right] \cdot \mathrm{e}^{\mathrm{j}\omega t} \mathrm{d}\omega = \int_{-\infty}^{\infty} \frac{Y(\omega)}{2\pi} \cdot \mathrm{e}^{\mathrm{j}\omega t} \mathrm{d}\omega$$

式中

$$Y(\omega) = X(\omega) \cdot H(\omega) \tag{4-8-5}$$

从以上讨论可以看出频域分析法与时域分析法的相同点：它们都是将信号分解为相同结构的单元信号，先求取各个单元信号作用于系统的响应，再将响应分量进行叠加。不同的是采用的单元信号不同，时域分析法分解的单元信号是单位冲激信号，频域分析法分解的单元信号是虚指数信号，联系时域分析法和频域分析法的桥梁是时域卷积定理。

根据式（4-8-5）可知频域分析法求零状态响应的时域表达式，先计算零状态响应的频谱，再反变换到时域中。也就是说，一正一反两次傅里叶变换，换来了将卷积运算转变为相乘运算的便利。

从频谱的角度考察，式（4-8-5）意味着系统把频谱密度为 $X(\omega)$ 的激励信号改变为频谱密度为 $Y(\omega)=X(\omega) \cdot H(\omega)$ 的响应信号。改变的规律完全由系统函数 $H(\omega)$ 决定。系统函数 $H(\omega)$ 表现了系统的频率特性，是频域分析的关键。

4.8.6　频域系统函数

频域系统函数的定义为系统零状态响应的傅里叶变换与激励的傅里叶变换之比，即

$$H(\omega) = \frac{Y(\omega)}{X(\omega)} \tag{4-8-6}$$

虽然 $H(\omega)$ 形式上与输入-输出信号的傅里叶变换有关，但它实质上是由系统本身的特性决定的，与输入信号无关，因为输出 $Y(\omega)$ 会随着输入 $X(\omega)$ 的变化而变化。

当激励为 $\delta(t)$，即 $X(\omega)=1$ 时，零状态响应 $y(t)=h(t)$ 是系统的冲激响应，所以 $H(\omega) = \mathscr{F}[h(t)]$，频域系统函数与系统冲激响应是一对傅里叶变换。

【例 4-8-1】　已知描述系统的微分方程为

$$y''(t) + 6y'(t) + 5y(t) = x'(t) + 2x(t)$$

求频域系统函数 $H(\omega)$。

解 对微分方程两边取傅里叶变换，令 $x(t) \leftrightarrow X(\omega)$，$y(t) \leftrightarrow Y(\omega)$，有

$$[(j\omega)^2 + 6j\omega + 5]Y(\omega) = (j\omega + 2)X(\omega)$$

$$H(\omega) = \frac{Y(\omega)}{X(\omega)} = \frac{j\omega + 2}{(j\omega)^2 + 6j\omega + 5}$$

频域系统函数可以根据下列方法求得。

（1）已知系统的微分方程，对微分方程两边取傅里叶变换，根据定义式得到。

（2）已知系统的冲激响应，求冲激响应的傅里叶变换。

【例 4-8-2】 某线性时不变系统的冲激响应 $h(t) = e^{-2t}u(t)$，求输入 $x(t) = e^{-3t}u(t)$ 时的零状态响应。

解 $H(\omega) = \mathscr{F}[h(t)] = \dfrac{1}{j\omega + 2}$，$X(\omega) = \dfrac{1}{j\omega + 3}$

$$Y(\omega) = X(\omega) \cdot H(\omega) = \frac{1}{j\omega + 3} \cdot \frac{1}{j\omega + 2} = \frac{1}{j\omega + 2} - \frac{1}{j\omega + 3}$$

$$y(t) = e^{-2t}u(t) - e^{-3t}u(t)$$

频域系统函数一般是频率变量 ω 的复数函数，表示成极坐标形式为

$$H(\omega) = |H(\omega)|e^{j\varphi(\omega)}$$

$|H(\omega)|$ 随 ω 变化的特性称为系统的幅频特性，$\varphi(\omega)$ 随 ω 变化的特性称为相频特性。由于系统的冲激响应 $h(t)$ 是实函数，且 $H(\omega) = \int_{-\infty}^{\infty} h(t)e^{-j\omega t}dt$，$H(-\omega) = \int_{-\infty}^{\infty} h(t)e^{j\omega t}dt$，有 $H(-\omega) = H^*(-\omega)$，所以幅频特性是 ω 的偶函数，相频特性是 ω 的奇函数。这与实信号的频谱密度函数的特性相同。

【例 4-8-3】 已知某系统 $H(\omega) = \dfrac{1}{1+j\omega}$，画出其频率特性图。

解 幅频特性 $|H(\omega)| = \dfrac{1}{\sqrt{1+\omega^2}}$，相频特性 $\varphi(\omega) = -\arctan\omega$。

该系统的频率特性图如图 4-8-1 所示。

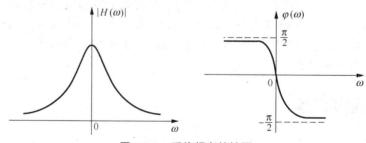

图 4-8-1 系统频率特性图

4.9 信号的无失真传输和滤波器

系统要对输入的信号频谱进行加工，使输出信号的频谱不同于输入信号的频谱。就传输系统而言，其总是希望输出信号与输入信号相比没有失真。本节讨论信号无失真传输对系统提出的要求以及一定频率范围内能够无失真传输的系统——理想滤波器。

信号的无失真
传输和滤波器

4.9.1　信号的无失真传输

信号无失真传输，从时域上看，要求传输系统的输出信号 $y(t)$ 与输入信号 $x(t)$ 相比变化规律完全相同，两者的振幅和出现的时间可以不同，即

$$y(t) = Kx(t - t_\mathrm{d}) \tag{4-9-1}$$

式中，K 是不为 0 的实数，t_d 是信号通过系统后的延迟时间。

无失真传输系统的时域特性如图 4-9-1 所示。

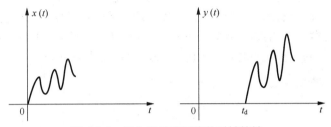

图 4-9-1　无失真传输系统的时域特性

对式（4-9-1）两边取傅里叶变换，应用时移性质，有

$$Y(\omega) = K \cdot \mathrm{e}^{-\mathrm{j}\omega t_\mathrm{d}} X(\omega) \tag{4-9-2}$$

由式（4-9-2）可知，系统实现无失真传输时，频域系统函数

$$H(\omega) = \frac{Y(\omega)}{X(\omega)} = K \cdot \mathrm{e}^{-\mathrm{j}\omega t_\mathrm{d}} = |H(\omega)| \mathrm{e}^{\mathrm{j}\theta(\omega)} \tag{4-9-3a}$$

所以

$$\begin{cases} |H(\omega)| = K \\ \theta(\omega) = -\omega t_\mathrm{d} \end{cases} \tag{4-9-3b}$$

无失真传输系统的频率特性如图 4-9-2 所示。

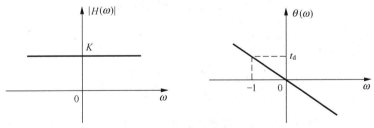

图 4-9-2　无失真传输系统的频率特性

对式（4-9-3a）取傅里叶反变换，可得无失真传输系统的冲激响应

$$h(t) = K\delta(t - t_\mathrm{d}) \tag{4-9-4}$$

如果系统满足式（4-9-3），则一切信号都能无失真传输。针对具体的信号与传输系统，条件可以适当放宽，如果信号本身是带宽有限的，那么只要在信号占有的频带内，系统满足式（4-9-3b）就能无失真传输。

信号的失真分两类：线性失真和非线性失真。非线性失真是指输出信号中出现了输入信号没有的新的频率分量。线性系统不会出现非线性失真。

4.9.2 理想滤波器

理想滤波器能允许特定的频率分量无失真通过。保留信号中的低频成分的滤波器称为低通滤波器。图 4-9-3（a）所示幅频特性对应的系统称为理想低通滤波器，它允许信号中角频率低于 ω_c 的频率分量无失真地通过，而阻止角频率高于 ω_c 的频率分量通过。ω_c 称为截止频率，显然，能够通过的频率范围是 $0 \sim \omega_c$（称为通带），不能通过的频率范围是 $\omega_c \sim \infty$（称为阻带）。类似地，保留信号的高频成分、中频成分的分别称为理想高通滤波器、理想带通滤波器。而理想带阻滤波器滤除的是中频成分。它们的幅频特性分别如图 4-9-3（b）、图 4-9-3（c）、图 4-9-3（d）所示。全通滤波器虽然不能滤除输入信号中的某些频率成分，但它可以改变输入信号的相位。

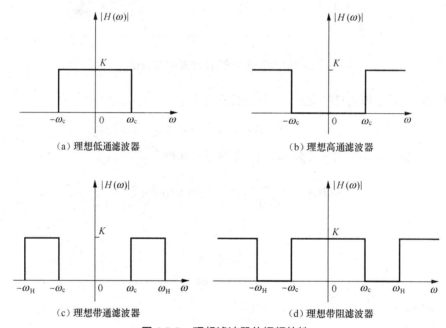

（a）理想低通滤波器　　　　　　　（b）理想高通滤波器

（c）理想带通滤波器　　　　　　　（d）理想带阻滤波器

图 4-9-3　理想滤波器的幅频特性

理想低通滤波器的频域系统函数为

$$H(\omega) = \begin{cases} Ke^{-j\omega t_d} & |\omega| < \omega_c \\ 0 & \text{其他} \end{cases} \tag{4-9-5}$$

对上式取傅里叶反变换，便得到理想低通滤波器的冲激响应

$$
\begin{aligned}
h(t) = \mathscr{F}^{-1}\left[H(\omega)\right] &= \frac{1}{2\pi}\int_{-\infty}^{\infty} H(\omega)\,e^{j\omega t}\,d\omega = \frac{1}{2\pi}\int_{-\omega_c}^{\omega_c} Ke^{j\omega(t-t_d)}\,d\omega \\
&= \frac{1}{2\pi}\cdot\frac{K}{j(t-t_d)}e^{j\omega(t-t_d)}\Bigg|_{-\omega_c}^{\omega_c} = \frac{K\omega_c}{\pi}Sa\left[\omega_c(t-t_d)\right]
\end{aligned}
\tag{4-9-6}
$$

当 $K=1$ 时，$h(t)$ 的波形如图 4-9-4 所示。

由图 4-9-4 可见，与冲激信号相比，理想低通滤波器的冲激响应产生了较大失真。这是由于输入信号是 $\delta(t)$，其包含了所有的频率分量，当其进入理想低通滤波器时，只有低于 ω_c 的频率分量通过，而高于 ω_c 的频率分量被阻止。另外，冲激响应在 $t < 0$ 时就有输出，对照第 1 章介绍的因果性可知，这属于非因果系统，物理上无法实现，即不能应用于实际场景，但是这些结果可由真实系统近似得到，而且理想滤波器的概念有助于简化分析和设计过程。

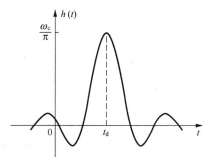

图 4-9-4　理想低通滤波器的冲激响应

【例 4-9-1】 理想低通滤波器的频域系统函数为 $H(\omega) = \begin{cases} e^{-j\omega} & |\omega| < 30 \\ 0 & \text{其他} \end{cases}$，输入信号为 $x(t) = 2\sin(10t)\sin(30t)$，求输出 $y(t)$。

解

$$x(t) = 2\sin(10t)\sin(30t) = \cos(20t) - \cos(40t)$$

$$X(\omega) = \pi[\delta(\omega+20) + \delta(\omega-20) - \delta(\omega+40) - \delta(\omega-40)]$$

$$Y(\omega) = X(\omega) \cdot H(\omega) = \pi \cdot e^{-j\omega}[\delta(\omega+20) + \delta(\omega-20)]$$

$$y(t) = \cos[20(t-1)]$$

习题讲解：频域
分析

4.9.3　实际滤波器

4.9.2 小节讨论的理想滤波器无法真正实现，下面介绍由 RC 电路组成的实际低通滤波器，并说明它是理想低通滤波器的一种近似。

图 4-9-5 给出了一个简单的 RC 低通滤波器。为了得到该电路的频域系统函数，对电路列写电压电流约束关系，有

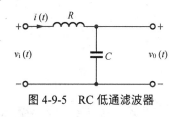

图 4-9-5　RC 低通滤波器

$$v_i(t) = Ri(t) + \frac{1}{C}\int_{-\infty}^{t} i(\tau)d\tau, \quad v_0(t) = \frac{1}{C}\int_{-\infty}^{t} i(\tau)d\tau$$

对上面两个式子分别做傅里叶变换，并利用傅里叶变换的积分性质得到

$$V_i(\omega) = RI(\omega) + \frac{1}{j\omega C}I(\omega), \quad V_0(t) = \frac{1}{j\omega C}I(\omega)$$

于是可得到电路系统的频域系统函数为

$$H(\omega) = \frac{V_0(\omega)}{V_i(\omega)} = \frac{1}{1+j\omega RC}$$

令滤波器的截止频率 $\omega_c = \frac{1}{RC}$，则低通滤波器的频域系统函数可以改写为

$$H(\omega) = \frac{1}{1+j\dfrac{\omega}{\omega_c}}$$

该滤波器的幅频特性和相频特性分别为

$$|H(\omega)| = \frac{1}{\sqrt{1 + \left(\dfrac{\omega}{\omega_c}\right)^2}}$$

$$\varphi(\omega) = -\arctan\left(\frac{\omega}{\omega_c}\right)$$

显然，滤波器的输入、输出信号在截止频率点 $\omega = \omega_c$ 处的振幅之比为

$$|H(\omega_c)| = \frac{|V_0(\omega_c)|}{|V_i(\omega_c)|} = \frac{1}{\sqrt{2}}$$

从而在截止频率处的平均功率之比为 $\dfrac{1}{2}$。因此，这种类型的滤波器的截止频率也称为半功率点频率。

图 4-9-6 所示为 RC 低通滤波器的幅频特性，它与图 4-9-3（a）所示的理想低通滤波器的幅频特性有明显的差异。这说明 RC 低通滤波器只能是理想低通滤波器的粗略近似。当频率处于通频带范围即 $0 \leqslant \omega \leqslant \omega_c$ 时，RC 低通滤波器的幅度会随频率增加而逐渐衰减，不能保持不变；当 $\omega > \omega_c$ 时，幅度衰减不到零。

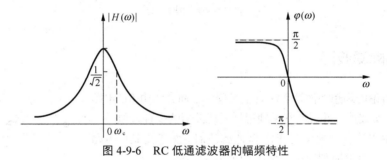

图 4-9-6　RC 低通滤波器的幅频特性

*4.10　频域分析应用案例

4.10.1　数字基带传输系统定量分析

进行工程分析时，可以采用方框图的形式表示一个系统。大的系统可以由许多小的子系统适当连接构成。当各个子系统的系统函数已知时，可通过方框图化简求得总系统的系统函数。分析通信系统中数字基带传输系统时，可以采用系统串联（2.6.4 小节有介绍）的分析方法。

数字基带传输系统见图 4-10-1，其中发送滤波器的功能是产生适合信道传输的基带信号波形。信道是允许基带信号通过的传输媒质。接收滤波器主要用来接收信号，尽可能滤除信道噪声和其他干扰，对信道特性起均衡作用，使输出的基带波形有利于抽样判决。抽样判决器是在传输特性不理想以及噪声背景下，在规定时刻对接收滤波器的输出波形进行抽样判决，以恢复或再生基带信号。用来抽样的位定时脉冲依靠同步提取电路从接收信号中提取，位定时的准确与否将直接影响判决效果。

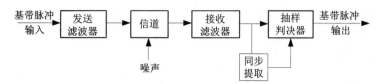

图 4-10-1　数字基带传输系统方框图

基带传输系统各点波形示意图见图 4-10-2。其中（a）是输入的基带信号；（b）是进行码型变换后的波形；（c）是经发送滤波器产生的适合在信道中传输的波形；（d）是信道输出信号，由于信道传输特性不理想，波形产生了失真并叠加上了噪声；（e）是接收滤波器输出波形，失真和噪声有所减弱；（f）是位定时同步脉冲；（g）为恢复的信息，其中第 7 个码元发生误码。

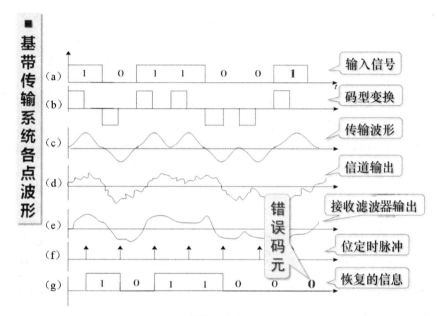

图 4-10-2　基带系统各点波形示意图

下面我们对数字基带信号传输过程进行定量分析。

图 4-10-3 中，假设 a_n 为发送滤波器的输入符号系列，在二进制的情况下，符号 a_n 的取值为 0、1 或+1、−1。

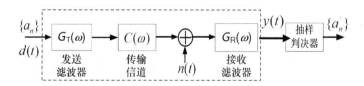

图 4-10-3　数字基带信号传输系统模型

为方便起见，我们把这个序列对应的基带信号表示成

$$d(t) = \sum_{n=-\infty}^{\infty} a_n\delta(t - nT_s) \qquad (4\text{-}10\text{-}1)$$

这个信号是由时间间隔为 T_s 的单位冲激函数 $\delta(t)$ 构成的序列，每一个 $\delta(t)$ 的强度由符号 a_n 决定。

设系统发送滤波器的传输特性为 $G_{\mathrm{T}}(\omega)$，信道的传输特性为 $C(\omega)$，接收滤波器的传输特性为 $G_{\mathrm{R}}(\omega)$。

根据频域系统串联及系统函数分析方法，基带传输系统的总传输特性为

$$H(\omega) = G_{\mathrm{T}}(\omega)C(\omega)G_{\mathrm{R}}(\omega) \tag{4-10-2}$$

其单位冲激响应 $h(t)$ 为

$$h(t) = \frac{1}{2\pi}\int_{-\infty}^{\infty}H(\omega)\mathrm{e}^{j\omega t}\mathrm{d}\omega \tag{4-10-3}$$

根据含有冲激函数的卷积性质，接收滤波器输出信号 $y(t)$ 表示为

$$y(t) = d(t)*h(t) + n_{\mathrm{R}}(t) = \sum_{n=-\infty}^{\infty}a_n h(t-nT_{\mathrm{s}}) + n_{\mathrm{R}}(t) \tag{4-10-4}$$

式（4-10-4）中，$n_{\mathrm{R}}(t)$ 是加性噪声 $n(t)$ 经过接收滤波器后输出的噪声。

抽样判决器对 $y(t)$ 进行抽样判决。例如，为了确定第 k 个码元 a_k 的取值，应在 $t=kT_{\mathrm{s}}+t_0$ 时刻（t_0 是信道和接收滤波器所造成的延迟）对 $y(t)$ 进行抽样，以确定 $y(t)$ 在该样点上的值。

$y(t)$ 在 $t=kT_{\mathrm{s}}+t_0$ 时刻的值为

$$y(kT_{\mathrm{s}}+t_0) = a_k h(t_0) + \sum_{n\neq k}a_n h[(k-n)T_{\mathrm{s}}+t_0] + n_{\mathrm{R}}(kT_{\mathrm{s}}+t_0) \tag{4-10-5}$$

式（4-10-5）中，第一项 $a_k h(t_0)$ 是第 k 个接收码元波形的抽样值，它是确定 a_k 的依据。

第二项 $\sum_{n\neq k}a_n h[(k-n)T_{\mathrm{s}}+t_0]$ 是除第 k 个码元以外的其他码元波形在第 k 个抽样时刻的总和（代数和），它对当前码元 a_k 的判决起干扰作用，所以称之为码间干扰值。由于 a_k 是以概率形式出现的，所以码间干扰值通常是一个随机变量。

第三项 $n_{\mathrm{R}}(kT_{\mathrm{s}}+t_0)$ 是输出噪声在抽样瞬间的值，它是一种随机干扰，也会影响对第 k 个码元的正确判决。

因此，实际抽样值不仅有本码元的值，还有码间干扰值及噪声，所以当某时刻的抽样值加到判决电路时，对 a_k 取值的判决可能判对也可能判错。只有当码间干扰值和噪声足够小时，才能基本保证上述判决的正确。

"通信原理"课程会详细介绍在不考虑噪声的情况下如何消除码间干扰，以及在最佳基带传输系统中对于发送滤波器、接收滤波器特性的要求。

本应用主要用到了含有冲激函数的卷积性质、频域系统串联、频域系统函数等知识。

4.10.2 从滤波器角度看 5G 通信系统中的 OFDM 技术和 FBMC 技术

傅里叶变换是"信号与系统"的核心内容，"滤波""调制""抽样"这些傅里叶变换性质的应用是 5G 移动通信系统中关键技术的理论支撑。本节将以傅里叶变换在最前沿的移动通信系统中的应用为切入点，利用常用信号的傅里叶变换、傅里叶变换的频移性、调制定理、抽样定理、滤波器组等知识，对 5G 移动通信系统中的多载波调制技术——OFDM 技术和 FBMC 技术的原理进行分析，揭示 OFDM/FBMC 系统设计中最核心的调制和解调原理。

　　5G 的多样化需求通过新型调制编码、新型多址、大规模天线和新型多载波等技术来满足，其中新型多载波技术有正交频分复用（OFDM）、滤波正交频分复用（FOFDM）、滤波器组多载波（FBMC）等技术。5G 智能多载波通信如图 4-10-4 所示。

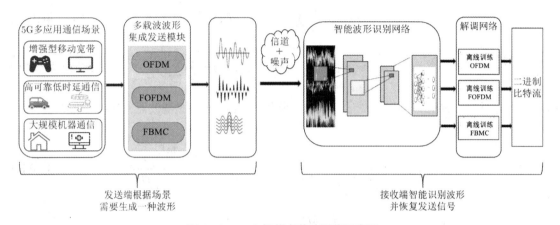

图 4-10-4　5G 智能多载波通信示意图

　　OFDM 系统基于 IDFT/DFT 变换实现调制和解调，其等效复基带模型如图 4-10-5 所示。

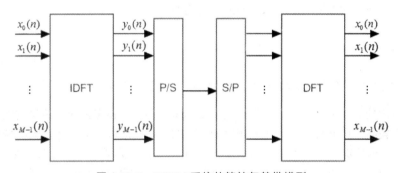

图 4-10-5　OFDM 系统的等效复基带模型

　　我们也可以从滤波器组的角度对其展开分析。IDFT 和 DFT 模块都可以看作是由一个低通原型滤波器通过调制生成的 M 通道滤波器组。OFDM 系统的滤波器组结构框图如图 4-10-6 所示。

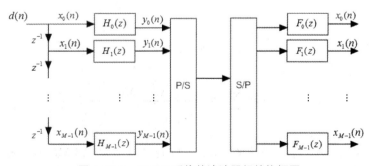

图 4-10-6　OFDM 系统的滤波器组结构框图

　　令 $x_k(n) = d(n-k)$，$k = 0,1,\cdots,M-1$，$x_k(n)$ 的 IDFT 调制可以写为

$$y_i(n) = \frac{1}{M}\sum_{k=0}^{M-1} d(n-k)\mathrm{e}^{\frac{\mathrm{j}2\pi ki}{M}}, \quad i = 0,1,\cdots,M-1 \tag{4-10-6}$$

对等式两边作 Z 变换（第 6 章介绍），有

$$Y_i(z) = \frac{1}{M}\sum_{k=0}^{M-1}\left(z\mathrm{e}^{-\frac{\mathrm{j}2\pi i}{M}}\right)^{-k} D(z) \tag{4-10-7}$$

由式（4-10-7）可知，输入信号 $d(n)$ 经过一个系统函数为 $H_i(z) = \dfrac{1}{M}\sum\limits_{k=0}^{M-1}\left(z\mathrm{e}^{-\frac{\mathrm{j}2\pi i}{M}}\right)^{-k}$ 的滤波器后输出为

$y_i(n)$。当 $i = 0$ 时，$H_0(z) = \dfrac{1}{M}\sum\limits_{k=0}^{M-1} z^{-k}$，该滤波器称作滤波器组的原型滤波器，其频率响应为

$$H_0(\mathrm{e}^{\mathrm{j}\omega}) = H_0(z)\big|_{z=\mathrm{e}^{\mathrm{j}\omega}} = \frac{1}{M}\sum_{k=0}^{M-1}\mathrm{e}^{-\mathrm{j}\omega k} = \frac{1}{M}\mathrm{e}^{-\frac{\mathrm{j}(M-1)\omega}{2}}\frac{\sin\left(\dfrac{\omega M}{2}\right)}{\sin\left(\dfrac{\omega}{2}\right)} \tag{4-10-8}$$

对频响起影响的部分是它的幅度函数 $\dfrac{\sin\left(\dfrac{\omega M}{2}\right)}{M\sin\left(\dfrac{\omega}{2}\right)}$。

滤波器组中其他滤波器的频率响应是原型滤波器的均匀频移

$$H_i(\mathrm{e}^{\mathrm{j}\omega}) = H_0\left(\mathrm{e}^{\mathrm{j}\left(\omega-\frac{2\pi i}{M}\right)}\right) \tag{4-10-9}$$

因此，在 $\dfrac{2\pi}{M}$ 整数倍的频率上，滤波器组中只有以此为中心的滤波器的频响不为 0，也就是说在这些频点上各个滤波器的频响互不干扰，但是当系统同步性不能严格保证时，原型滤波器频响中幅度函数的旁瓣电平较高，可能会导致各滤波频谱间较大的干扰，即可能会导致较大的带外干扰。

　　通过上面的分析可知，OFDM 系统的 IDFT 和 DFT 的调制解调模块，可以等效地看作一种特殊的基于滤波器组的调制解调技术。OFDM 系统采用的原型滤波器幅度频谱衰减较差，导致滤波器组较差的频谱选择性将很大程度影响系统的性能。针对这个问题，FBMC 调制技术可以通过设计具有较好的频谱选择性的滤波器组来改善系统的性能。在原型滤波器的设计中引入重叠因子 K，即滤波器组中相邻滤波器在频率上的重叠系数。基于重叠因子 K 的原型滤波器的时域单位脉冲响应为

$$h_0(n) = 1 + 2\sum_{k=1}^{K}(-1)^k H_k\cos\left(\frac{2\pi kn}{KM}\right) \tag{4-10-10}$$

利用离散傅里叶变换的性质，可以求出这种原型滤波器的频率响应为

$$H_0(\mathrm{e}^{\mathrm{j}\omega}) = \sum_{k=-(K-1)}^{K-1} H_k\frac{\sin\left[\pi\left(\omega-\dfrac{k}{MK}\right)MK\right]}{MK\sin\left[\pi\left(\omega-\dfrac{k}{MK}\right)\right]} \tag{4-10-11}$$

通过计算机仿真结果图，我们可以很清楚地看到，随着 K 的增大，FBMC 原型滤波器的幅度频谱的带外衰减性能不断提高，如图 4-10-7 所示。相比 OFDM 系统的原型滤波器，$K = 4$ 时的 FBMC 系统的原型滤波器幅度谱的旁瓣远远小于主瓣，大大改善了 OFDM 系统原型滤波器的衰减性能，如图 4-10-8 所示。

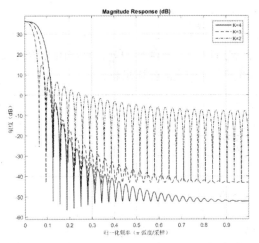

图 4-10-7 FBMC 原型滤波器的幅度谱

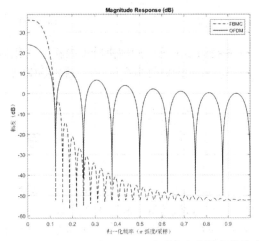

图 4-10-8 FBMC 和 OFDM 原型滤波器幅度谱的对比

本节应用案例用到了滤波、调制、抽样等傅里叶变换性质。

拓展阅读

在学习本章内容时，我们可以向具有推理能力的 AI 大模型提问，例如提问以下内容：已知 $f(t)$ 的最高频率为 150rad/s，求 $f(3t)$ 的带宽。AI 大模型的回答是这样的。

信号 $f(t)$ 的带宽与其最高频率直接相关。已知 $f(t)$ 的最高频率为 150 rad/s，我们需要求 $f(3t)$ 的带宽。（1）写出信号的时间缩放（本书称为比例或尺度变换）性质；（2）应用到 $f(3t)$ 中；（3）求出信号 $f(3t)$ 的带宽；（4）得到结论，$f(3t)$ 的最高频率为 450 rad/s。

以上思路完全正确，通过提问，我们可以校正自己所做的练习是否正确，包括求解思路和最后的结果。

我们知道用定义求傅里叶变换是有条件的。例如向 AI 大模型提问：求 $u(t$-$2)$ 的傅里叶变换。AI 大模型回答的思路如下。

根据定义写出 $u(t$-$2)$ 傅里叶变换为

$$u(t-2) \leftrightarrow \int_{-\infty}^{\infty} u(t-2)\, \mathrm{e}^{-\mathrm{j}\omega t} \mathrm{d}t \qquad (4\text{-}10\text{-}12)$$

根据 $u(t$-$2)$ 的定义，式（4-10-12）的积分下限可以调整为 2，即

$$u(t-2) \leftrightarrow \int_{2}^{\infty} \mathrm{e}^{-\mathrm{j}\omega t} \mathrm{d}t \qquad (4\text{-}10\text{-}13)$$

计算积分

$$\int_{2}^{\infty} \mathrm{e}^{-\mathrm{j}\omega t} \mathrm{d}t = \left. \frac{\mathrm{e}^{-\mathrm{j}\omega}}{-\mathrm{j}\omega} \right|_{2}^{\infty}$$

当 $t \to \infty$ 时，$\mathrm{e}^{-\mathrm{j}\omega}$ 是一个振荡函数，没有明确的极限。因此，直接计算这个积分会发散。为了确保傅里叶变换的收敛性，通常会在积分中引入一个衰减因子 $\mathrm{e}^{-\sigma t}$（其中 $\sigma>0$），将信号 $u(t$-$2)$ 修改为 $u(t-2)\,\mathrm{e}^{-\sigma t}$。此时，傅里叶变换变为

$$u(t-2)\mathrm{e}^{-\sigma t} \leftrightarrow \int_{2}^{\infty} \mathrm{e}^{-(\mathrm{j}\omega+\sigma)t} \mathrm{d}t = \frac{\mathrm{e}^{-(\sigma+\mathrm{j}\omega)2}}{\sigma \mid \mathrm{j}\omega} \qquad (4\text{-}10\text{-}14)$$

令 $\sigma \to 0$ 并提取奇异部分，傅里叶变换的结果为

$$u(t-2) \leftrightarrow \frac{\mathrm{e}^{-\mathrm{j}\omega^2}}{\mathrm{j}\omega} + \pi\delta(\omega)$$

如果我们知道可以用傅里叶变换性质简化运算，就可以避开收敛性问题，直接由性质得到结果。此时，提问词修改为：求 $u(t-2)$ 的傅里叶变换，用傅里叶变换的性质求解。

思 考 题

4-1 周期信号展开为三角形式或指数形式傅里叶级数是否需要条件？

4-2 n 次谐波的基本表达式是什么？

4-3 周期信号的频谱可以反映信号分解的结果吗？

4-4 双边幅度谱和双边相位谱分别具有什么对称特性？

4-5 双边频谱与单边频谱的对应关系是什么？

4-6 周期信号的频谱具有哪3个特点？

4-7 写出频带宽度的定义。

4-8 周期信号的功率谱与相位谱有关吗？

4-9 非周期信号的频谱密度函数简称为频谱，对吗？

4-10 取样时的混叠现象指什么？

4-11 频域系统函数随输入的改变而变化吗？

4-12 无失真传输时信号的输入、输出之间满足什么关系？

4-13 理想低通滤波器的频域系统函数是什么？

练 习 题

4-1 试将题图4-1所示的周期信号展开成三角形式和指数形式的傅里叶级数。

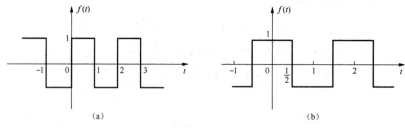

题图 4-1

4-2 周期锯齿波如题图4-2所示，试将其展开成三角形式和指数形式的傅里叶级数。

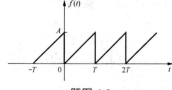

题图 4-2

4-3　已知周期信号 $f(t) = 2 + 6\cos\left(\omega_0 t + \dfrac{\pi}{6}\right) + 4\sin\left(2\omega_0 t + \dfrac{\pi}{3}\right) + 2\cos\left(3\omega_0 t + \dfrac{\pi}{6}\right)$，试分别画出该信号的单边、双边幅度谱和相位频谱。

4-4　已知周期信号表示为 $f(t) = 2 + 3\cos t + 2\sin\left(3t + \dfrac{\pi}{6}\right) - \cos\left(4t + \dfrac{\pi}{3}\right)$。

（1）写出指数形式的傅里叶级数。

（2）画出单边和双边频谱。

4-5　已知周期信号 $f(t)$ 的双边频谱如题图 4-3 所示，试画出 $f(t)$ 的单边频谱，并写出其三角形式傅里叶级数。

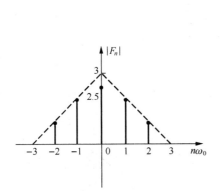
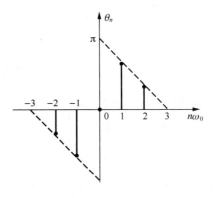

题图 4-3

4-6　求下列信号的傅里叶级数表达式。

（1）$\cos\left(\dfrac{\pi}{4}t\right)$

（2）$\sin\left(\dfrac{\pi}{3}t + \dfrac{\pi}{6}\right)$

（3）$\cos\left(\dfrac{\pi}{4}t\right) + \sin\left(\dfrac{\pi}{3}t\right)$

（4）$\sin^2 t$

4-7　求下列信号的傅里叶变换。

（1）$f_1(t) = e^{-5t}u(t)$

（2）$f_2(t) = e^{-5(t+1)}u(t)$

（3）$f_3(t) = e^{-5(t+1)}u(t+1)$

（4）$f_4(t) = e^{5t}u(-t)$

（5）$f_5(t) = e^{j5t}u(t)$

（6）$f_6(t) = e^{-5t}[u(t+2) - u(t-1)]$

（7）$f_7(t) = Sa(5t)$

（8）$f_8(t) = e^{-2|t|}$

（9）$f_9(t) = \dfrac{2}{1+t^2}$

（10）$f_{10}(t) = t \cdot e^{-5t}u(t)$

4-8　已知 $f(t) \leftrightarrow F(\omega)$，求下列函数的傅里叶变换。

（1）$tf(2t)$

（2）$(t-3)f(t-3)$

（3）$t\dfrac{\mathrm{d}f(t)}{\mathrm{d}t}$

（4）$(t-3)f(2-t)$

（5）$f(-t-3)$

（6）$(t-2)f\left(\dfrac{t}{2}\right)$

4-9　求下列信号的傅里叶反变换。

（1）$F_1(\omega) = u(\omega + \omega_0) - u(\omega - \omega_0)$

（2）$F_2(\omega) = \dfrac{1}{(8+\mathrm{j}\omega)^2}$

（3）$F_3(\omega) = \dfrac{e^{-8}}{8+\mathrm{j}\omega}$

（4）$F_4(\omega) = \dfrac{-2}{\omega^2}$

（5）$F_5(\omega) = \dfrac{j}{\omega}$　　　　　　　（6）$F_6(\omega) = \dfrac{e^{j\omega}}{8 + j\omega}$

（7）$F_7(\omega) = \delta(\omega - 1)$　　　　　　（8）$F_8(\omega) = \dfrac{1}{j\omega - 8}$

4-10　求题图 4-4 所示信号的傅里叶变换。

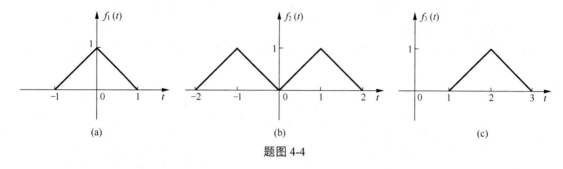

题图 4-4

4-11　利用频移性质，求题图 4-5 所示信号的频谱。

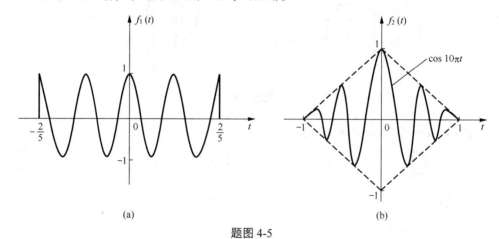

题图 4-5

4-12　用时域微积分性质求题图 4-6 所示信号的频谱。

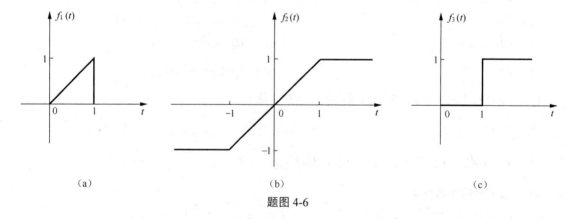

题图 4-6

4-13　用下列方法求题图 4-7 所示正弦脉冲的频谱。

（1）利用傅里叶变换的定义。

（2）利用微积分性质。

（3）将它看作门函数与周期正弦函数的乘积。

4-14　有题图 4-8 所示的信号 $f(t) \leftrightarrow F(\omega)$，在不求出 $F(\omega)$ 的前提下，计算下列数值。

（1）$F(0)$　　　　　　（2）$\int_{-\infty}^{\infty} F(\omega)\,\mathrm{d}\omega$　　　　　　（3）$\int_{-\infty}^{\infty} |F(\omega)|^2\,\mathrm{d}\omega$

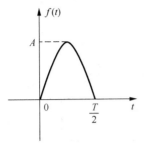　　　　　　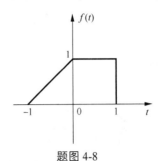

题图 4-7　　　　　　　　　　　　　　　　题图 4-8

4-15　利用能量等式 $\int_{-\infty}^{\infty} f^2(t)\mathrm{d}t = \dfrac{1}{2\pi}\int_{-\infty}^{\infty} |F(\omega)|^2\,\mathrm{d}\omega$ 计算下列积分的值。

（1）$\int_{-\infty}^{\infty} Sa^2(\omega)\mathrm{d}\omega$　　　　　　（2）$\int_{-\infty}^{\infty} \dfrac{1}{(1+t^2)^2}\mathrm{d}t$

4-16　某带限信号 $f(t)$ 的最高频率为 150Hz。

（1）求 $f(3t)$ 和 $f\left(\dfrac{t}{3}\right)$ 的带宽。

（2）对 $f(t)$、$f(3t)$ 和 $f\left(\dfrac{t}{3}\right)$ 进行时域取样，求奈奎斯特取样率。

4-17　确定下列信号的奈奎斯特取样率。

（1）$Sa(100t)$　　　　　　（2）$Sa^2(100t)$　　　　　　（3）$Sa(100t)*Sa(200t)$

（4）$Sa^5(100t)$　　　　　　（5）$Sa(100t)+Sa^2(60t)$

4-18　已知带限信号 $f(t) = 5 + 2\cos 2\pi f_1 + \cos 4\pi f_1$，其中 $f_1=1\text{kHz}$，用 $f_s=5\text{kHz}$ 的周期冲激序列 $\delta_{T_s}(t)$ 进行取样。

（1）求取样信号 $f_s(t)$ 的频谱。

（2）画出 $f(t)$ 及取样信号 $f_s(t)$ 在频率区间 $(-10\text{kHz},10\text{kHz})$ 的频谱图。

（3）若由 $f_s(t)$ 恢复原信号，求理想低通滤波器的截止频率。

4-19　将题 4-18 中的 f_s 改为 800Hz 进行取样。

（1）画出 $f(t)$ 及取样信号 $f_s(t)$ 在频率区间 $(-2\text{kHz},2\text{kHz})$ 的频谱图。

（2）将取样信号 $f_s(t)$ 通过一个振幅为 1、截止频率为 500Hz 的理想低通滤波器，试画出滤波器输出信号的频谱，并求输出信号 $y(t)$。

4-20　某系统方程为 $y''(t)+3y'(t)+2y(t) = x'(t)+3x(t)$，求：

（1）频域系统函数。（2）单位冲激响应。（3）输入 $x(t)=\mathrm{e}^{-t}u(t)$ 时的响应。

4-21　某系统的频域系统函数 $H(\omega) = \dfrac{1-\mathrm{j}\omega}{1+\mathrm{j}\omega}$，试求系统的阶跃响应。

4-22　某系统的输出是输入的平方，即 $y(t)=x^2(t)$，若输入为下列函数，求 $y(t)$ 的频谱，并画出频谱图。

（1）$x_1(t)=Sa(t)$　　　　　　（2）$x_2(t)=\dfrac{1}{2}+\cos t + \cos 2t$

4-23   理想低通滤波器的 $H(\omega) = [u(\omega + \omega_c) - u(\omega - \omega_c)]e^{-j\omega t_d}$ ，试证明该滤波器对 $\delta(t)$ 信号和 $\dfrac{\omega_c}{\pi}Sa(\omega_c t)$ 信号的响应相同。

4-24   在题图 4-9（a）所示的系统中，带通滤波器的频率特性如题图 4-9（b）所示，已知 $f(t) = Sa(\pi t)$ ， $s(t) = \cos(20t)$ ，求 $y(t)$ 。

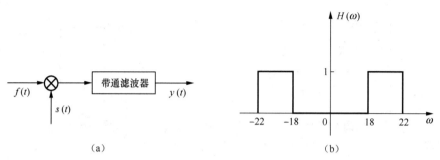

（a）   （b）

题图 4-9

4-25   某系统的频域系统函数 $H(\omega) = \dfrac{1 - j\omega}{1 + j\omega}$ 。

（1）求输入 $f_1(t) = \cos 2t$ 时系统的输出 $y(t)$ 。

（2）求输入 $f_2(t) = \sin 2t$ 时系统的输出 $y(t)$ 。

第 **5** 章

连续时间系统的复频域分析

📋 **本章主要内容**

  时域分析法分解的单元信号是 $\delta(t)$，频域分析法分解的单元信号是 $e^{j\omega t}$，本章介绍的复频域分析法分解的单元信号是复指数信号 e^{st}，其中 $s = \sigma + j\omega$，是复数。频域分析法和复频域分析法都属于变换域分析法，即从时域变换到频域和复频域，前者的基础是傅里叶变换，后者的基础是拉普拉斯变换，拉普拉斯变换可看成傅里叶变换的推广，傅里叶变换可看成拉普拉斯变换在 $\sigma = 0$ 时的特例。

  以频域分析法分析系统无疑是有用的，特别是在有关信号分析与处理方面，如信号的谐波分析，系统的频率响应、频谱、带宽、失真等，其给出的分析结果具有清楚的物理意义。但是它也有不足之处。

  （1）要求信号满足狄利克雷条件，限制了傅里叶变换的适用范围。

  （2）有些信号的傅里叶变换如 $u(t)$ 频谱中含有冲激函数，给分析计算带来麻烦。

  （3）傅里叶变换分析法只能求零状态响应。

  拉普拉斯变换对以上三点都有突破，特别是直接对系统微分方程进行变换时，自动引入初始条件，从而可一举求得全响应。

  本章首先由傅里叶变换引出拉普拉斯变换，然后介绍拉普拉斯变换的性质和拉普拉斯正反变换求取，并在用拉普拉斯分析法求系统的响应时特别引出电路的复频域分析法，然后介绍系统函数的零、极点分析及根据零、极点分布判断系统的稳定性，最后讨论系统的模拟。

拉普拉斯变换
概述

5.1 / 拉普拉斯变换

5.1.1 拉普拉斯变换的定义

  拉普拉斯变换既可以作为数学中的积分变换直接定义，也可以看成傅里叶变换在复频域中的推广，后者具有清晰的物理意义。

  考察信号 $f(t)$ 不满足绝对可积条件的原因，往往是由于 $t \to \infty$ 或 $t \to -\infty$ 时，$f(t)$ 不趋于零。为解决这一问题，将 $f(t)$ 乘以实指数函数 $e^{-\sigma t}$，取合适的 σ 值范围。这样就能保证 $f(t)e^{-\sigma t}$ 满足绝对可积条件，也就可以进行傅里叶变换。通常把 $e^{-\sigma t}$ 称为收敛因子。

拉普拉斯变换的
定义

$f(t)\mathrm{e}^{-\sigma t}$ 的傅里叶变换为

$$\mathscr{F}[f(t)\mathrm{e}^{-\sigma t}] = \int_{-\infty}^{\infty} f(t)\mathrm{e}^{-\sigma t}\mathrm{e}^{-\mathrm{j}\omega t}\mathrm{d}t = \int_{-\infty}^{\infty} f(t)\mathrm{e}^{-(\sigma+\mathrm{j}\omega)t}\mathrm{d}t \qquad (5\text{-}1\text{-}1)$$

令 $s=\sigma+\mathrm{j}\omega$，则式（5-1-1）可写成

$$F_\mathrm{b}(s) = \int_{-\infty}^{\infty} f(t)\mathrm{e}^{-st}\mathrm{d}t \qquad (5\text{-}1\text{-}2)$$

对 $F_\mathrm{b}(s)$ 求傅里叶反变换有

$$f(t)\mathrm{e}^{-\sigma t} = \frac{1}{2\pi}\int_{-\infty}^{\infty} F_\mathrm{b}(s)\mathrm{e}^{\mathrm{j}\omega t}\mathrm{d}\omega$$

因为 $\mathrm{e}^{-\sigma t}$ 不是 ω 的函数，所以其可移到上式右边的积分号内，有

$$f(t) = \frac{1}{2\pi}\int_{-\infty}^{\infty} F_\mathrm{b}(s)\mathrm{e}^{(\sigma+\mathrm{j}\omega)t}\mathrm{d}\omega$$

考虑到 $s=\sigma+\mathrm{j}\omega$，将上式变量 ω 换成 s，相应地改变积分限，上式可写成

$$f(t) = \frac{1}{2\pi\mathrm{j}}\int_{\sigma-\mathrm{j}\infty}^{\sigma+\mathrm{j}\infty} F_\mathrm{b}(s)\mathrm{e}^{st}\mathrm{d}s \qquad (5\text{-}1\text{-}3)$$

式（5-1-3）表明，拉普拉斯变换把信号分解成无限多个复频率为 $s=\sigma+\mathrm{j}\omega$、复振幅为 $\dfrac{1}{2\pi\mathrm{j}}F_\mathrm{b}(s)\mathrm{d}s$ 的复指数信号 e^{st} 之和。

式（5-1-2）和式（5-1-3）构成了一对新的变换对，称为双边拉普拉斯变换（Bilateral Laplace Transform）。其中，前者称为双边拉普拉斯正变换，称 $F_\mathrm{b}(s)$ 是 $f(t)$ 的象函数；后者称为双边拉普拉斯反变换，称 $f(t)$ 是 $F_\mathrm{b}(s)$ 的原函数。

如果把式（5-1-2）的积分范围换成 $[0^-,\infty)$，下限取 0^- 可以包含 $t=0$ 时出现的冲激函数及其导数，则式（5-1-2）变为

$$F(s) = \int_{0^-}^{\infty} f(t)\mathrm{e}^{-st}\mathrm{d}t \qquad (5\text{-}1\text{-}4)$$

式（5-1-4）称为单边拉普拉斯变换。分析因果系统，特别是非零初始状态的系统时，常用单边拉普拉斯变换。本文只讨论单边拉普拉斯变换，简称拉氏变换。拉普拉斯变换对可以用双箭头表示为

$$f(t) \leftrightarrow F(s) \qquad (5\text{-}1\text{-}5)$$

也可以表示为 $F(s) = \mathscr{L}[f(t)]$，$f(t) = \mathscr{L}^{-1}[F(s)]$。

5.1.2 拉普拉斯变换的收敛域

信号 $f(t)$ 乘以收敛因子 $\mathrm{e}^{-\sigma t}$ 后，就有可能满足绝对可积的条件，但是否满足还要看 $f(t)$ 的性质与 σ 值的大小。通常把使 $f(t)\mathrm{e}^{-\sigma t}$ 满足绝对可积条件的 σ 范围称为拉普拉斯变换的收敛域（Region of Convergence，ROC）。在收敛域内，函数的拉普拉斯变换存在；收敛域外，函数的拉普拉斯变换不存在。

如果有始信号 $f(t)$（即当 $t<0$ 时，$f(t)=0$）满足：

（1）在有限区间 $a<t<b$ 内 $(0 \leqslant a < b < \infty)$ 可积，

（2）对于某个 σ_0，有

$$\lim_{t\to\infty}\left|f(t)\right|\mathrm{e}^{-\sigma t} = 0，\quad \sigma > \sigma_0 \qquad (5\text{-}1\text{-}6)$$

则对于 $\mathrm{Re}[s]=\sigma>\sigma_0$，$f(t)$ 存在拉普拉斯变换。

在以 σ 为横坐标轴，以 $\mathrm{j}\omega$ 为纵坐标轴的 s 平面（复平面）中，$\mathrm{Re}[s]>\sigma_0$ 是一个区域，称为拉普

拉斯变换式（5-1-4）的收敛域，σ_0 称为收敛坐标，如图 5-1-1 所示。下面通过几个简单函数来说明收敛域的情况。

（1）单个脉冲信号

单个脉冲信号在时间上有始有终，能量有限，对任意 σ 值，式（5-1-6）都成立，其收敛坐标 $\sigma_0 = -\infty$，收敛域为整个 s 平面，即单个脉冲信号的拉普拉斯变换一定存在。

（2）单位阶跃信号

不难看出，对于 $\sigma > 0$ 的任何值，式（5-1-6）都满足，即 $\lim\limits_{t \to \infty}[u(t)\mathrm{e}^{-\sigma t}] = 0$，$\sigma > 0$。所以单阶阶跃信号的拉普拉斯变换收敛域为 $\sigma > 0$，即 s 平面的右半平面。

（3）指数函数 $\mathrm{e}^{\alpha t}u(t)$

当 $\sigma > \alpha$ 时，式（5-1-6）满足，即

$$\lim_{t \to \infty}\left[\mathrm{e}^{\alpha t}u(t)\mathrm{e}^{-\sigma t}\right] = \lim_{t \to \infty}\left[\mathrm{e}^{(\alpha - \sigma)t}\right] = 0 , \quad \sigma > \alpha$$

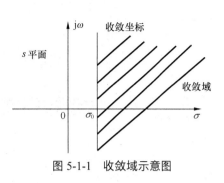

图 5-1-1　收敛域示意图

其收敛域为 $\sigma > \alpha$。

对于实际中存在的有始信号，只要 σ 取得足够大，式（5-1-6）总能满足，其拉普拉斯变换一定存在。但对于一些比指数函数增长更快的函数，如 $\mathrm{e}^{t^2}u(t)$ 或 $t^t u(t)$，不论 σ 取何值，式（5-1-6）都不能满足，拉普拉斯变换也就不存在。

由于单边拉普拉斯变换的收敛域为 $\mathrm{Re}[s] > \sigma_0$ 的半平面，相对于双边拉普拉斯变换收敛域比较容易确定，所以后文不再加注其收敛域。

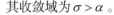 常用信号的拉普拉斯变换

这里用定义式求 3 个常用信号的拉普拉斯变换，其余的在 5.2 节计算。

常用信号的
拉普拉斯变换

1. 单位冲激信号 $\delta(t)$

$$\mathscr{L}[\delta(t)] = \int_{0^-}^{\infty} \delta(t)\mathrm{e}^{-st}\mathrm{d}t = \mathrm{e}^0 = 1$$

即

$$\delta(t) \leftrightarrow 1 \qquad\qquad (5\text{-}1\text{-}7)$$

2. 指数信号 $\mathrm{e}^{-\alpha t}u(t)$

$$\mathscr{L}[\mathrm{e}^{-\alpha t}u(t)] = \int_{0^-}^{\infty} \mathrm{e}^{-\alpha t}\mathrm{e}^{-st}\mathrm{d}t = \int_{0^-}^{\infty} \mathrm{e}^{-(\alpha+s)t}\mathrm{d}t = \frac{1}{s + \alpha}$$

即

$$\mathrm{e}^{-\alpha t}u(t) \leftrightarrow \frac{1}{s + \alpha} \qquad\qquad (5\text{-}1\text{-}8)$$

3. 阶跃信号 $u(t)$

令式（5-1-8）中的 $\alpha = 0$，可得

$$u(t) \leftrightarrow \frac{1}{s} \qquad (5\text{-}1\text{-}9)$$

常用信号的拉普拉斯变换见附录 3。

5.2 拉普拉斯变换的性质

拉普拉斯变换可以看成傅里叶变换在复频域中的推广。傅里叶变换建立了时域与频域间的联系，而拉普拉斯变换建立了时域与复频域间的联系，因此拉普拉斯变换的性质与傅里叶变换的性质极为相似，某些性质只需把傅里叶变换中的 $j\omega$ 换成 s 就可以得到，但由于傅里叶变换是双边的，而这里讨论的拉普拉斯变换是单边的，有些性质又有差别。

1. 线性

若

$$f_1(t) \leftrightarrow F_1(s) \quad , \quad f_2(t) \leftrightarrow F_2(s)$$

则

拉普拉斯变换的
性质（1）

$$af_1(t) + bf_2(t) \leftrightarrow aF_1(s) + bF_2(s)$$

【例 5-2-1】 求单边正弦信号 $\sin \omega_0 tu(t)$ 和单边余弦信号 $\cos \omega_0 tu(t)$ 的拉普拉斯变换。

解 利用欧拉公式，将正弦和余弦表示成复指数信号

$$\sin \omega_0 tu(t) = \frac{1}{2j}(e^{j\omega_0 t} - e^{-j\omega_0 t})u(t)$$

$$\cos \omega_0 tu(t) = \frac{1}{2}(e^{j\omega_0 t} + e^{-j\omega_0 t})u(t)$$

由于

$$e^{j\omega_0 t}u(t) \leftrightarrow \frac{1}{s - j\omega_0} \quad , \quad e^{-j\omega_0 t}u(t) \leftrightarrow \frac{1}{s + j\omega_0}$$

因此

$$\sin \omega_0 tu(t) \leftrightarrow \frac{1}{2j}\left[\frac{1}{s - j\omega_0} - \frac{1}{s + j\omega_0}\right] = \frac{\omega_0}{s^2 + \omega_0^2} \qquad (5\text{-}2\text{-}1a)$$

$$\cos \omega_0 tu(t) \leftrightarrow \frac{1}{2}\left[\frac{1}{s - j\omega_0} + \frac{1}{s + j\omega_0}\right] = \frac{s}{s^2 + \omega_0^2} \qquad (5\text{-}2\text{-}1b)$$

类似地，由双曲正弦函数 $\text{sh}\beta t = \frac{1}{2}(e^{\beta t} - e^{-\beta t})$ 和双曲余弦函数 $\text{ch}\beta t = \frac{1}{2}(e^{\beta t} + e^{-\beta t})$，可以得到

$$\text{sh}\beta tu(t) \leftrightarrow \frac{\beta}{s^2 - \beta^2} \qquad (5\text{-}2\text{-}2a)$$

$$\text{ch}\beta tu(t) \leftrightarrow \frac{s}{s^2 - \beta^2} \qquad (5\text{-}2\text{-}2b)$$

2. 时移性

若 $f(t) \leftrightarrow F(s)$，则

$$f(t-t_0)u(t-t_0) \leftrightarrow F(s)\mathrm{e}^{-st_0}, \quad t_0 > 0 \tag{5-2-3}$$

式（5-2-3）规定 $t_0 > 0$ 的原因在于，若 $t_0 < 0$，则信号左移后可能越过原点，导致原点以左部分的波形不能包含在单边拉普拉斯变换的积分范围内，从而不满足时移性的关系式。此处还应注意，单边拉普拉斯变换讨论的都是有始信号，即当 $t < 0$ 时 $f(t)=0$，$f(t)$ 和 $f(t)u(t)$ 的单边拉普拉斯变换相同，因而时移性中 $f(t)u(t)$ 延时 t_0 后形成的信号应表示为 $f(t-t_0)u(t-t_0)$。例 5-2-2 可以更好地说明这一点。

【**例 5-2-2**】　已知 $\mathscr{L}[tu(t)] = \dfrac{1}{s^2}$，求下列信号的拉普拉斯变换（$t_0>0$）。

（1）$f_1(t) = t - t_0$

（2）$f_2(t) = (t-t_0)u(t)$

（3）$f_3(t) = tu(t-t_0)$

（4）$f_4(t) = (t-t_0)u(t-t_0)$

解　4 种信号如图 5-2-1 所示。

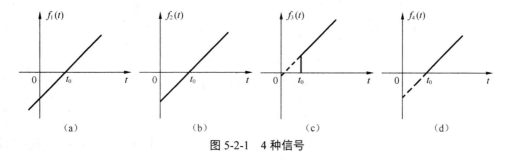

图 5-2-1　4 种信号

当 $t>0$ 时，图 5-2-1（a）和图 5-2-1（b）的波形相同，所以

$$\mathscr{L}[t-t_0] = \mathscr{L}[(t-t_0)u(t)] = \mathscr{L}[tu(t) - t_0 u(t)] = \frac{1}{s^2} - \frac{t_0}{s}$$

显然图 5-2-1（d）所示的信号 $f_4(t)$ 是 $tu(t)$ 右移后形成的，可用时移性质，有

$$\mathscr{L}[(t-t_0)u(t-t_0)] = \mathrm{e}^{-st_0}\frac{1}{s^2}$$

图 5-2-1（c）所示信号可以表示为

$$tu(t-t_0) = \left[(t-t_0)+t_0\right]u(t-t_0)$$
$$= (t-t_0)u(t-t_0) + t_0 u(t-t_0)$$

应用时移性

$$u(t-t_0) \leftrightarrow \frac{\mathrm{e}^{-st_0}}{s}$$

从而得到

$$\mathscr{L}[tu(t-t_0)] = \frac{\mathrm{e}^{-st_0}}{s^2} + \frac{t_0 \mathrm{e}^{-st_0}}{s}$$

【**例 5-2-3**】　求图 5-2-2 所示锯齿波信号 $f(t)$ 的拉普拉斯变换。

解　锯齿波信号 $f(t)$ 可以表示为

$$f(t) = \frac{E}{T}t[u(t)-u(t-T)]$$
$$= \frac{E}{T}tu(t) - \frac{E}{T}(t-T)u(t-T) - Eu(t-T)$$

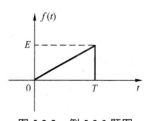

图 5-2-2　例 5-2-3 题图

应用时移性，有 $u(t-T) \leftrightarrow \dfrac{\mathrm{e}^{-sT}}{s}$

$$(t-T)u(t-T) \leftrightarrow \frac{\mathrm{e}^{-sT}}{s^2}$$

所以

$$\mathscr{L}\big[f(t)\big] = \frac{E}{Ts^2} - \frac{E\mathrm{e}^{-sT}}{Ts^2} - \frac{\mathrm{e}^{-sT}}{s}$$

$$= \frac{E}{Ts^2}[1-(Ts+1)\mathrm{e}^{-sT}]$$

时移性可以用来求取周期信号的拉普拉斯变换。

设 $f(t)$ 是周期为 T 的周期信号，而 $f_1(t)$, $f_2(t)$……分别表示 $f(t)$ 的第一周期、第二周期……的波形，则 $f(t)$ 写成

$$f(t) = f_1(t) + f_2(t) + f_3(t) + \cdots$$

$$= f_1(t) + f_1(t-T)u(t-T) + f_1(t-2T)u(t-2T) + \cdots$$

若 $f_1(t) \leftrightarrow F_1(s)$ ，则由时移性有

$$F(s) = F_1(s) + \mathrm{e}^{-sT}F_1(s) + \mathrm{e}^{-2sT}F_1(s) + \cdots$$

$$= (1 + \mathrm{e}^{-sT} + \mathrm{e}^{-2sT} + \cdots)F_1(s)$$

$$= \frac{1}{1-\mathrm{e}^{-sT}}F_1(s) , \quad \left|\mathrm{e}^{-sT}\right| < 1 \qquad (5\text{-}2\text{-}4)$$

式（5-2-4）表明，周期信号 $f(t)$ 的拉普拉斯变换等于第一个周期单个函数的拉普拉斯变换乘以周期因子 $\dfrac{1}{1-\mathrm{e}^{-sT}}$ 。

【**例 5-2-4**】 求图 5-2-3（a）所示半波正弦周期信号的拉普拉斯变换。

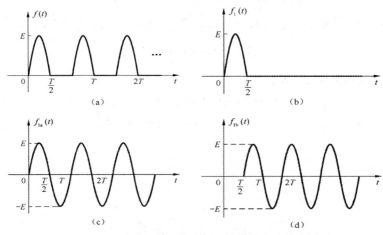

图 5-2-3   半波正弦周期信号及其单个半波的分解

解   先求第一个周期单个半波 $f_1(t)$ 的拉普拉斯变换。由图 5-2-3（b）、图 5-2-3（c）、图 5-2-3（d）可以看出

$$f_1(t) = f_{1a}(t) + f_{1b}(t)$$

$$= E\sin(\omega t)u(t) + E\sin\left[\omega\left(t-\frac{T}{2}\right)\right]u\left(t-\frac{T}{2}\right)$$

其拉普拉斯变换

$$F_1(s) = \frac{E\omega}{s^2 + \omega^2} + \frac{E\omega}{s^2 + \omega^2} \cdot e^{-s\frac{T}{2}} = \frac{E\omega}{s^2 + \omega^2}\left(1 + e^{-s\frac{T}{2}}\right)$$

再运用式（5-2-4），可得半波正弦周期信号的拉普拉斯变换为

$$F(s) = \mathscr{L}[f(t)] = \frac{F_1(s)}{1 - e^{-sT}} = \frac{E\omega}{s^2 + \omega^2} \cdot \frac{1}{1 - e^{-s\frac{T}{2}}}$$

3．尺度变换（比例性）

若 $f(t) \leftrightarrow F(s)$ ，则

$$f(at) \leftrightarrow \frac{1}{a}F\left(\frac{s}{a}\right), \ a > 0 \tag{5-2-5}$$

规定 $a > 0$ 是由于这是单边拉普拉斯变换。

4．频移性

若 $f(t) \leftrightarrow F(s)$ ，则

$$f(t)e^{s_0 t} \leftrightarrow F(s - s_0) \tag{5-2-6}$$

例如，由 $\mathscr{L}[u(t)] = \dfrac{1}{s}$ 可立即得到 $\mathscr{L}[e^{-\alpha t}u(t)] = \dfrac{1}{s + \alpha}$ 。

拉普拉斯变换的
性质（2）

【例 5-2-5】　求 $e^{-\alpha t}\sin\omega_0 tu(t)$ 和 $e^{-\alpha t}\cos\omega_0 tu(t)$ 的拉普拉斯变换。

解　由例 5-2-1 有

$$\sin\omega_0 tu(t) \leftrightarrow \frac{\omega_0}{s^2 + \omega_0^2}, \quad \cos\omega_0 tu(t) \leftrightarrow \frac{s}{s^2 + \omega_0^2}$$

应用频移性，有

$$e^{-\alpha t}\sin\omega_0 tu(t) \leftrightarrow \frac{\omega_0}{(s + \alpha)^2 + \omega_0^2} \tag{5-2-7a}$$

$$e^{-\alpha t}\cos\omega_0 tu(t) \leftrightarrow \frac{s + \alpha}{(s + \alpha)^2 + \omega_0^2} \tag{5-2-7b}$$

5．时域微分

若 $f(t) \leftrightarrow F(s)$ ，则

$$\frac{\mathrm{d}f(t)}{\mathrm{d}t} \leftrightarrow sF(s) - f(0^-) \tag{5-2-8}$$

$$\frac{\mathrm{d}^2 f(t)}{\mathrm{d}t^2} \leftrightarrow s^2 F(s) - sf(0^-) - f'(0^-) \tag{5-2-9}$$

$$\frac{\mathrm{d}^n f(t)}{\mathrm{d}t^n} \leftrightarrow s^n F(s) - s^{n-1} f(0^-) - s^{n-2} f'(0^-) - \cdots - f^{n-1}(0^-) \tag{5-2-10}$$

式中，$f(0^-)$ 及 $f^{(k)}(0^-)$ 分别表示 $f(t)$ 及 $f(t)$ 的 k 阶导数 $f^{(k)}(t)$ 在 $t = 0^-$ 时刻的值。

证明　根据拉普拉斯变换的定义，有

$$\mathscr{L}\left[\frac{\mathrm{d}f(t)}{\mathrm{d}t}\right] = \int_{0^-}^{\infty} \frac{\mathrm{d}f(t)}{\mathrm{d}t}e^{-st}\mathrm{d}t$$

应用分部积分，有

$$\mathscr{L}\left[\frac{\mathrm{d}f(t)}{\mathrm{d}t}\right]=\int_{0^-}^{\infty}\mathrm{e}^{-st}\mathrm{d}[f(t)]=\mathrm{e}^{-st}f(t)\Big|_{0^-}^{\infty}-\int_{0^-}^{\infty}(-s)\mathrm{e}^{-st}f(t)\mathrm{d}t$$

$$=sF(s)-f(0^-)$$

依此可证明式（5-2-9）和式（5-2-10）。

6. 时域积分

若 $f(t)\leftrightarrow F(s)$ ，则

$$\int_{0^-}^{t}f(\tau)\mathrm{d}\tau\leftrightarrow\frac{F(s)}{s}\tag{5-2-11}$$

证明　根据拉普拉斯变换的定义，有

$$\mathscr{L}[\int_{0^-}^{t}f(\tau)\mathrm{d}\tau]=\int_{0^-}^{\infty}[\int_{0^-}^{t}f(\tau)\mathrm{d}\tau]\mathrm{e}^{-st}\mathrm{d}t$$

应用分部积分，有

$$\mathscr{L}[\int_{0^-}^{t}f(\tau)\mathrm{d}\tau]=\frac{-\mathrm{e}^{-st}}{s}\int_{0^-}^{t}f(\tau)\mathrm{d}\tau\Big|_{0^-}^{\infty}+\frac{1}{s}\int_{0^-}^{\infty}f(t)\mathrm{e}^{-st}\mathrm{d}t$$

当 $t\to0^-$ 和 $t\to\infty$ 时，上式右边第一项为零，所以

$$\mathscr{L}[\int_{0^-}^{t}f(\tau)\mathrm{d}\tau]=\frac{F(s)}{s}$$

如积分下限为 $-\infty$ ，则因

$$\int_{-\infty}^{t}f(\tau)\mathrm{d}\tau=\int_{-\infty}^{0^-}f(\tau)\mathrm{d}\tau+\int_{0^-}^{t}f(\tau)\mathrm{d}\tau$$

有

$$\mathscr{L}[\int_{-\infty}^{t}f(\tau)\mathrm{d}\tau]=\frac{F(s)}{s}+\frac{\int_{-\infty}^{0^-}f(\tau)\mathrm{d}\tau}{s}\tag{5-2-12}$$

7. 复频域微分与积分

若 $f(t)\leftrightarrow F(s)$
则

$$tf(t)\leftrightarrow-\frac{\mathrm{d}F(s)}{\mathrm{d}s}\tag{5-2-13}$$

$$\frac{f(t)}{t}\leftrightarrow\int_{s}^{\infty}F(s)\mathrm{d}s,\lim_{t\to0}f(t)=0\tag{5-2-14}$$

【例 5-2-6】　利用阶跃信号 $u(t)$ 的拉普拉斯变换，求 $tu(t)$ 的拉普拉斯变换。

解　由 $u(t)\leftrightarrow\frac{1}{s}$ ，应用复频域微分性质，可得

$$tu(t)\leftrightarrow-\frac{\mathrm{d}\left(\frac{1}{s}\right)}{\mathrm{d}s}=\frac{1}{s^2}$$

或者用时域积分性质，得

$$tu(t) \leftrightarrow \frac{1}{s} \cdot \frac{1}{s} = \frac{1}{s^2} \tag{5-2-15}$$

8. 初值定理

若 $f(t) \leftrightarrow F(s)$，且 $F(s)$ 为真分式，则 $f(t)$ 的初值

$$f(0^+) = \lim_{s \to \infty} sF(s) \tag{5-2-16}$$

证明　由时域微分性质

拉普拉斯变换的
性质（3）

$$sF(s) - f(0^-) = \mathscr{L}\left[\frac{\mathrm{d}f(t)}{\mathrm{d}t}\right]$$

$$= \int_{0^-}^{0^+} \frac{\mathrm{d}f(t)}{\mathrm{d}t} \mathrm{e}^{-st} \mathrm{d}t + \int_{0^+}^{\infty} \frac{\mathrm{d}f(t)}{\mathrm{d}t} \mathrm{e}^{-st} \mathrm{d}t$$

$$= f(0^+) - f(0^-) + \int_{0^+}^{\infty} \frac{\mathrm{d}f(t)}{\mathrm{d}t} \mathrm{e}^{-st} \mathrm{d}t$$

所以

$$sF(s) = f(0^+) + \int_{0^+}^{\infty} \frac{\mathrm{d}f(t)}{\mathrm{d}t} \mathrm{e}^{-st} \mathrm{d}t$$

对上式两边取 $s \to \infty$ 的极限，有

$$\lim_{s \to \infty} sF(s) = f(0^+) + \lim_{s \to \infty} \int_{0^+}^{\infty} \frac{\mathrm{d}f(t)}{\mathrm{d}t} \mathrm{e}^{-st} \mathrm{d}t = f(0^+) + \int_{0^+}^{\infty} \frac{\mathrm{d}f(t)}{\mathrm{d}t} \cdot \lim \mathrm{e}^{-st} \mathrm{d}t = f(0^+)$$

初值定理表明，不必求 $F(s)$ 的反变换，可以通过求 $\lim\limits_{s \to \infty} sF(s)$ 得到 $f(t)$ 的初值，但前提是 $F(s)$ 为真分式，对应于时域就是 $f(t)$ 不含冲激函数及其导数。若 $F(s)$ 不是真分式，则必须先用长除法将 $F(s)$ 分解成一个 s 的多项式和一个真分式 $F_0(s)$ 之和。由于 s 多项式对应的时域信号是冲激函数及其导数，在 $t = 0^+$ 时的值为零，故 $f(0^+) = \lim\limits_{s \to \infty} sF_0(s)$。

【例 5-2-7】　已知 $F_1(s) = \mathscr{L}[f_1(t)] = \dfrac{s+2}{s^2+2s+1}$ 和 $F_2(s) = \mathscr{L}[f_2(t)] = \dfrac{2s+1}{s+3}$，求初值 $f_1(0^+)$ 和 $f_2(0^+)$。

解　（1）$F_1(s)$ 为真分式，直接利用式（5-2-16）有

$$f_1(0^+) = \lim_{s \to \infty} sF(s) = \lim_{s \to \infty} \frac{s^2+2s}{s^2+2s+1} = 1$$

（2）$F_2(s)$ 不是真分式，利用长除法将其分解为

$$F_2(s) = 2 + \frac{-5}{s+3}$$

则

$$f_2(0^+) = \lim_{s \to \infty} s \cdot \frac{-5}{s+3} = -5$$

9. 终值定理

若 $f(t) \leftrightarrow F(s)$ 且 $\lim\limits_{t \to \infty} f(t)$ 存在，则 $f(t)$ 的终值

$$f(\infty) = \lim_{s \to 0} sF(s) \tag{5-2-17}$$

应用终值定理的条件是终值 $f(\infty)$ 存在，判断的依据是 $F(s)$ 的所有极点（令分母多项式为零得

到的根称为极点，此时 $F(s)$ 为无穷大）都位于 s 平面的左半平面和 $F(s)$ 在原点仅有单极点。终值定理表明，不必求 $F(s)$ 的反变换，可以通过求 $\lim\limits_{s\to 0} sF(s)$ 得到 $f(t)$ 的终值。

【例 5-2-8 】 已知 $F_1(s)=\mathscr{L}[f_1(t)]=\dfrac{1}{s(s+1)}$ 和 $F_2(s)=\mathscr{L}[f_2(t)]=\dfrac{1}{s(s-1)}$ ，求终值 $f_1(\infty)$ 和 $f_2(\infty)$ 。

解 （1）因为 $F_1(s)$ 的极点 $s_1=0$、$s_2=-1$ 分别是位于原点的单极点和位于 s 平面的左半平面，故 $f_1(\infty)$ 存在，于是

$$f_1(\infty)=\lim_{s\to 0} sF_1(s)=\lim_{s\to 0}\frac{1}{s+1}=1$$

（2）因为 $F_2(s)$ 的极点 $s_1=0$、$s_2=1$ 分别是位于原点的单极点和位于 s 平面的右半平面，故 $f_2(\infty)$ 不存在。

拉普拉斯变换还有其他一些性质，如时域卷积和复频域卷积等。为方便查找，常用信号的拉普拉斯变换列于附录 3，拉普拉斯变换的基本性质列于附录 4。

5.3 拉普拉斯反变换

拉普拉斯反变换是指已知 $F(s)$ 求 $f(t)$ 的运算。求取拉普拉斯反变换可利用复变函数中的围线积分计算，但积分的计算过程比较麻烦。本书介绍最常用的部分分式展开法。它适用于有理函数。此时，$F(s)$ 可由两个 s 的多项式的比来表示，即

拉普拉斯反变换　部分分式展开法

$$F(s)=\frac{N(s)}{D(s)}=\frac{b_m s^m+b_{m-1}s^{m-1}+\cdots+b_1 s+b_0}{a_n s^n+a_{n-1}s^{n-1}+\cdots+a_1 s+a_0} \qquad (5\text{-}3\text{-}1)$$

式中，$N(s)$ 和 $D(s)$ 分别是 $F(s)$ 的分子多项式和分母多项式，多项式系数 a、b 为实数，m、n 为正整数。当 $m<n$ 时，$F(s)$ 为真分式；当 $m\geq n$ 时，$F(s)$ 为假分式，可分解为多项式与真分式之和。s 多项式的拉普拉斯变换是冲激函数及其导数，所以下面分三种情况着重讨论 $F(s)$ 是真分式时的拉普拉斯反变换。

1. $D(s)=0$ 的根均为单实根

设 $D(s)=0$ 的根表示为 $p_1,p_2,\cdots,p_n$，当 s 取这些根值时，$F(s)$ 为无穷大，所以这些根称为 $F(s)$ 的极点。当 $p_1,p_2,\cdots,p_n$ 是互不相等的实数时，$F(s)$ 可表示为

$$\begin{aligned}F(s)=\frac{N(s)}{D(s)}&=\frac{N(s)}{a_n(s-p_1)(s-p_2)\cdots(s-p_n)}\\ &=\frac{k_1}{s-p_1}+\frac{k_2}{s-p_2}+\cdots+\frac{k_n}{s-p_n}\end{aligned} \qquad (5\text{-}3\text{-}2)$$

其中

$$k_i=(s-p_i)\cdot\frac{N(s)}{D(s)}\Big|_{s=p_i},\quad i=1,2,\cdots,n \qquad (5\text{-}3\text{-}3)$$

所以

$$\mathscr{L}^{-1}[F(s)]=[k_1 e^{p_1 t}+k_2 e^{p_2 t}+\cdots+k_n e^{p_n t}]u(t) \qquad (5\text{-}3\text{-}4)$$

k_i 的求取是通过将式（5-3-2）等号两边同时乘以 $(s-p_i)$ 得到的，此时，等号右边只剩下 k_i，

除 k_i 对应项以外的多项式好像被遮挡了，因此称此方法为遮挡法。

【**例 5-3-1**】　求 $F(s) = \dfrac{s^4 + 2s^3 - 2}{s^3 + 2s^2 - s - 2}$ 的拉普拉斯反变换。

解　$F(s)$ 是假分式，先将其化为真分式

$$
\begin{aligned}
F(s) &= s + \frac{s^2 + 2s - 2}{s^3 + 2s^2 - s - 2} \\
&= s + \frac{s^2 + 2s - 2}{(s+1)(s+2)(s-1)} \\
&= s + \frac{k_1}{s+1} + \frac{k_2}{s+2} + \frac{k_3}{s-1}
\end{aligned}
$$

系数可用遮挡法求得

$$
k_1 = (s+1)\frac{N(s)}{D(s)}\Big|_{s=-1} = \frac{s^2 + 2s - 2}{(s+2)(s-1)}\Big|_{s=-1} = \frac{3}{2}
$$

$$
k_2 = (s+2)\frac{N(s)}{D(s)}\Big|_{s=-2} = \frac{s^2 + 2s - 2}{(s+1)(s-1)}\Big|_{s=-2} = -\frac{2}{3}
$$

$$
k_3 = (s-1)\frac{N(s)}{D(s)}\Big|_{s=1} = \frac{s^2 + 2s - 2}{(s+1)(s+2)}\Big|_{s=1} = \frac{1}{6}
$$

代入得

$$
F(s) = s + \frac{\frac{3}{2}}{s+1} + \frac{-\frac{2}{3}}{s+2} + \frac{\frac{1}{6}}{s-1}
$$

所以

$$
\mathscr{L}^{-1}[F(s)] = \delta'(t) + \left(\frac{3}{2}e^{-t} - \frac{2}{3}e^{-2t} + \frac{1}{6}e^{t}\right)u(t)
$$

2．$D(s)=0$ 的根有共轭单复根

$F(s)$ 可表示为

$$
F(s) = \frac{N(s)}{D(s)} = \frac{N(s)}{D_1(s)[(s+\alpha)^2 + \omega_0^2]}
$$

式中 $D_1(s)$ 的根均为单实根。根据部分分式展开的知识，有

$$
F(s) = \frac{N(s)}{D_1(s)[(s+\alpha)^2 + \omega_0^2]} = \frac{N_1(s)}{D_1(s)} + \frac{As + B}{(s+\alpha)^2 + \omega_0^2} \tag{5-3-5}
$$

上式右边第一项展开为部分分式的方法如前所述，第二项的拉普拉斯反变换为

$$
\frac{As + B}{(s+\alpha)^2 + \omega_0^2} = \frac{A(s+\alpha) + \frac{B - A\alpha}{\omega_0}\omega_0}{(s+\alpha)^2 + \omega_0^2} \leftrightarrow Ae^{-\alpha t}\cos(\omega_0 t)u(t) + \frac{B - A\alpha}{\omega_0}e^{-\alpha t}\sin(\omega_0 t)u(t)
$$

【**例 5-3-2**】　求 $F(s) = \dfrac{s+5}{s(s^2 + 2s + 5)}$ 的拉普拉斯反变换。

解

$$
F(s) = \frac{k_1}{s} + \frac{As + B}{s^2 + 2s + 5}
$$

$$k_1 = s \cdot F(s)|_{s=0} = 1$$

系数 A、B 可用对应项系数相等的方法求得，即因为

$$F(s) = \frac{s^2 + 2s + 5 + As^2 + Bs}{s(s^2 + 2s + 5)} = \frac{s+5}{s(s^2 + 2s + 5)}$$

有

$$\begin{cases} A + 1 = 0 \\ B + 2 = 1 \end{cases}$$

解得 $A=-1$，$B=-1$，所以

$$F(s) = \frac{1}{s} + \frac{-s-1}{(s+1)^2 + 2^2}$$
$$= \frac{1}{s} + \frac{-(s+1)}{(s+1)^2 + 2^2}$$

拉普拉斯反变换为

$$L^{-1}[F(s)] = u(t) - \mathrm{e}^{-t}\cos(2t)u(t)$$

第二项的拉普拉斯反变换也可用部分分式展开法，只是涉及复数运算，计算麻烦，且拉普拉斯反变换的结果要化成实数信号。

3．$D(s)=0$ 的根有重根

设 $D(s)=0$ 的根中有一个 r 重根 p_1，$F(s)$ 可表示为

$$F(s) = \frac{N(s)}{D(s)} = \frac{N(s)}{(s - p_1)^r \cdot D_1(s)}$$

$$= \frac{N_1(s)}{D_1(s)} + \frac{k_1}{(s - p_1)^r} + \frac{k_2}{(s - p_1)^{r-1}} + \cdots + \frac{k_r}{s - p_1} \tag{5-3-6}$$

$$k_1 = (s - p_1)^r \cdot F(s)|_{s=p_1} \tag{5-3-7}$$

上式右边对应重根项的其他系数可采用代数恒等式或对应项系数相等求解。

【例 5-3-3】　求 $F(s) = \dfrac{-s^2 + 2}{(s+1)(s+2)^3}$ 的拉普拉斯反变换。

解　设

$$F(s) = \frac{A}{s+1} + \frac{k_1}{(s+2)^3} + \frac{k_2}{(s+2)^2} + \frac{k_3}{s+2}$$

$$A = (s+1)F(s)|_{s=-1} = \frac{-s^2 + 2}{(s+2)^3}\Big|_{s=-1} = 1$$

$$k_1 = (s+2)^3 F(s)|_{s=-2} = 2$$

有

$$\frac{-s^2 + 2}{(s+1)(s+2)^3} = \frac{1}{s+1} + \frac{2}{(s+2)^3} + \frac{k_2}{(s+2)^2} + \frac{k_3}{s+2} \tag{5-3-8}$$

式（5-3-8）是代数恒等式，s 取任意值都成立。

令 $s=0$，得

$$\frac{2}{8} = 1 + \frac{2}{8} + \frac{k_2}{4} + \frac{k_3}{2}$$

令 $s=1$，得

$$\frac{1}{54} = \frac{1}{2} + \frac{2}{27} + \frac{k_2}{9} + \frac{k_3}{3}$$

联立解得

$$k_2 = -2, \quad k_3 = -1$$

或者利用对应项系数相等求式（5-3-8）中的系数 k_2、k_3。

将式（5-3-8）通分后，得

$$\frac{-s^2+2}{(s+1)(s+2)^3} = \frac{(s+2)^3 + 2(s+1) + k_2(s+1)(s+2) + k_3(s+1)(s+2)^2}{(s+1)(s+2)^3}$$

$$= \frac{(1+k_3)s^3 + (6+k_2+5k_3)s^2 + (14+3k_2+8k_3)s + 10+2k_2+4k_3}{(s+1)(s+2)^3}$$

对应项系数相等，得

$$\begin{cases} k_3+1=0 \\ 6+k_2+5k_3=-1 \end{cases}$$

解得

$$k_2 = -2, \quad k_3 = -1$$

所以

$$F(s) = \frac{1}{s+1} + \frac{2}{(s+2)^3} + \frac{-2}{(s+2)^2} + \frac{-1}{s+2}$$

$$L^{-1}[F(s)] = [e^{-t} + t^2 e^{-2t} - 2te^{-2t} - e^{-2t}]u(t)$$

5.4　连续时间系统的复频域分析方法

5.4.1　系统微分方程的求解

有始信号作用于因果系统，用单边拉普拉斯变换求解是很方便的。

考虑二阶线性时不变因果系统，用下列微分方程描述，即

$$a_2 \frac{\mathrm{d}^2 y(t)}{\mathrm{d}t^2} + a_1 \frac{\mathrm{d}y(t)}{\mathrm{d}t} + a_0 y(t) = b_1 \frac{\mathrm{d}x(t)}{\mathrm{d}t} + b_0 x(t) \qquad （5\text{-}4\text{-}1）$$

系统微分方程的
求解

激励 $x(t)$ 是有始信号，即当 $t<0$ 时，$x(t)=0$，且 $x'(0^-)=x(0^-)=0$。对上式取拉普拉斯变换，利用时域微分性质，有

$$[a_2 s^2 + a_1 s + a_0]Y(s) = [b_1 s + b_0]X(s) + (a_2 s + a_1)y(0^-) + a_2 y'(0^-) \qquad （5\text{-}4\text{-}2）$$

$$Y(s) = \frac{b_1 s + b_0}{a_2 s^2 + a_1 s + a_0} X(s) + \frac{(a_2 s + a_1)y(0^-) + a_2 y'(0^-)}{a_2 s^2 + a_1 s + a_0} \qquad （5\text{-}4\text{-}3）$$

$$= Y_{zs}(s) + Y_{zi}(s)$$

通过对微分方程两边进行拉普拉斯变换，将微分方程转化为复频域中的代数方程，并且自动计入初始条件，得到全响应。如式（5-4-3），第一项与激励 $X(s)$ 有关，属于零状态响应；第二项与系统的初始状态有关，属于零输入响应。零状态响应 $Y_{zs}(s)$ 中与输入 $X(s)$ 的极点对应的响应属于强制

响应，其余为自然响应。

对 $Y(s)$ 求拉普拉斯反变换，可得全响应的时域表达式。

$$y(t)=\mathscr{L}^{-1}[Y(s)]=\mathscr{L}^{-1}[Y_{zs}(s)]+\mathscr{L}^{-1}[Y_{zi}(s)]=y_{zs}(t)+y_{zi}(t)$$

用拉普拉斯变换解系统微分方程时，主要运算在复频域内进行，故又称为复频域分析法。复频域分析法也适用于3阶及更高阶的系统。

【例 5-4-1】 某系统的微分方程为 $\dfrac{d^2 y(t)}{dt^2}+5\dfrac{dy(t)}{dt}+6y(t)=\dfrac{dx(t)}{dt}+x(t)$。若输入 $x(t)=e^{-t}u(t)$，系统的初始状态为 $y(0^-)=2$，$y'(0^-)=1$，试求该系统的全响应 $y(t)$，并求 $y_{zs}(t)$ 和 $y_{zi}(t)$。

解 对微分方程两边做拉普拉斯变换，得

$$s^2 Y(s)-sy(0^-)-y'(0^-)+5[sY(s)-y(0^-)]+6Y(s)=sX(s)+X(s)$$

$$Y(s)=\frac{s+1}{s^2+5s+6}\cdot X(s)+\frac{sy(0^-)+y'(0^-)+5y(0^-)}{s^2+5s+6}$$

代入已知数据，有

$$Y(s)=\frac{s+1}{s^2+5s+6}\cdot\frac{1}{s+1}+\frac{2s+11}{s^2+5s+6}=\frac{2s+12}{s^2+5s+6}$$
$$=\frac{8}{s+2}+\frac{-6}{s+3}$$

所以

$$y(t)=8e^{-2t}-6e^{-3t}\quad t\geqslant 0$$

$$Y_{zs}(s)=\frac{s+1}{s^2+5s+6}\cdot\frac{1}{s+1}$$
$$=\frac{1}{s^2+5s+6}$$
$$=\frac{1}{s+2}-\frac{1}{s+3}$$

所以

$$y_{zs}(t)=(e^{-2t}-e^{-3t})u(t)$$

$$Y_{zi}(s)=\frac{2s+11}{s^2+5s+6}$$
$$=\frac{7}{s+2}-\frac{5}{s+3}$$

所以

$$y_{zi}(t)=7e^{-2t}-5e^{-3t}\quad t\geqslant 0$$

必须指出，由于当 $t<0$ 时，$y_{zs}(t)=0$，所以，$y_{zs}(t)$ 可标注 $t\geqslant 0$ 或乘以 $u(t)$，但当 $t<0$ 时，$y_{zi}(t)$ 不一定为零，所以，$y_{zi}(t)$ 标注 $t\geqslant 0$，不能直接乘以 $u(t)$，同理，$y(t)$ 也不能乘以 $u(t)$，而是标注 $t\geqslant 0$。

电路的复频域模型　　分析电路　　习题讲解：连续系统的分析

5.4.2 分析电路

用拉普拉斯变换分析电路，特别是动态电路，可以根据电路的复频域模型，直接列写求复频域响应的代数方程。

下面介绍基本电路元件 R、L、C 的复频域模型。

电阻元件的电压、电流之间的关系为

$$v_R(t) = R \cdot i_R(t) \tag{5-4-4}$$

两边取拉普拉斯变换得

$$V_R(s) = RI_R(s) \tag{5-4-5}$$

电阻元件的时域、复频域模型如图 5-4-1 所示。

电感元件的电压、电流之间的关系为

$$v_L(t) = L\frac{di_L(t)}{dt} \tag{5-4-6}$$

两边做拉普拉斯变换，有

$$V_L(s) = sLI_L(s) - Li_L(0^-) \tag{5-4-7}$$

用电压表示电流，有

$$I_L(s) = \frac{1}{sL}V_L(s) + \frac{i_L(0^-)}{s} \tag{5-4-8}$$

根据式（5-4-7）和式（5-4-8）可以画出电感元件的复频域串联模型和并联模型，如图 5-4-2 所示。

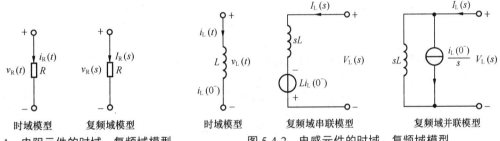

图 5-4-1　电阻元件的时域、复频域模型　　　　图 5-4-2　电感元件的时域、复频域模型

电感元件的复频域模型中的电源不同于普通的电源，称为内电源，是因拉普拉斯变换需要考虑动态元件的初始状态而引出的。如果是零状态电路，则内电源幅值为零。这时，电压源短路，电流源开路，所以电感 L 的复频域模型为 sL。

电容元件的电压、电流关系为

$$i_c(t) = C\frac{dv_c(t)}{dt} \tag{5-4-9}$$

两边做拉普拉斯变换，有

$$I_c(s) = sCV_c(s) - Cv_c(0^-) \tag{5-4-10}$$

用电压表示电流，有

$$V_c(s) = \frac{1}{sC}I_c(s) + \frac{1}{s}v_c(0^-) \tag{5-4-11}$$

根据式（5-4-10）和式（5-4-11）可以画出电容元件的复频域串联模型和并联模型，如图 5-4-3 所示。

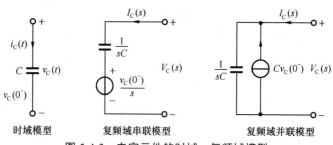

图 5-4-3　电容元件的时域、复频域模型

如果电容的初始状态为零，则电容元件 C 的复频域模型为 $\frac{1}{sC}$。由于傅里叶变换不考虑初始状态，所以相应的电路频域模型就比较简单，只要把复频域模型中的 s 换成 $j\omega$ 即可。例如，4.9.3 小节中 RC 低通滤波器的频域系统函数可以直接由频域模型得到。这比列写电路的伏安关系再做傅里叶变换要简单。

下面介绍基尔霍夫定律的复频域形式。

基尔霍夫电流定律（KCL）的时域形式为

$$\sum_k i_k(t) = 0 \tag{5-4-12}$$

基尔霍夫电压定律（KVL）的时域形式为

$$\sum_k v_k(t) = 0 \tag{5-4-13}$$

对式（5-4-12）、式（5-4-13）做拉普拉斯变换，由拉普拉斯变换的线性性质，有

$$\sum_k I_k(s) = 0 \tag{5-4-14}$$

$$\sum_k V_k(s) = 0 \tag{5-4-15}$$

由此可见，基尔霍夫定律的复频域表示与时域表示形式上一样。与此类似，我们可得到网孔电流法、节点电压法、戴维南定理等的复频域形式。在正弦稳态电路分析中，常采用电路的相量模型。与此类似，在复频域分析电路时也常建立电路的复频域模型——所有电压、电流用其拉普拉斯变换表示，元件用复频域模型表示。这样就可由复频域电路模型直接列写代数方程来求解。下面举例说明。

【例 5-4-2】　在图 5-4-4（a）所示的电路中，开关 K 在 $t=0$ 时打开。已知开关打开前电路已稳定，求 $t>0$ 后的电流 $i(t)$。

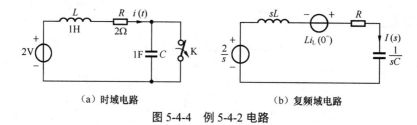

（a）时域电路　　　　（b）复频域电路

图 5-4-4　例 5-4-2 电路

解　先求初始条件 $i_L(0^-)$ 和 $v_C(0^-)$。

由电路知识求得

$$i_L(0^-) = \frac{2}{2} = 1A, \quad v_C(0^-) = 0V$$

画出 $t > 0$ 的复频域模型，如图 5-4-4（b）所示。此为单回路电路，列写 KVL 方程，有

$$\left(sL + R + \frac{1}{sC}\right)I(s) = Li_L(0^-) + \frac{2}{s}$$

代入数据得

$$I(s) = \frac{Li_L(0^-) + \dfrac{2}{s}}{sL + R + \dfrac{1}{sC}} = \frac{1 + \dfrac{2}{s}}{s + 2 + \dfrac{1}{s}} = \frac{s+2}{s^2 + 2s + 1} = \frac{1}{(s+1)^2} + \frac{1}{s+1}$$

所以

$$i(t) = (te^{-t} + e^{-t})u(t)$$

【例 5-4-3】　在图 5-4-5（a）所示电路中，$v_s(t) = 10u(t)$，$R_{12} = \dfrac{1}{5}\Omega$，$R_2 = 1\Omega$，$L = \dfrac{1}{2}H$，$C = 1F$，初始条件为 $v_C(0^-) = 5V$，$i_L(0^-) = 4A$。求响应电流 $i_1(t)$。

解　画出复频域电路如图 5-4-5（b）所示。

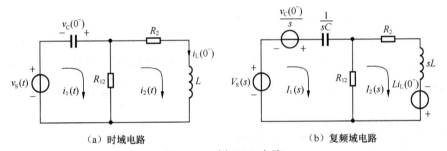

（a）时域电路　　　　　　　　　（b）复频域电路

图 5-4-5　例 5-4-3 电路

根据电路分析课程中的网孔分析法，列出网孔电流方程

$$\begin{cases} \left(R_{12} + \dfrac{1}{sC}\right)I_1(s) - R_{12}I_2(s) = V_s(s) + \dfrac{v_C(0^-)}{s} \\ (R_{12} + R_2 + sL)I_2(s) - R_{12}I_1(s) = Li_L(0^-) \end{cases}$$

代入数据得

$$\begin{cases} \left(\dfrac{1}{5} + \dfrac{1}{s}\right)I_1(s) - \dfrac{1}{5}I_2(s) = \dfrac{10}{s} + \dfrac{5}{s} = \dfrac{15}{s} \\ \left(\dfrac{6}{5} + \dfrac{s}{2}\right)I_2(s) - \dfrac{1}{5}I_1(s) = 2 \end{cases}$$

解得

$$I_1(s) = \frac{79s + 180}{s^2 + 7s + 12} = \frac{-57}{s+3} + \frac{136}{s+4}$$

所以

$$i_1(t) = (-57e^{-3t} + 136e^{-4t})u(t)$$

5.5 系统函数

系统函数是描述系统本身特性的重要参数,在系统分析与综合中占有重要地位。通过系统函数,可以进行系统模拟,掌握零、极点分布情况,确定冲激响应的变化规律,判别系统的稳定性等。

5.5.1 系统函数的定义

系统函数 $H(s)$ 被定义为零状态条件下系统的零状态响应的拉普拉斯变换与激励的拉普拉斯变换之比,即

$$H(s) = \frac{Y_{zs}(s)}{X(s)} \tag{5-5-1}$$

系统函数的定义

当激励为 $\delta(t)$ 时,零状态响应为 $h(t)$。由于 $\delta(t) \leftrightarrow 1$,所以

$$H(s) = \mathscr{L}[h(t)] \tag{5-5-2}$$

系统函数 $H(s)$ 与冲激响应 $h(t)$ 是一对拉普拉斯变换。

系统函数 $H(s)$ 可由在零状态条件下对微分方程两边进行拉普拉斯变换获得,或对冲激响应求拉普拉斯变换得到。针对具体电路,还可以由零状态条件下的复频域电路模型求得。下面举例说明。

【例 5-5-1】 某系统的微分方程为 $\dfrac{d^2 y(t)}{dt^2} + 3\dfrac{dy(t)}{dt} + 2y(t) = 2\dfrac{dx(t)}{dt} + 3x(t)$。求该系统函数 $H(s)$、单位冲激响应 $h(t)$ 和单位阶跃响应 $g(t)$。

解 零状态条件下,对微分方程两边做拉普拉斯变换,有

$$s^2 Y_{zs}(s) + 3s Y_{zs}(s) + 2Y_{zs}(s) = 2sX(s) + 3X(s)$$

$$H(s) = \frac{Y_{zs}(s)}{X(s)} = \frac{2s+3}{s^2+3s+2}$$

$$H(s) = \frac{2s+3}{s^2+3s+2} = \frac{1}{s+1} + \frac{1}{s+2}$$

所以

$$h(t) = \mathscr{L}^{-1}[H(s)] = (e^{-t} + e^{-2t})u(t)$$

阶跃响应

$$G(s) = H(s) \cdot \frac{1}{s} = \frac{\frac{3}{2}}{s} + \frac{-1}{s+1} + \frac{-\frac{1}{2}}{s+2}$$

$$g(t) = \mathscr{L}^{-1}[G(s)] = \left(\frac{3}{2} - e^{-t} - \frac{1}{2}e^{-2t} \right)u(t)$$

【例 5-5-2】 试求图 5-5-1(a)所示电路的系统函数 $H(s) = \dfrac{V(s)}{I(s)}$。

解 电路的零状态复频域模型如图 5-5-1(b)所示,则

$$V(s) = I(s) \cdot \frac{(R + sL) \cdot \dfrac{1}{sC}}{(R + sL) + \dfrac{1}{sC}}$$

$$H(s) = \frac{V(s)}{I(s)} = \frac{R + sL}{s^2 LC + sRC + 1}$$

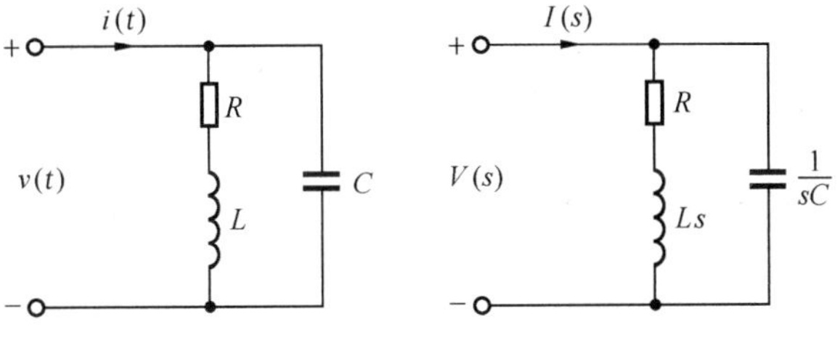

图 5-5-1　例 5-5-2 电路

5.5.2　系统函数的零、极点图

系统函数表现为零状态响应的拉普拉斯变换与激励的拉普拉斯变换之比，其一般形式是一个分式，分子分母都是 s 的多项式，即

系统函数的零、
极点图

$$H(s) = \frac{N(s)}{D(s)} = \frac{b_m s^m + b_{m-1} s^{m-1} + \cdots + b_1 s + b_0}{a_n s^n + a_{n-1} s^{n-1} + \cdots + a_1 s + a_0} \tag{5-5-3}$$

对式（5-5-3）的分子分母分别进行因式分解，可得

$$\begin{aligned} H(s) &= \frac{b_m}{a_n} \cdot \frac{(s - z_1)(s - z_2)\cdots(s - z_m)}{(s - p_1)(s - p_2)\cdots(s - p_n)} \\ &= H_0 \cdot \frac{\displaystyle\prod_{j=1}^{m}(s - z_j)}{\displaystyle\prod_{i=1}^{n}(s - p_i)} \end{aligned} \tag{5-5-4}$$

式（5-5-4）中，$H_0 = \dfrac{b_m}{a_n}$ 是常数；$z_1, z_2, \cdots, z_m$ 是分子多项式 $N(s) = 0$ 的根，称为系统函数的零点；$p_1, p_2, \cdots, p_n$ 是分母多项式 $D(s) = 0$ 的根，称为系统函数的极点；当 s 位于极点或零点时，函数 $H(s)$ 的值为无穷大或零。

当一个系统函数的零点、极点以及 H_0 全部确定后，这个系统函数也就完全确定了。由于 H_0 只是一个比例常数，不影响系统函数的形式，所以一个系统随变量 s 而变化的特性可以完全由它的零点和极点表示。将系统函数的零、极点画在 s 平面中构成的图形称为 $H(s)$ 的零、极点图。其中零点用 "○" 表示，极点用 "×" 表示，若有 r 重零、极点，则在附近标注(r)。

在一个由 R、L、C 元件构成的实际电路系统中，元件参数必定是实数，将这些参数进行四则运算后所得的多项式的系数 a_n、b_m 等也必为实数。这样，系统函数 $H(s)$ 是复变量 s 的实有理函数，所以零点或极点一定是实数或者是成对出现的共轭复数。

例如，系统函数 $H(s) = \dfrac{2s+3}{s^2+3s+2} = \dfrac{2\left(s+\dfrac{3}{2}\right)}{(s+1)(s+2)}$ 的零、极点图如图 5-5-2 所示。

【例 5-5-3】 已知某系统函数 $H(s)$ 的零、极点图如图 5-5-3 所示，且 $H(0) = 2$，求 $H(s)$。

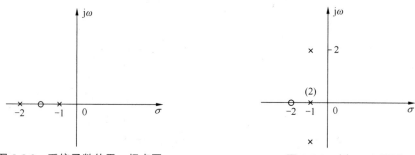

图 5-5-2　系统函数的零、极点图　　　　图 5-5-3　例 5-5-3 题图

解　由图 5-5-3 可知，$H(s)$ 的零点为 $z_1 = -2$，极点为 $p_1 = p_2 = -1$，$p_3 = -1 + \mathrm{j}2$，$p_4 = -1 - \mathrm{j}2$。将数字代入

$$H(s) = H_0 \cdot \frac{(s+2)}{(s+1)^2[(s+1)^2+4]}$$

可得

$$H(0) = H_0 \cdot \frac{2}{5} = 2$$

求得 $H_0 = 5$，所以

$$H(s) = 5 \cdot \frac{s+2}{(s+1)^2 \cdot (s^2+2s+5)}$$

5.5.3　系统函数的零、极点分布与系统冲激响应的关系

系统函数和系统的冲激响应是一对拉普拉斯变换，所以只要已知系统函数的零、极点分布就可以确定系统冲激响应的变化规律。将系统函数进行部分分式展开，系统函数的每个极点决定相应的响应分量的模式。下面根据极点所在的位置，分 3 种情况进行讨论。

1．s 平面的左半平面

（1）在实轴上，由于 $\dfrac{1}{s-p} \leftrightarrow \mathrm{e}^{pt}u(t)$，且 $p < 0$，所以此时的响应呈指数衰减。

（2）极点为成对出现的共轭复数，且实部为负，由于 $\dfrac{\omega_0}{(s-\sigma)^2+\omega_0{}^2} \leftrightarrow \mathrm{e}^{\sigma t}\sin(\omega_0 t)u(t)$，且 $\sigma < 0$，所以此时的响应呈衰减的正弦振荡。

2．虚轴上

（1）在原点上，由于 $\dfrac{1}{s} \leftrightarrow u(t)$，所以 $h(t) = u(t)$。

（2）极点为成对出现的虚数，由于 $\dfrac{\omega_0}{s^2+\omega_0{}^2} \leftrightarrow \sin(\omega_0 t)u(t)$，所以响应呈等幅振荡。

3. s 平面的右半平面

（1）在实轴上，$h(t)=\mathrm{e}^{pt}u(t)$ 且 $p>0$，响应呈指数增长。

（2）极点为成对出现的共轭复数，且实部为正，$h(t)=\mathrm{e}^{\sigma t}\sin(\omega_0 t)u(t)$，且 $\sigma>0$，响应呈增长的正弦振荡。

以上讨论的都是单极点的情况，相关结果如图 5-5-4 所示。

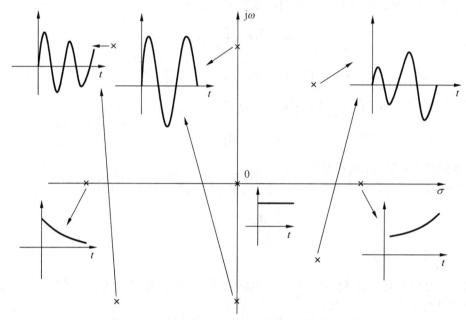

图 5-5-4　$H(s)$ 单极点位置与冲激响应模式的关系

如果系统函数有 r 重极点，则相应的冲激响应模式中含有 t^{r-1} 个因子。由此可见，若极点在 s 平面的左半平面，则冲激响应衰减；若极点在 s 平面的右半平面，则冲激响应增长；若极点在虚轴上，则单极点时冲激响应为有限值或呈等幅振荡，重极点时冲激响应增长。

系统函数的零点会影响部分分式展开项的系数，从而影响冲激响应分量的振幅和相位，但不改变冲激响应的模式。

如

$$H(s)=\frac{s+3}{(s+3)^2+2^2} \leftrightarrow \mathrm{e}^{-3t}\cos 2t\,u(t)$$

$$H(s)=\frac{s+1}{(s+3)^2+2^2} \leftrightarrow \mathrm{e}^{-3t}[\cos 2t-\sin 2t]u(t)=\sqrt{2}\mathrm{e}^{-3t}\cos(2t+45°)u(t)$$

系统的自然响应仅由系统函数的极点确定，由系统函数 $H(s)$ 的极点所确定的复频率 $p_1,p_2,\cdots,p_n$ 称为系统的自然频率（Natural Frequency）。自然频率可通过令 $H(s)$ 的分母多项式 $D(s)=0$ 解得。方程 $D(s)=0$ 通常称为系统的特征方程（Characteristic Equation）。自然频率又称为特征根（Characteristic Root）。系统的强制响应仅由激励函数的极点确定。

5.5.4 系统的稳定性

已知系统函数的极点位置，可以判别系统的稳定性。

1. 系统稳定的定义

若系统对有界激励 $x(t)$产生的零状态响应 $y_{zs}(t)$也是有界的，则称该系统稳定。系统是否稳定是系统本身特性的反映，与激励无关。

激励 $x(t)$有界，即 $|x(t)| \leqslant M_x$，M_x 为正实常数。

$$y_{zs}(t) = h(t) * x(t) = \int_{-\infty}^{\infty} h(\tau)x(t-\tau)\mathrm{d}\tau$$

$$\left|y_{zs}(t)\right| \leqslant \int_{-\infty}^{\infty} \left|h(\tau)\right| \cdot \left|x(t-\tau)\right|\mathrm{d}\tau \leqslant M_x \cdot \int_{-\infty}^{\infty} \left|h(\tau)\right|\mathrm{d}\tau$$

要使零状态响应 $y_{zs}(t)$有界，即 $\left|y_{zs}(t)\right| < \infty$，则

$$\int_{-\infty}^{\infty} \left|h(\tau)\right|\mathrm{d}\tau < \infty \tag{5-5-5}$$

即系统的冲激响应满足绝对可积条件。

式（5-5-5）是系统稳定的充要条件，对于因果系统，式（5-5-5）可写为

$$\int_{0}^{\infty} \left|h(\tau)\right|\mathrm{d}\tau < \infty \tag{5-5-6}$$

2. 系统稳定性的判断

系统是否稳定，既可以根据式（5-5-5）从时域角度确定，也可以从复频域角度，根据系统函数的极点位置确定。

从 5.5.3 小节中系统函数极点位置与冲激响应变换规律的内容，可以得到系统的稳定性与系统函数极点的关系。

（1）系统函数的极点全部在 s 平面的左半平面，冲激响应衰减，系统稳定。

（2）系统函数的极点只要有一个在 s 平面的右半平面，或者在虚轴上有重极点，冲激响应增长，系统不稳定。

（3）系统函数的极点在虚轴上且是单极点，其余极点都在 s 平面的左半平面，冲激响应为有限值或等幅振荡，系统临界稳定。

一般地，稳定系统的分母多项式 $D(s)$的各项系数均为正实常数，且多项式中无缺项。对于二阶系统，若 $D(s)$各项系数为正实常数，则系统稳定。

【例 5-5-4】 已知某系统函数 $H(s) = \dfrac{1}{s^2 + 3s + (3-k)}$。

（1）求该系统稳定时 k 的范围。

（2）当 $k=1$ 时，求输入 $x(t) = (1+\mathrm{e}^{-3t})u(t)$ 时产生的零状态响应，并指出其中的自然响应和强制响应分量。

解　该系统是二阶系统，且分母多项式无缺项，若 $3-k>0$，即 $k<3$ 系统稳定。当 $k=1$ 时，有

$$H(s) = \frac{1}{s^2 + 3s + 2}, \quad X(s) = \frac{1}{s} + \frac{1}{s+3}$$

$$Y_{zs}(s) = H(s) \cdot X(s) = \frac{1}{(s+1)(s+2)}\left(\frac{1}{s} + \frac{1}{s+3}\right)$$

$$= \frac{\frac{1}{2}}{s} + \frac{-\frac{1}{2}}{s+1} + \frac{-\frac{1}{2}}{s+2} + \frac{\frac{1}{2}}{s+3}$$

$$y_{zs}(t) = \frac{1}{2}(1 - e^{-t} - e^{-2t} + e^{-3t})u(t)$$

H5 交互：系统稳
定性的判断

其中，自然响应为 $\left(-\frac{1}{2}e^{-t} - \frac{1}{2}e^{-2t}\right)u(t)$；强制响应为 $\frac{1}{2}(1 + e^{-3t})u(t)$。

5.5.5　系统的连接

一个复杂系统可以由几个子系统通过一定的方式连接而成。分析每个子系统的性能和子系统之间的连接方式，就可以得到复杂系统的性能。系统的基本连接方式主要有级联、并联、反馈 3 种，下面分别介绍。

系统的连接

1．串联

系统的串联（也叫级联）如图 5-5-5 所示。

图 5-5-5　两个子系统串联

若两个子系统的系统函数分别为 $H_1(s)$ 和 $H_2(s)$，则信号通过串联系统的响应为

$$Y(s) = H_2(s) \cdot Y_1(s) = H_2(s) \cdot H_1(s) \cdot X(s)$$

根据系统函数的定义，串联系统的系统函数为

$$H(s) = \frac{Y(s)}{X(s)} = H_1(s) \cdot H_2(s)$$

上式说明，串联系统的系统函数等于各个子系统的系统函数的乘积。

2．并联

系统的并联如图 5-5-6 所示。

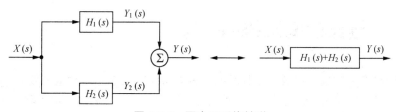

图 5-5-6　两个子系统并联

若两个子系统的系统函数分别为 $H_1(s)$ 和 $H_2(s)$，则信号通过并联系统的响应为

$$Y(s) - Y_1(s) + Y_2(s) = H_1(s) \ X(s) + H_2(s) \cdot X(s) - [H_1(s) + H_2(s)] \cdot X(s)$$

根据系统函数的定义，并联系统的系统函数为

$$H(s) = \frac{Y(s)}{X(s)} = H_1(s) + H_2(s)$$

上式说明，并联系统的系统函数等于各个子系统的系统函数相加。

3．反馈

图 5-5-7 所示为两个子系统的反馈连接，其特点是输出量的一部分返回输入端与输入量进行叠加，形成反馈。其中 $H_1(s)$ 称为前向通路的系统函数，$H_2(s)$ 称为反馈通路的系统函数。"+"号表示正反馈，即输入信号与反馈信号相加；"–"号表示负反馈，即输入信号与反馈信号相减。存在反馈通路的称为闭环系统，不存在反馈通路的称为开环系统。

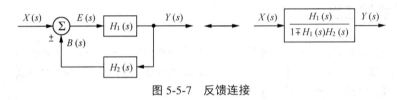

图 5-5-7　反馈连接

下面考虑负反馈的情况。从图中可以看出

$$Y(s) = H_1(s) \cdot E(s) \tag{5-5-7}$$

$$E(s) = X(s) - B(s) = X(s) - H_2(s)Y(s) \tag{5-5-8}$$

将式（5-5-8）代入式（5-5-7）得到

$$Y(s) = H_1(s) \cdot [X(s) - H_2(s) \cdot Y(s)]$$

故负反馈连接的系统函数为

$$H(s) = \frac{Y(s)}{X(s)} = \frac{H_1(s)}{1 + H_1(s)H_2(s)}$$

同理可得正反馈连接的反馈系统，其系统函数为

$$H(s) = \frac{Y(s)}{X(s)} = \frac{H_1(s)}{1 - H_1(s)H_2(s)}$$

图 5-5-7 所示的负反馈或正反馈连接，其系统函数的分子为前向通路的系统函数，分母为 1 加或减反馈回路的系统函数。当系统中出现多个反馈回路时，此结论依然成立。

5.6　连续时间系统的模拟

前几章详细讨论了时域、频域、复频域的分析方法。现实中，有时也需要对系统进行模拟实验，如高阶系统用数学方法分析比较困难，此时可借助物理装置，利用模拟实验来观察和研究系统参数和输入信号对系统响应的影响，便于确定最佳的系统参数和工作条件。

本书所提的系统模拟（System Simulation）并不是指在实验室里仿制实际系统，而是指数学意义上的模拟，即模拟装置与原系统具有相同的输入-输出关系。系统的模拟由几种基本运算器组合起来的图形表示。每个运算器代表完成一种运算功能的装置，并按照各自所代表的时域或复频域进行运算，相应地有时域模拟图或复频域模拟图。

5.6.1　基本运算器

连续时间系统的模拟一般需要 3 种基本运算器：加法器、标量乘法器和积分器。运算器名称点明了各装置的输入和输出的关系。

基本运算器

1．加法器

顾名思义，加法器的输出是若干个输入信号相加，其时域和复频域框图如图5-6-1 所示。

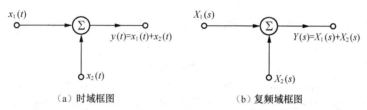

（a）时域框图　　　　　　　　　（b）复频域框图

图 5-6-1　加法器框图

2．标量乘法器

第 4.5.2 小节介绍调制技术时讲到频谱搬移用乘法器实现，乘法器的输出等于其输入相乘，而标量乘法器的输出是输入信号乘以标量 a，其时域和复频域框图如图 5-6-2 所示。

如 $a=1$，可将图 5-6-2（a）简化为图 5-6-3。

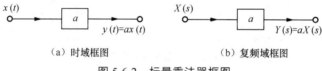

（a）时域框图　　　　　　　　　（b）复频域框图

图 5-6-2　标量乘法器框图

如果 $a=1$，则不需要标量乘法器，如图 5-6-3 所示。

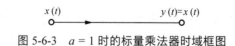

图 5-6-3　$a=1$ 时的标量乘法器时域框图

3．积分器

积分器的输出是输入信号的积分，其时域和复频域框图如图 5-6-4 所示。

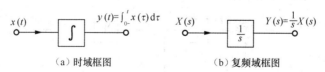

（a）时域框图　　　　　　　　　（b）复频域框图

图 5-6-4　积分器框图

模拟微分方程系统用积分器而不用微分器，是因为积分器对短时间内信号的剧烈变化不敏感，对信号起平滑作用，而微分器会增加信号的噪声，所以积分器性能优于微分器，运算精度高。

5.6.2　连续时间系统的模拟图

系统模拟一般通过系统函数（或微分方程）进行模拟，而同一个系统函数可以存在多种形式的实现方案，常用的有直接形式、并联形式和串联形式等。

连续时间系统的
模拟图

1. 直接模拟

下面从一阶系统入手，讨论如何用上述 3 种基本运算器绘制连续时间系统的模拟图。描述一阶系统的微分方程为

$$y'(t) + a_0 y(t) = x(t) \tag{5-6-1}$$

式（5-6-1）用函数上加撇号表示函数的导数，是为了在模拟图中标注方便。

式（5-6-1）可改写为

$$y'(t) = x(t) - a_0 y(t) \tag{5-6-2}$$

设模拟中已经得到 $y'(t)$，$y'(t)$ 输入积分器后得到 $y(t)$，$y(t)$ 输入标量乘法器得到 $-a_0 y(t)$，而 $-a_0 y(t)$ 和输入 $x(t)$ 一起作为加法器的输入，加法器的输出是 $y'(t)$。这样一个过程可以用一个积分器、一个标量乘法器和一个加法器来模拟，如图 5-6-5（a）所示。对微分方程两边做拉普拉斯变换，可以得到一阶系统的复频域模拟图，如图 5-6-5（b）所示。由此可见，这两种模拟图结构相同，与基本运算器一一对应，可以只画其中之一。另外，根据系统的时域框图画出相应的复频域框图，可以直接列写拉普拉斯变换式的代数方程，解出响应的拉普拉斯变换式，反变换求得系统的响应，简化运算。

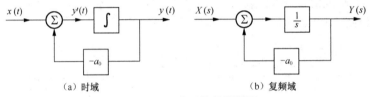

（a）时域　　　　　　　　　（b）复频域

图 5-6-5　一阶系统的模拟图

式（5-6-1）微分方程对应的一阶系统的系统函数

$$H(s) = \frac{1}{s + a_0}$$

其实现的模拟图也如图 5-6-5 所示。这个结论在后面的并联模拟和串联模拟图中需要用到。

二阶系统的微分方程为

$$y''(t) + a_1 y'(t) + a_0 y(t) = x(t) \tag{5-6-3}$$

改写为

$$y''(t) = x(t) - a_0 y(t) - a_1 y'(t) \tag{5-6-4}$$

二阶系统的模拟图如图 5-6-6 所示。

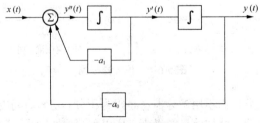

图 5-6-6　二阶系统的模拟图

由一阶系统和二阶系统的模拟，可以得到构造系统模拟图的规则：①把微分方程输出函数的最高阶导数保留在等式左边，其余各项移到等式右边；②把最高阶导数作为第一个积分器的输入，其输出作为第二个积分器的输入，以后每经过一个积分器，输出函数的导数阶数就降低一阶，直到获得输出函数为止；③让各个阶数降低了的导数及输出函数分别通过各自的标量乘法器，再把它们一起送到第一个积分器前的加法器与输入函数相加，加法器的输出就是最高阶导数。

应用以上规则，可以构造出 n 阶微分方程

$$y^{(n)}(t) + a_{n-1}{}_n y^{(n-1)}(t) + \cdots + a_1 y'(t) + a_0 y(t) = x(t) \qquad (5\text{-}6\text{-}5)$$

对应的系统模拟图如图 5-6-7 所示。

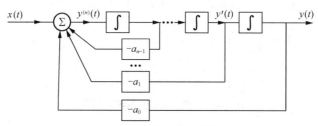

图 5-6-7 n 阶系统的模拟图

以上讨论的微分方程只包含输入函数 $x(t)$，而在一般情况下，方程可能还包含 $x(t)$ 的导数，如二阶微分方程

$$y''(t) + a_1 y'(t) + a_0 y(t) = b_1 x'(t) + b_0 x(t) \qquad (5\text{-}6\text{-}6)$$

这里输入函数 $x(t)$ 的导数阶数低于输出函数 $y(t)$ 的导数阶数。实际系统都是这样的。此时，可以引入辅助函数 $q(t)$，使其满足条件

$$q''(t) + a_1 q'(t) + a_0 q(t) = x(t) \qquad (5\text{-}6\text{-}7)$$

式（5-6-7）的左边与式（5-6-6）的左边的不同点在于把 $y(t)$ 换成了 $q(t)$。将式（5-6-7）代入式（5-6-6）可得

$$y(t) = b_1 q'(t) + b_0 q(t) \qquad (5\text{-}6\text{-}8)$$

式（5-6-8）的右边与式（5-6-6）的右边的不同点在于把 $x(t)$ 换成了 $q(t)$。这样，式（5-6-6）就可以用式（5-6-7）和式（5-6-8）等效表示。于是，一般的二阶系统就可以根据式（5-6-7）和式（5-6-8）分两部分构造出来，如图 5-6-8 所示。

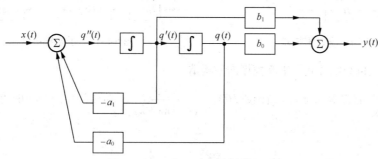

图 5-6-8   一般二阶系统的模拟图

同样的道理，可构造出一般 n 阶系统的模拟图。

如果 $y(t)$ 或 $x(t)$ 的导数中有缺项，只要令有关系数为零，在模拟图中把相应的标量乘法器去掉即可。

【例 5-6-1 】 已知某系统的微分方程为 $y''(t) + 3y'(t) + 2y(t) = x'(t) + 3x(t)$，试画出其模拟图。

解 引入辅助函数 $q(t)$，则原方程等效于如下两个方程：

$$q''(t) + 3q'(t) + 2q(t) = x(t)$$

$$y(t) = q'(t) + 3q(t)$$

先画出第一个方程的模拟图，再引出 $q'(t)$ 和 $q(t)$信号，用加法器和标量乘法器产生 $y(t)$信号，如图 5-6-9 所示。

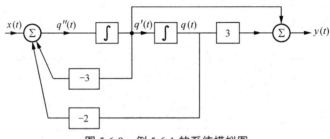

图 5-6-9　例 5-6-1 的系统模拟图

2．并联模拟和串联模拟

5.5.2 小节讲到，系统函数的一般形式是一个分式，分子分母都是 s 的多项式。可以将系统函数展开成部分分式之和，然后将它们组成一阶和二阶子系统，即

$$H(s) = H_1(s) + H_2(s) + \cdots + H_r(s) \tag{5-6-9}$$

按照直接形式模拟图的结构，画出各个子系统的模拟图，然后将它们并联起来，如图 5-6-10 所示，即可得到连续时间系统并联形式的模拟图。

若将系统函数分解成多个一阶和二阶实系数因子相乘的形式，然后将它们组成一阶和二阶子系统，即系统由若干个子系统串联构成，如图 5-6-11 所示。在上述两种结构下，调整某一子系统的参数仅影响该子系统的零、极点，对其他子系统的零、极点没有影响。这比直接模拟要方便。

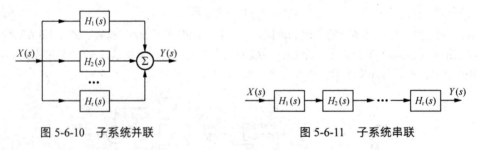

图 5-6-10　子系统并联　　　　　　图 5-6-11　子系统串联

下面以具体实例介绍并联、串联模拟图的构造。

【例 5-6-2 】 已知某系统的系统函数 $H(s) = \dfrac{s+3}{(s+1)(s+2)}$，请画出其并联模拟图和串联模拟图。

解

$$H(s) = \frac{s+3}{(s+1)(s+2)} = \frac{2}{s+1} + \frac{-1}{s+2}$$

其并联模拟图如图 5-6-12 所示。

$$H(s) = \frac{s+3}{(s+1)(s+2)} = \frac{s+3}{s+1} \cdot \frac{1}{s+2}$$

$\dfrac{s+3}{s+1}$ 子系统对应的微分方程为 $y'(t)+y(t)=x'(t)+3x(t)$，其模拟图如图 5-6-13 所示。

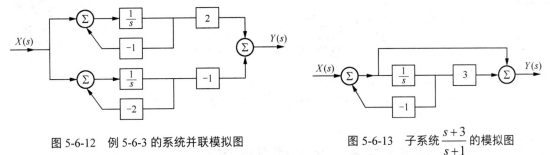

图 5-6-12 例 5-6-3 的系统并联模拟图   图 5-6-13 子系统 $\dfrac{s+3}{s+1}$ 的模拟图

将两个子系统串联，得到系统的串联模拟图如图 5-6-14 所示。

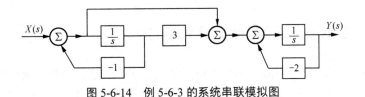

图 5-6-14 例 5-6-3 的系统串联模拟图

3．由系统的模拟图确定微分方程

系统的模拟图与微分方程以及系统函数都可以表征系统特性，由其中一项就可以确定系统。下面举例说明由系统的模拟图如何确定系统函数和微分方程。

【例 5-6-3】 某系统的模拟图如图 5-6-15 所示，请列写微分方程。

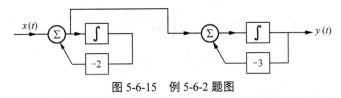

图 5-6-15 例 5-6-2 题图

解 已知的模拟图与图 5-6-7 所示的模拟图在形式上有差异。为了方便运算，先画出对应的复频域模拟图，如图 5-6-16 所示。

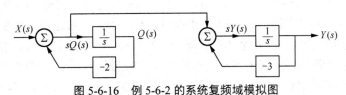

图 5-6-16 例 5-6-2 的系统复频域模拟图

显然，输出 $Y(s)$ 的积分器输入为 $sY(s)$，设左边积分器的输出为 $Q(s)$，则该积分器的输入为 $sQ(s)$。对两个加法器分别列方程

$$sQ(s)=X(s)-2Q(s)$$
$$sY(s)=sQ(s)-3Y(s)$$

整理为

$$(s+2)Q(s) = X(s)$$
$$(s+3)Y(s) = sQ(s)$$

可以得到

$$H(s) = \frac{Y(s)}{X(s)} = \frac{s}{(s+2)(s+3)} = \frac{s}{s^2+5s+6}$$

习题讲解：
复频域分析

所以微分方程为

$$y''(t) + 5y'(t) + 6y(t) = x'(t)$$

*5.7 拉普拉斯变换的应用案例

5.7.1 双边拉普拉斯变换与傅里叶变换的关系

　　傅里叶变换和拉普拉斯变换都是本课程的重要内容。我们在引出拉普拉斯变换时讲到，一些不满足绝对可积条件的信号，它们的傅里叶变换不能根据定义或者用傅里叶变换的常用性质获得，如阶跃信号 $u(t)$ 求傅里叶变换，当时采用了一些特殊方法，这个特殊方法不一定能推广使用。实际上，由于拉普拉斯变换与傅里叶变换之间存在普遍性与特殊性的关系，故了解该关系能够给求信号的傅里叶变换带来新的思路。

　　根据 5.1 节双边拉普拉斯变换的定义，$f(t)$ 的双边拉普拉斯变换为

$$F_b(s) = \int_{-\infty}^{\infty} f(t)\mathrm{e}^{-st}\mathrm{d}t \qquad (5\text{-}7\text{-}1)$$

根据 4.4 节中傅里叶变换的定义，$f(t)$ 的傅里叶变换为

$$F(\omega) = \int_{-\infty}^{\infty} f(t)\mathrm{e}^{-j\omega t}\mathrm{d}t \qquad (5\text{-}7\text{-}2)$$

对比式（5-7-2）和式（5-7-2）可知，$f(t)$ 的傅里叶变换和双边拉普拉斯变换的关系为

$$F(\omega) = F_b(s)\big|_{s=j\omega} \qquad (5\text{-}7\text{-}3)$$

　　我们知道，复频率 $s = \sigma + j\omega$，当 $\sigma = 0$ 时，才有 $s = j\omega$，所以公式（5-7-3）成立的条件是 $F_b(s)$ 的收敛域包含 s 平面的虚轴，即 $\sigma = 0$。根据函数 $F_b(s)$ 的收敛域是否包含虚轴（$j\omega$ 轴），利用双边拉普拉斯变换求傅里叶变换，可分为 3 种情况：（1）若 $F_b(s)$ 的收敛域不包含虚轴且收敛边界不在虚轴上，则信号 $f(t)$ 的傅里叶变换不存在；（2）若 $F_b(s)$ 的收敛域包含虚轴，则信号 $f(t)$ 的傅里叶变换存在，且 $F_b(s)$ 的表达式与 $F_b(s)$ 的表达式之间具有式（5-7-3）所示关系；（3）若 $F_b(s)$ 的收敛域不包含虚轴但收敛边界位于虚轴上，则 $F(\omega)$ 可能存在，但 $F(\omega)$ 与 $F_b(s)$ 的表达式之间并非如式（5-7-3）所示那样简单直接的替换关系，如阶跃信号 $u(t)$ 的拉普拉斯变换和傅里叶变换。

　　例如　求信号 $x(t) = \sin(\pi t)[u(t) - u(t-2)]$ 的傅里叶变换。

　　解　$x(t)$ 是有始有终的信号，即其值只是在有限区间 $t \in (0,2)$ 内不为零，故其拉普拉斯变换的收敛域是整个 s 平面，可先求出 $X(s)$，再转化成 $X(\omega)$。下面先求其拉普拉斯变换。

　　因为 $x(t)$ 可以表示为两个信号相减，即 $x(t) = \sin(\pi t)u(t) - \sin[\pi(t-2)]u(t-2)$，此处相减的两个信号都在虚轴的右边，信号的单双边拉普拉斯变换相同，由常用信号变换对可知

$\sin(\pi t)u(t)$ 的拉普拉斯变换为 $\dfrac{\pi}{s^2+\pi^2}$，再利用时移性可得 $x(t)$ 的拉普拉斯变换为

$\dfrac{\pi}{s^2+\pi^2}(1-\mathrm{e}^{-2s})$，最后利用拉普拉斯变换与傅里叶变换的关系可得 $x(t)$ 的傅里叶变换为

$\dfrac{\pi}{\pi^2-\omega^2}(1-\mathrm{e}^{-2\mathrm{j}\omega})$

本书重点讨论单边拉普拉斯变换，这里只介绍了第二种情况，其他两种情况不再展开说明。

5.7.2　拉普拉斯变换在高等数学中的应用

如果在信号与系统分析课程中发现有类似求积分运算或其他属于高等数学方面的计算要求，可以考虑应用拉普拉斯变换或一些变换定义及性质。因为在研究或解答数学问题时，可以将复杂的问题通过适当的变换转化成简单的问题，将繁难的问题通过适当的变换转换成容易的问题，从而达到解决问题的目的，这也是在信号与系统分析课程中介绍傅里叶变换、拉普拉斯变换、Z 变换的初衷。

【例 5-7-1】　求积分 $\displaystyle\int_0^\infty \frac{\sin t}{t}\mathrm{d}t$。

解　已知常用信号变换对 $\sin tu(t) \leftrightarrow \dfrac{1}{s^2+1}$

应用复频域积分性质有

$$\frac{\sin t}{t}u(t) \leftrightarrow \int_s^\infty \frac{1}{s^2+1}\mathrm{d}s = \frac{\pi}{2}-\arctan s \tag{5-7-4}$$

式（5-7-4）是一对新的拉普拉斯变换对，根据拉普拉斯变换的定义有

$$\int_0^\infty \frac{\sin t}{t}\mathrm{e}^{-st}\mathrm{d}t = \frac{\pi}{2}-\arctan s \tag{5-7-5}$$

式（5-7-5）在 $s=0$ 时同样成立，等式左边

$$\int_0^\infty \frac{\sin t}{t}\mathrm{e}^{-st}\mathrm{d}t \bigg|_{s=0} = \int_0^\infty \frac{\sin t}{t}\mathrm{d}t$$

化简等式得

$$\frac{\pi}{2}-\arctan s \bigg|_{s=0} = \frac{\pi}{2}$$

从而得到

$$\int_0^\infty \frac{\sin t}{t}\mathrm{d}t = \frac{\pi}{2}$$

【例 5-7-2】　求解微分方程 $y''(t)+2y'(t)-3y(t)=\mathrm{e}^{-t}, t>0$，已知初始条件 $y(0^-)=0$，$y'(0^-)=1$。

解　该问题可以理解为求微分方程表征的系统在输入信号为 e^{-t} 作用下的全响应。

对微分方程两边做拉普拉斯变换，有

$$s^2Y(s)-sy(0^-)-y'(0^-)+2[sY(s)-y(0^-)]-3Y(s)=\frac{1}{s+1}$$

代入初始条件 $y(0^-)=0$，$y'(0^-)=1$，整理得

$$Y(s)=\frac{s+2}{(s^2+2s-3)(s+1)}=\frac{s+2}{(s+3)(s-1)(s+1)} \tag{5-7-6}$$

式（5-7-6）右端令分母多项式为 0 的根都是不相等的实根，可以用遮挡法求出部分分式的结果为

$$Y(s) = \frac{\frac{3}{8}}{s-1} - \frac{\frac{1}{8}}{s+3} - \frac{\frac{1}{4}}{s+1} \tag{5-7-7}$$

对式（5-7-7）写出拉普拉斯反变换，即为微分方程的求解结果

$$y(t) = \frac{1}{8}(3\mathrm{e}^t - \mathrm{e}^{-3t} - 2\mathrm{e}^{-t})$$

5.7.3　拉普拉斯变换在自动控制领域中的应用

在自动控制理论中，构建系统的动态数学模型——微分方程后，求解方程便可得到系统的动态过程，其常用的求解和分析的方法就是拉普拉斯变换分析法。

传递函数是控制理论中极为重要的概念。传递函数的定义为：零状态条件下线性时不变系统输出的拉普拉斯变换与输入的拉普拉斯变换之比，显然，它是系统函数在控制领域中的称谓。经典控制理论中分析控制系统的动态性能和稳态性能的方法主要有时域分析法、频域分析法、根轨迹分析法，三者在分析不同问题时能发挥不同的作用。

时域分析法是根据系统微分方程，用拉普拉斯变换直接解出动态过程，并依据过程曲线及表达式，分析系统的性能，具有直观、准确的优点，并且可以提供系统响应的调节时间、峰值时间、超调量等信息；判断系统的稳定性。

如某具体的二阶系统传递函数为 $G(s) = \dfrac{25}{s^2+6s+25}$，容易求出系统的极点为 $s_{1,2}=-3\pm4\mathrm{j}$，位于 s 平面的左半平面，由极点位置可知，该系统是稳定的。该系统的阶跃响应 $s(t)$ 可以通过拉普拉斯分析法求得。

$$S(s) = \frac{1}{s} \times G(s) = \frac{1}{s} \times \frac{25}{s^2+6s+25} \tag{5-7-8}$$

求式（5-7-8）拉普拉斯反变换可得

$$s(t) = 1 - \mathrm{e}^{-3t}[0.75\sin4t + \cos4t] = 1 - 1.25\mathrm{e}^{-3t}\sin(4t + \arccos0.6) \tag{5-7-9}$$

式（5-7-9）表明，该二阶系统的单位阶跃响应由两部分组成：稳态分量为 1，暂态分量为正弦震荡。如果绘制出系统单位阶跃响应的变化曲线，就容易得到该系统以下的动态性能指标。

① 上升时间：指响应从终值 10%上升到终值 90%所需的时间，如果是响应有震荡的系统，也可以定义为响应从零第一次上升到终值所需的时间。显然，上升时间反映了系统的响应速度。

② 峰值时间：指响应超过其终值首次达到峰值所需的时间。

③ 调节时间：指响应到达并保持在终值的±5%范围内所需的时间。

④ 超调量：指响应的最大偏离值与终值的差与终值之比的百分数。

本书第 4 章讲到信号可以表示为不同频率正弦分量的信号叠加，控制系统中信号也是如此。控制系统的频率特性反映正弦信号作用下系统响应的特性，应用频率特性研究线性系统的经典方法称为频域分析法。第 4.8.6 小节介绍了系统的幅频特性和相频特性，在工程分析和设计中，还常常把线性系统的频率特性画成曲线，再应用图解法进行研究。通过绘制对数幅频特性和奈奎斯特曲线两种方法分析控制系统的稳态性能、动态性能和抗噪能力。

根轨迹分析法是分析和设计线性时不变控制系统的图解方法，使用十分简便，特别是在多回路系统分析时，用根轨迹法比其他方法更为方便，因此根轨迹分析法在工程实践中得到了广泛应用。根轨迹指系统某一参数从零变化到无穷大时系统函数特征方程的根在 s 平面上变化的轨迹。由于系

统的稳定性由系统函数的极点唯一确定，而且系统的稳态性能和动态性能都与系统函数的零、极点在 s 平面上的位置密切相关，所以通过根轨迹图可以直观地分析控制系统的性能。要进一步了解控制系统的相关知识，可查阅《自动控制原理》等书籍。

拓展阅读

本章节内容如果在学习中遇到问题，同样可以问 AI 大模型。如提问：求 $u(t-2)$ 的单边拉普拉斯变换。得到的回答如下。

信号 $u(t-2)$ 的单边拉普拉斯变换可以通过以下步骤求得

（1）定义单边拉普拉斯变换：

$$\mathscr{L}(u(t-2)) = \int_0^\infty u(t-2)\mathrm{e}^{-st}\mathrm{d}t \tag{5-7-10}$$

（2）考虑单位阶跃函数的性质，式（5-7-10）积分下限可以调整为 $t=2$，即

$$\mathscr{L}(u(t-2)) = \int_2^\infty u(t-2)\mathrm{e}^{-st}\mathrm{d}t$$

（3）计算积分，得到结果为

$$\mathscr{L}(u(t-2)) = \frac{\mathrm{e}^{-2s}}{s} \tag{5-7-11}$$

然而，如果知道求取信号 $u(t-2)$ 的单边拉普拉斯变换，就可以利用拉普拉斯变换性质求解，此时将提问词改为：求 $u(t-2)$ 的单边拉普拉斯变换，请利用拉普拉斯变换性质。这时候，AI 大模型就会根据指令，从阶跃信号的拉普拉斯变换对入手，利用拉普拉斯变换的时移性质，得到 $\mathscr{L}(f(t-2)u(t-2)) = \mathrm{e}^{-2s}\mathscr{L}(u(t))$，代入阶跃信号的拉普拉斯变换可以得到式（5-7-10），并且总结：通过利用拉普拉斯变换的时移性质，我们直接将 $u(t)$ 的拉普拉斯变换结果平移，得到了 $u(t-2)$ 的拉普拉斯变换。这种方法避免了直接积分的复杂性，是求解信号时移问题的常用技巧。以上问题，如果在信号与系统专用 AI 大模型上提问，即使不说明利用拉普拉斯变换性质，回答时也会利用性质求解，这是采用专业知识库与通用知识库的差别。

思 考 题

5-1 适用拉普拉斯变换的信号范围比适用傅里叶变换的信号范围大吗？

5-2 信号的拉普拉斯变换会出现冲激函数吗？

5-3 简述拉普拉斯变换收敛域的概念。

5-4 应用初值定理的条件是什么？

5-5 信号终值存在，则其对应的拉普拉斯变换满足什么条件？

5-6 拉普拉斯变换分析法可以求零状态响应、零输入响应以及全响应吗？

5-7 拉普拉斯变换分析法分析电路需要列写电路的伏安关系的微分方程吗？

5-8 系统的稳定性可以根据系统函数的极点位置判断吗？简述极点位置与系统稳定性的对应关系。

5-9 写出连续时间系统的模拟用到的 3 种基本运算器。

5-10 构造系统模拟图的规则是什么？

练 习 题

5-1　求下列信号的拉普拉斯变换。

（1）$e^{-2t}u(t)$

（2）$e^{-2t}u(t-1)$

（3）$e^{-2(t-1)}u(t)$

（4）$e^{-2(t-1)}u(t-1)$

5-2　求题图 5-1 所示信号的拉普拉斯变换。

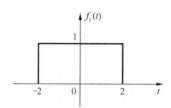
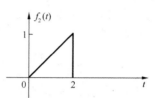

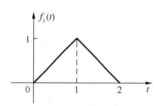
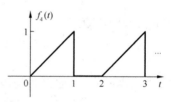

题图 5-1

5-3　已知 $f(t)\leftrightarrow F(s)$，求下列信号的拉普拉斯变换。

（1）$e^{-\frac{t}{a}}f\left(\dfrac{t}{a}\right)$

（2）$e^{-at}f\left(\dfrac{t}{a}\right)$

（3）$e^{-\frac{t}{a}}f(at)$

（4）$e^{-at}f(at)$

5-4　已知 $f(t)\leftrightarrow \dfrac{1}{s^2+5s+6}$，求下列信号的拉普拉斯变换。

（1）$f(2t-4)$

（2）$f(t)\sin t$

（3）$\displaystyle\int_0^t f(\tau)\mathrm{d}\tau$

5-5　求下列拉普拉斯变换式对应的原函数的初值和终值。

（1）$\dfrac{s^2+8s+10}{s^2+5s+4}$

（2）$\dfrac{2s+3}{s^3+2s^2+5s}$

（3）$\dfrac{5s^2+1}{(s+1)(s^2-6s+10)}$

（4）$\dfrac{3s}{s^2+5s+6}$

5-6　利用拉普拉斯变换的性质，求下列拉普拉斯变换的原函数。

（1）$\dfrac{s}{(s^2+a^2)^2}$

（2）$\dfrac{e^{-sT}}{(s+1)^2}$

（3）$\dfrac{s}{(s^2-a^2)^2}$

（4）$\dfrac{2}{(s+a)^3}$

（5）$\dfrac{4}{(s^2+1)^2}$

（6）$\dfrac{1}{s+1}\cdot\dfrac{1}{1-e^{-2s}}$

5-7　用部分分式展开法求下列函数的拉普拉斯反变换。

（1）$\dfrac{4s+6}{(s+1)(s+2)(s+3)}$

（2）$\dfrac{2s+3}{s^2+2s+10}$

（3）$\dfrac{s^3+6s^2+6s}{s^2+6s+8}$

（4）$\dfrac{2s+4}{s(s^2+4)}$　　　　　　　（5）$\dfrac{2}{(s^2+1)(s+1)}$　　　　　　（6）$\dfrac{1}{s^2(s+1)^3}$

5-8　用拉普拉斯变换的性质，证明下列拉普拉斯变换对成立。

（1）$t\sin(\omega_0 t)u(t)\leftrightarrow\dfrac{2\omega_0 s}{(s^2+\omega_0^{~2})^2}$　　（2）$t^2\mathrm{e}^{-at}u(t)\leftrightarrow\dfrac{2}{(s+a)^3}$　　（3）$Sa(t)u(t)\leftrightarrow\arctan\left(\dfrac{1}{s}\right)$

（4）$\cos(\omega_1 t)\cdot\cos(\omega_2 t)u(t)\leftrightarrow\dfrac{1}{2}\left[\dfrac{s}{s^2+(\omega_1+\omega_2)^2}+\dfrac{s}{s^2+(\omega_1-\omega_2)^2}\right]$

5-9　求下列函数的拉普拉斯反变换。

（1）$\dfrac{2+\mathrm{e}^{-(s-1)}}{(s-1)^2+4}$　　　　　　　　（2）$\dfrac{1+\mathrm{e}^{-s}+\mathrm{e}^{-2s}}{s+1}$

（3）$\dfrac{1}{1+\mathrm{e}^{-s}}$　　　　　　　　　（4）$\left(\dfrac{1-\mathrm{e}^{-s}}{s}\right)^2$

5-10　用拉普拉斯变换法解下列微分方程。

（1）$y''(t)+3y'(t)+2y(t)=x'(t)$，$y(0^-)=y'(0^-)=0$，$x(t)=u(t)$

（2）$y''(t)+4y'(t)+4y(t)=x'(t)+x(t)$，$y(0^-)=2$，$y'(0^-)=1$，$x(t)=\mathrm{e}^{-t}u(t)$

（3）$y'(t)+2y(t)+x(t)=0$，$y(0^-)=2$，$x(t)=\mathrm{e}^{-t}u(t)$

（4）$\begin{cases}y_1'(t)+2y_1(t)-y_2(t)=x(t)\\-y_1(t)+y_2'(t)+2y_2(t)=0\end{cases}$，$y_1(0^-)=2$，$y_2(0^-)=1$，$x(t)=u(t)$

5-11　有题图 5-2 所示的电路。

（1）写出该系统函数 $H(s)=\dfrac{V_2(s)}{V_1(s)}$。

（2）画出该系统函数的零、极点图。

（3）分别求冲激响应 $h(t)$ 和阶跃响应 $g(t)$。

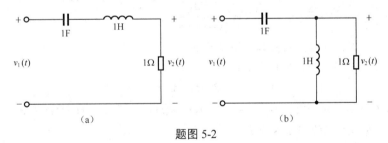

题图 5-2

5-12　在题图 5-3 所示的 RLC 电路中，$R=1\Omega$，$L=1\mathrm{H}$，$C=1\mathrm{F}$。初始状态 $i_\mathrm{L}(0^-)=1\mathrm{A}$，$v_\mathrm{C}(0^-)=1\mathrm{V}$，求零输入响应 $v_\mathrm{C}(t)$。

5-13　在题图 5-4 所示的电路中，$i_\mathrm{S}(t)=\sin tu(t)$，电路元件 $L=\dfrac{3}{4}\mathrm{H}$，$C=\dfrac{1}{3}\mathrm{F}$，求零状态响应 $v(t)$。

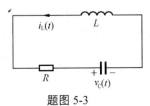

题图 5-3

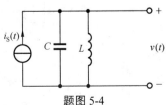

题图 5-4

5-14　已知某系统的输入 $x(t)=(1-\mathrm{e}^{-t})u(t)$ ，零状态响应为 $y_{zs}(t)=\left(\dfrac{1}{4}\mathrm{e}^{-t}+\dfrac{t}{2}\mathrm{e}^{-2t}+\dfrac{3}{4}\mathrm{e}^{-2t}\right)u(t)$ ，求该系统函数 $H(s)$ 。

5-15　已知某系统函数 $H(s)=\dfrac{s^2+4s+5}{s^2+3s+2}$ ，输入 $x(t)=\mathrm{e}^{-3t}u(t)$ ，初始状态 $y(0^-)=1$ ， $y'(0^-)=1$ ，求零输入响应和零状态响应。

5-16　某系统函数 $H(s)=H_0\cdot\dfrac{s+3}{s^2+3s+2}$ ， H_0 为未知常数，已知该系统的阶跃响应的终值为 1 ，问：该系统对何种激励的零状态响应为 $\left(1-\dfrac{4}{3}\mathrm{e}^{-t}+\dfrac{1}{3}\mathrm{e}^{-2t}\right)u(t)$ ？

5-17　某线性时不变系统的初始状态一定。当激励 $x_1(t)=\delta(t)$ 时，其全响应 $y_1(t)=\delta(t)+\mathrm{e}^{-t}$ ， $t>0$ ；当激励 $x_2(t)=u(t)$ 时，其全响应 $y_2(t)=3\mathrm{e}^{-t}$ ， $t>0$ 。求当 $x_3(t)=\mathrm{e}^{-2t}u(t)$ 时，该系统的全响应。

5-18　有题图 5-5 所示的系统，求该系统稳定时 k 的取值范围。

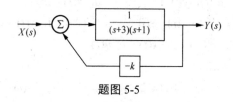

题图 5-5

5-19　判断下列系统函数 $H(s)$ 代表的系统的稳定性。

（1） $\dfrac{s+2}{s^3+s^2+2s+2}$ 　　　　　　（2） $\dfrac{1}{s(s^2+s+1)}$

5-20　试画出下列系统函数表示的系统模拟图，分别要求直接模拟、并联模拟、串联模拟。

（1） $\dfrac{5s+10}{s^2+7s+12}$ 　　　　　　（2） $\dfrac{4s}{(s+1)(s+2)^2}$

5-21　已知如下微分方程，画出其直接模拟图。

（1） $y''(t)+2y'(t)+3y(t)=x'(t)+2x(t)$

（2） $y'''(t)+4y''(t)+y'(t)+3y(t)=x''(t)+2x'(t)+5x(t)$

5-22　某系统模拟图如题图 5-6 所示，当 $x(t)=u(t)$ 时，其全响应 $y(t)=1-\mathrm{e}^{-t}+2\mathrm{e}^{-2t}$ ，求系数 a 、 b 、 c 的值，以及该系统的零输入响应。

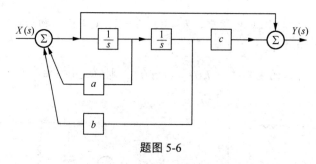

题图 5-6

第 6 章

离散时间信号与系统的变换域分析

📋 本章主要内容

连续时间信号与系统的分析既可以在时域中进行，也可以在变换域中进行。在时域分析中，离散时间信号与系统的分析和连续时间信号与系统的分析非常相似。离散时间信号与系统也有变换域的分析方法，称作离散时间傅里叶变换和 Z 变换分析。

本章首先从拉普拉斯变换引出 Z 变换；然后介绍 Z 变换的性质及其反变换；接着利用 Z 变换的性质把时域的差分方程变换成 Z 域的代数方程，使求离散时间系统响应的过程更为简洁；再进一步利用系统函数的概念分析离散时间系统的特性，介绍离散时间系统的模拟；最后简单介绍离散时间傅里叶变换与离散时间系统的频率响应特性。

对照拉普拉斯变换有助于理解 Z 变换的概念和方法，同时也要注意：由于离散时间信号与系统和连续时间信号与系统之间存在差异，所示 Z 变换与拉普拉斯变换也有本质的区别。

6.1 Z 变换

离散时间信号与系统的分析有着相对独立的理论体系和方法，Z 变换的定义并不需要依附于连续时间信号与系统。但是作为初学者，我们刚刚建立了连续时间信号与系统分析的一套相对完整的概念和思路，借助拉普拉斯变换的概念更容易理解 Z 变换。因此，本节首先从取样信号的拉普拉斯变换入手引出 Z 变换的概念，然后再给出 Z 变换的定义、讨论其收敛域，最后介绍常见信号的 Z 变换。

6.1.1 从拉普拉斯变换到 Z 变换

对一个连续信号 $f(t)$ 以均匀间隔 T 进行理想取样而得到取样信号 $f_s(t)$，这一过程在数学上可以表示为

$$f_s(t) = f(t)\delta_T(t) = f(t)\sum_{k=-\infty}^{\infty} \delta(t-kT) = \sum_{k=-\infty}^{\infty} f(kT)\delta(t-kT) \qquad (6\text{-}1\text{-}1)$$

从拉普拉斯变换到
Z 变换

式（6-1-1）表明取样信号 $f_s(t)$ 可以看作一系列在 $t=kT$，$k=0,\pm1,\pm2,\cdots$ 时刻出现的、强度为 $f(kT)$ 的冲激信号之和，如图 6-1-1 所示。其中，$f(kT)$ 为连续信号 $f(t)$ 在 $t=kT$ 时刻的值，序列 $f(kT)$ 是一系列

离散的数值，而$f_s(t)$是一系列离散的、延迟加权的冲激函数。请注意它们的不同。

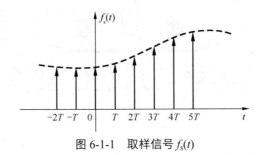

图 6-1-1   取样信号 $f_s(t)$

对取样信号 $f_s(t)$进行拉普拉斯变换

$$F_s(s) = \sum_{k=-\infty}^{\infty} f(kT)e^{-ksT} \tag{6-1-2}$$

取新的复变量 z，令

$$z = e^{sT} , \quad 或 \quad s = \frac{1}{T}\ln z \tag{6-1-3}$$

则式（6-1-2）变成复变量 z 的表达式，即

$$F_s(s)\bigg|_{s=\frac{1}{T}\ln z} = \sum_{k=-\infty}^{\infty} f(kT)z^{-k} = F(z) \tag{6-1-4}$$

式（6-1-4）中的 $F(z)$称作序列 $f(kT)$或 $f(k)$的 Z 变换。

由此可知：Z 变换可以看作与 $f(kT)$ 或 $f(k)$相对应的取样信号 $f_s(t)$的拉普拉斯变换，只不过把 $F_s(s)$中的变量 s 代换成了变量 $z=e^{sT}$。式（6-1-3）和式（6-1-4）反映了 S 域与 Z 域、拉普拉斯变换与 Z 变换之间的重要关系。这里需要提醒的是：序列 $f(kT)$的拉普拉斯变换为 0。

6.1.2 Z 变换的定义

下面给出 Z 变换的正式定义。

定义序列 $f(k) = \{\cdots, f(-1), f(0), f(1), \cdots\}$ 的 Z 变换 $F(z)$为

$$\begin{aligned} F(z) &= \cdots + f(-1)z^1 + f(0)z^0 + f(1)z^{-1} + \cdots + f(k)z^{-k} + \cdots \\ &= \sum_{k=-\infty}^{\infty} f(k)z^{-k} \end{aligned} \tag{6-1-5}$$

Z 变换的定义
及收敛域

即 $F(z)$是 z^{-1}（z 为复数）的一个幂级数，其中 z^{-k}项的系数就是 $f(k)$的值。

式（6-1-5）表明：将序列 $f(k)$的每一个数值 $f(k)$乘以相应的 z^{-k} 之后求和，就得到了一个新的函数 $F(z)$。或者说时域的序列 $f(k)$通过式（6-1-5）的运算变换成为 Z 域的函数 $F(z)$。

与拉普拉斯反变换 $f(t) = \frac{1}{2\pi j}\int_{\sigma-\infty}^{\sigma+\infty} F(s)e^{st}ds$ 可以理解为把信号 $f(t)$分解为无穷多个变幅的正弦分量之和不同，Z 反变换没有从 $F(z)$中求序列 $f(k)$的相应公式，不能理解为对序列 $f(k)$的分解。只能说序列 $f(k)$对应于级数 $F(z)$，$F(z)$的通项 $f(k)z^{-k}$ 为复指数序列，含有序列 $f(k)$的信息，我们可以通过别的方法把它提取出来。可以看出：与傅里叶变换、拉普拉斯变换有明确或比较明确的物理意

义不同，Z 变换没有比较明确的物理意义。与其试图从物理意义上理解它，不如视之为一个有力的数学工具，搞清它本身的数学关系。

式（6-1-5）还常简写为

$$f(k) \leftrightarrow F(z)$$

或

$$F(z) = \mathscr{Z}\big[f(k)\big]$$

如果 $f(k)$ 为因果序列，即 $k<0$ 时，$f(k)=0$，或者只考虑 $f(k)$ 的 $k \geq 0$ 的部分，则有

$$F(z) = \sum_{k=0}^{\infty} f(k)z^{-k} \tag{6-1-6}$$

由于 k 的取值是从 0 到∞，故称式（6-1-6）为单边 Z 变换。相应地，把式（6-1-5）称为双边 Z 变换。同时称 $F(z)$ 为 $f(k)$ 的象函数、$f(k)$ 为 $F(z)$ 的原函数。工程中应用的离散信号一般均为因果序列，因此，除非特别说明，本书以后所讨论的 Z 变换都是指单边 Z 变换。

6.1.3　Z 变换的收敛域

通过上面的讨论我们知道：无论式（6-1-5）所表示的双边 Z 变换，还是式（6-1-6）所表示的单边 Z 变换，都是幂级数的形式。显然，只有当幂级数收敛时，Z 变换才有意义。例如，因果序列

$$f(k) = \begin{cases} a^k & k \geq 0 \\ 0 & k < 0 \end{cases} \quad（a为正实数）$$

的双边 Z 变换（实际上也是单边 Z 变换）为

$$\begin{aligned} F(z) &= \sum_{k=0}^{\infty} f(k)z^{-k} = \sum_{k=0}^{\infty} a^k z^{-k} = \sum_{k=0}^{\infty} (az^{-1})^k \\ &= 1 + (az^{-1}) + (az^{-1})^2 + \cdots + (az^{-1})^k + \cdots \end{aligned} \tag{6-1-7}$$

该幂级数收敛的充要条件为

$$\sum_{k=0}^{\infty} \left| f(k)z^{-k} \right| < \infty \tag{6-1-8}$$

要求 $|az^{-1}|<1$，即当 $|z|>a$ 时，该无穷级数绝对收敛。这时才能根据等比级数的求和公式将式（6-1-7）以闭合式表示为

$$F(z) = \frac{1}{1-az^{-1}} = \frac{z}{z-a} \tag{6-1-9}$$

本例说明：只有在 $|z|>a$ 的范围内，$F(z)$ 的解析表达式才存在。我们称 $|z|>a$ 为 $F(z)$ 的收敛条件。在 z 平面（复平面）中，$F(z)$ 的收敛条件所对应的区域称为 $F(z)$ 的收敛域。收敛条件 $|z|>a$ 在 z 平面中所对应的区域是圆心在原点、半径为 a 的圆以外的区域，见图 6-1-2（a）中的阴影部分，其中，半径 a 称为收敛半径。

可见，对于单边 Z 变换，收敛域总是 z 平面内以原点为圆心的一个圆的外部区域，圆的半径视

$f(k)$的不同而不同。由于单边 Z 变换的收敛条件比较简单，即使不注明收敛域也不至于产生误解，故一般情况下不再加注其收敛域。

而对于双边 Z 变换，情况要复杂一些，如

$$f(k) = \begin{cases} a^k & k \geqslant 0 \\ b^k & k < 0 \end{cases}$$

其中 a、b 均为正实数。它的双边 Z 变换为

$$F(z) = \sum_{k=0}^{\infty} a^k z^{-k} + \sum_{k=-\infty}^{-1} b^k z^{-k} = \sum_{k=0}^{\infty} (az^{-1})^k + \sum_{k=1}^{\infty} (b^{-1}z)^k$$

前一个级数的收敛条件我们已经讨论过，为 $|z| > a$；后一个级数的收敛条件为 $|b^{-1}z| < 1$，即 $|z| < b$。因而整个 Z 变换的收敛域应为 $a < |z| < b$。若 $a<b$，则收敛域为 z 平面内圆心在原点、外半径为 b、内半径为 a 的一个圆环区域，见图 6-1-2（b）中的阴影部分。若 $a \geqslant b$，则无收敛域，Z 变换也就不存在。

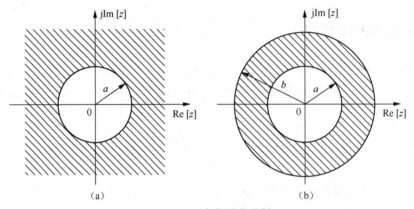

图 6-1-2　Z 变换的收敛域

值得注意的是：即便是同一个双边 Z 变换的表达式，如果收敛域不同，则所对应的两个序列也会不同，如

$$f_1(k) = \begin{cases} a^k & k \geqslant 0 \\ 0 & k < 0 \end{cases}$$

$$f_2(k) = \begin{cases} 0 & k \geqslant 0 \\ -a^k & k < 0 \end{cases}$$

它们的双边 Z 变换分别为

$$F_1(z) = \frac{z}{z-a}, \quad |z| > a$$

$$F_2(z) = \frac{z}{z-a}, \quad |z| < a$$

因此双边 Z 变换式必须注明其收敛域，否则无法确定相应的时域序列。

6.1.4 常见信号的 Z 变换

常见序列的
Z 变换

1. 单位脉冲序列（单位函数）$\delta(k)$

$$\mathscr{Z}[\delta(k)] = \sum_{k=0}^{\infty} \delta(k)z^{-k} = z^{-k}\Big|_{k=0} = 1 \qquad (6\text{-}1\text{-}10)$$

可见，与单位冲激函数 $\delta(t)$ 的拉普拉斯变换类似，单位脉冲序列 $\delta(k)$ 的 Z 变换等于 1，收敛域为整个 z 平面。

2. 单位阶跃序列 $u(k)$

$$\mathscr{Z}[u(k)] = \sum_{k=0}^{\infty} u(k)z^{-k} = \sum_{k=0}^{\infty} z^{-k} = \frac{1}{1-z^{-1}} = \frac{z}{z-1} \qquad (6\text{-}1\text{-}11)$$

收敛域为 $|z^{-1}| < 1$，即 $|z| > 1$。

3. 指数序列 $a^k u(k)$

根据前面的讨论

$$\mathscr{Z}[a^k u(k)] = \frac{1}{1-az^{-1}} = \frac{z}{z-a} \qquad (6\text{-}1\text{-}12)$$

收敛域为 $|z| > |a|$。

4. 单边正弦序列 $\sin\Omega_0 k u(k)$ 和单边余弦序列 $\cos\Omega_0 k u(k)$

在指数序列 $a^k u(k)$ 的 Z 变换中，取 $a = \mathrm{e}^{\mathrm{j}\Omega_0}$，则复指数序列 $\mathrm{e}^{\mathrm{j}\Omega_0 k} u(k)$ 的 Z 变换为

$$\mathscr{Z}\left[\mathrm{e}^{\mathrm{j}\Omega_0 k} u(k)\right] = \frac{z}{z - \mathrm{e}^{\mathrm{j}\Omega_0}} \qquad (6\text{-}1\text{-}13)$$

收敛域为 $|z| > |\mathrm{e}^{\mathrm{j}\Omega_0}| = 1$，即单位圆外收敛。式（6-1-13）可分解为实部和虚部，即

$$\begin{aligned}\mathscr{Z}\left[\mathrm{e}^{\mathrm{j}\Omega_0 k} u(k)\right] &= \frac{z}{z - \cos\Omega_0 - \mathrm{j}\sin\Omega_0}\\ &= \frac{z(z-\cos\Omega_0) + \mathrm{j}z\sin\Omega_0}{z^2 - 2z\cos\Omega_0 + 1}\end{aligned} \qquad (6\text{-}1\text{-}14)$$

根据欧拉公式，有

$$\mathscr{Z}\left[\mathrm{e}^{\mathrm{j}\Omega_0 k} u(k)\right] = \mathscr{Z}\left[\cos\Omega_0 k u(k)\right] + \mathrm{j}\mathscr{Z}\left[\sin\Omega_0 k u(k)\right]$$

比较上面两式，可得

$$\mathscr{Z}\left[\cos\Omega_0 k u(k)\right] = \frac{z(z-\cos\Omega_0)}{z^2 - 2z\cos\Omega_0 + 1} \qquad (6\text{-}1\text{-}15)$$

$$\mathscr{Z}\left[\sin\Omega_0 k u(k)\right] = \frac{z\sin\Omega_0}{z^2 - 2z\cos\Omega_0 + 1} \qquad (6\text{-}1\text{-}16)$$

其他常见序列的 Z 变换可参阅附录 5。

6.2　Z 变换的性质

求取序列 Z 变换的根本方法是按照定义对幂级数求和，但当序列比较复杂时，这种方法就显得不太方便。因此，我们可以采用另一个方法：研究 Z 变换的性质，分析时域中对原函数的运算所引起的 Z 域中象函数的改变情况，这样就能从一些简单序列的 Z 变换导出复杂序列的 Z 变换，或者把一个复杂的 Z 变换式化为便于找出原函数的形式，从而简化 Z 变换及 Z 反变换的运算。

如前所述，Z 变换与拉普拉斯变换既相似又有本质的不同，在性质方面也是这样。将两者进行对照，注意它们的联系与区别，能帮助我们加深对 Z 变换的性质与拉普拉斯变换的性质的理解。如前所述，在讨论 Z 变换的性质的时候，我们应着重搞清它们的数学关系而非物理意义。

Z 变换的性质
（1）

1. 线性

若
$$\mathscr{Z}\left[f_1(k)\right]=F_1(z), \quad \mathscr{Z}\left[f_2(k)\right]=F_2(z)$$
则
$$\mathscr{Z}\left[a_1 f_1(k)+a_2 f_2(k)\right]=a_1 F_1(z)+a_2 F_2(z) \tag{6-2-1}$$
式中 a_1、a_2 为常数。

从 Z 变换的定义可以看出：与拉普拉斯变换一样，Z 变换也是一种线性运算，自然具有线性性质。其应用也与拉普拉斯变换的线性性质相同，不再赘述。

2. 移序（移位）性

若
$$\mathscr{Z}\left[f(k)\right]=F(z)$$
则
$$\mathscr{Z}\left[f(k+1)\right]=zF(z)-zf(0) \tag{6-2-2}$$
$$\mathscr{Z}\left[f(k-1)\right]=z^{-1}F(z)+f(-1) \tag{6-2-3}$$

式（6-2-2）称为左移序性质，形式上类似于拉普拉斯变换的时域微分性质；式（6-2-3）称为右移序性质，形式上类似于拉普拉斯变换的时域积分性质。

与拉普拉斯变换的时移性只限于 $f(t)u(t)$ 的形式并且右移的情况不同，移序性没有这些限制。请思考一下为什么。

我们先来证明左移序性质，即式（6-2-2）。

证明　根据 Z 变换的定义，有
$$\mathscr{Z}\left[f(k+1)\right]=\sum_{k=0}^{\infty} f(k+1)z^{-k}=z\sum_{k=0}^{\infty} f(k+1)z^{-(k+1)}$$

令 $k+1=i$，则有
$$\mathscr{Z}\left[f(k+1)\right]=z\sum_{i=1}^{\infty} f(i)z^{-i}=z\left[\sum_{i=0}^{\infty} f(i)z^{-i}-f(0)\right]=zF(z)-zf(0)$$

对左移序性质的解释：从图形上看，序列 $f(k+1)$ 是将序列 $f(k)$ 的图形左移一位，由于单边 Z 变换 $\mathscr{F}[f(k+1)]$ 只对序列 $f(k+1)$ 位于纵坐标轴右边的部分进行运算，所以移入纵坐标轴左边的 $f(0)\delta(k+1)$ 不参与单边 Z 变换，要被扣除。上面的公式中

$$\sum_{i=0}^{\infty} f(i)z^{-i} - f(0) = \sum_{i=1}^{\infty} f(i)z^{-i}$$

即说明扣除了 $f(0)$。

将式（6-2-2）递推可得

$$\mathscr{F}\left[f(k+2)\right] = z^2 F(z) - z^2 f(0) - z f(1) \tag{6-2-4}$$

$$\mathscr{F}\left[f(k+m)\right] = z^m\left[F(z) - \sum_{k=0}^{m-1} f(k)z^{-k}\right] \tag{6-2-5}$$

当 $f(0) = f(1) = \cdots = f(m-1) = 0$ 时，有

$$\mathscr{F}\left[f(k+m)\right] = z^m F(z) \tag{6-2-6}$$

接下来证明右移序性质，即式（6-2-3）。

证明　根据 Z 变换的定义，有

$$\mathscr{F}\left[f(k-1)\right] = \sum_{k=0}^{\infty} f(k-1)z^{-k} = z^{-1}\sum_{k=0}^{\infty} f(k-1)z^{-(k-1)}$$

令 $k-1 = j$，则有

$$\mathscr{F}\left[f(k-1)\right] = z^{-1}\sum_{j=-1}^{\infty} f(j)z^{-j} = z^{-1}\left[\sum_{j=0}^{\infty} f(j)z^{-j} + f(-1)z\right] = z^{-1}F(z) + f(-1)$$

对右移序性质的解释：从图形上看，序列 $f(k-1)$ 是将序列 $f(k)$ 的图形右移一位，移位前没有参与单边 Z 变换的 $f(-1)\delta(k+1)$ 移位到纵坐标轴上而成为 $f(-1)\delta(k)$，所以 $\mathscr{F}[f(k-1)]$ 包括 $f(-1)\delta(k)$ 的单边 Z 变换 $f(-1)$。

将式（6-2-3）递推可得

$$\mathscr{F}[f(k-2)] = z^{-2}F(z) + z^{-1}f(-1) + f(-2) \tag{6-2-7}$$

$$\mathscr{F}\left[f(k-m)\right] = z^{-m}\left[F(z) + \sum_{k=1}^{m} f(-k)z^k\right] \tag{6-2-8}$$

当 $f(-1) = f(-2) = \cdots = f(-m) = 0$ 时，有

$$\mathscr{F}\left[f(k-m)\right] = z^{-m}F(z) \tag{6-2-9}$$

$$\mathscr{F}\left[f(k-m)u(k-m)\right] = z^{-m}F(z) \tag{6-2-10}$$

式（6-2-9）的条件 $f(-1) = f(-2) = \cdots = f(-m) = 0$ 表明：此时的 $f(k)$ 为因果序列，满足 $f(k) = f(k)u(k)$，故 $f(k-m) = f(k-m)u(k-m)$，因而式（6-2-10）自然成立。

对于单位函数 $\delta(k)$ 来说，当 $m > 0$ 时，有

$$\mathscr{F}\left[\delta(k-m)\right] = z^{-m}, \quad \mathscr{F}\left[\delta(k+m)\right] = 0$$

利用 Z 变换的移序性可以将时域中的差分方程转化为 Z 域中的代数方程，简化对离散时间系统的分析。

【例 6-2-1】　试求离散信号 $f(k) = \delta(k-1) + \delta(k+1)$ 的 Z 变换。

解法一　根据移序性，即式（6-2-2）、式（6-2-3）可得

$$\mathscr{Z}[f(k)] = \mathscr{Z}[\delta(k-1) + \delta(k+1)]$$
$$= z^{-1}\mathscr{Z}[\delta(k)] + z\mathscr{Z}[\delta(k)] - z\delta(0) = z^{-1}$$

解法二 根据单边 $\mathscr{Z}$ 变换的定义，可得

$$\mathscr{Z}[f(k)] = \mathscr{Z}[\delta(k-1) + \delta(k+1)]$$
$$= \sum_{k=0}^{\infty}[\delta(k-1) + \delta(k+1)]z^{-k} = \sum_{k=0}^{\infty}[\delta(k-1)]z^{-k} = z^{-1}$$

从本例可以看出：无论是利用单边 Z 变换的移序性，还是利用单边 Z 变换的定义，计算出的 Z 变换结果一致。这是不言而喻的。如果不嫌啰嗦的话，可以再解释一下：因为单边 Z 变换的移序性就是根据单边 Z 变换的定义推导出来的。

【例 6-2-2】 已知 $\mathscr{Z}[a^k] = \dfrac{z}{z-a}$，试分别求 a^{k-1}、$a^{k-1}u(k)$ 和 $a^{k-1}u(k-1)$ 的 Z 变换式。

解 设 $f(k) = a^k$，则 $a^{k-1} = f(k-1)$，根据右移序性质，有

$$\mathscr{Z}[a^{k-1}] = z^{-1}\mathscr{Z}[a^k] + a^{-1} = z^{-1}\frac{z}{z-a} + \frac{1}{a} = \frac{z}{a(z-a)}$$

由于是单边 Z 变换，有

$$\mathscr{Z}[a^{k-1}u(k)] = \mathscr{Z}[a^{k-1}] = \frac{z}{a(z-a)}$$

由式（6-2-10），得

$$\mathscr{Z}[a^{k-1}u(k-1)] = z^{-1}\mathscr{Z}[a^k u(k)] = z^{-1}\frac{z}{z-a} = \frac{1}{z-a}$$

【例 6-2-3】 已知 $F(z) = \dfrac{1}{z^9(z+1)}$，试求其 Z 反变换 $f(k)$。

解

$$F(z) = \frac{1}{z^{10}} \cdot \frac{z}{z+1}$$

$$\mathscr{Z}[(-1)^k u(k)] = \frac{z}{z+1}$$

由式（6-2-10），得

$$f(k) = (-1)^{k-10}u(k-10) = (-1)^k u(k-10)$$

【例 6-2-4】 已知单边周期序列 $f(k) = \displaystyle\sum_{m=0}^{\infty} f_1(k-mN)$，$m$ 为正整数，N 为序列的周期，设 $\mathscr{Z}[f_1(k)u(k)] = F_1(z)$ 为已知，试求 $f(k)$ 的 Z 变换 $F(z)$。

解 设第一个周期所代表的序列为 $f_1(k)u(k)$，则单边周期序列可表示为

$$f(k) = f_1(k)u(k) + f_1(k-N)u(k-N) + f_1(k-2N)u(k-2N) + \cdots$$

由式（6-2-10），得

$$\mathscr{Z}[f(k)] = F_1(z) + z^{-N}F_1(z) + z^{-2N}F_1(z) + \cdots = F_1(z)\left[\sum_{m=0}^{\infty} z^{-mN}\right]$$

若 $|z^{-N}| < 1$，即 $|z| > 1$，则上述单边周期序列的 Z 变换为

$$F(z) = F_1(z)\frac{1}{1-z^{-N}} = F_1(z)\frac{z^N}{z^N-1} \qquad （6\text{-}2\text{-}11）$$

Z 变换的性质
（2）

3. 比例性（尺度变换）

若

$$\mathscr{Z}\big[f(k)\big] = F(z)$$

则

$$\mathscr{Z}\big[a^k f(k)\big] = F\left(\frac{z}{a}\right) \qquad （6\text{-}2\text{-}12）$$

式中 a 为非零实常数。

证明　根据 Z 变换的定义

$$\mathscr{Z}[a^k f(k)] = \sum_{k=0}^{\infty} a^k f(k)z^{-k} = \sum_{k=0}^{\infty} f(k)\left(\frac{z}{a}\right)^{-k} = F\left(\frac{z}{a}\right)$$

这个性质也称为序列的指数加权性质，表明时域中序列 $f(k)$ 乘以指数序列 a^k（指数加权），对应于 Z 域中将 $F(z)$ 的自变量 z 替换为 $\dfrac{z}{a}$（尺度变换）。

【例 6-2-5】　求指数衰减正弦序列 $a^k \sin \Omega_0 k u(k)$ 的 Z 变换，其中，$a=\dfrac{1}{2}$，$\Omega_0=\dfrac{\pi}{2}$。

解　由附录 5，可知

$$\mathscr{Z}\left[\sin\frac{\pi}{2}ku(k)\right] = \frac{z}{z^2+1}$$

由指数加权性质，得

$$\mathscr{Z}\left[\left(\frac{1}{2}\right)^k \sin\frac{\pi}{2}ku(k)\right] = \frac{(2z)}{(2z)^2+1} = \frac{2z}{4z^2+1}$$

4. Z 域微分

若

$$\mathscr{Z}\big[f(k)\big] = F(z)$$

则

$$\mathscr{Z}[kf(k)] = -z\frac{\mathrm{d}F(z)}{\mathrm{d}z} \qquad （6\text{-}2\text{-}13）$$

证明　根据 Z 变换的定义式

$$F(z) = \sum_{k=0}^{\infty} f(k)z^{-k}$$

上式两边对 z 求导，得

$$\frac{\mathrm{d}F(z)}{\mathrm{d}z} = \frac{\mathrm{d}}{\mathrm{d}z}\left[\sum_{k=0}^{\infty} f(k)z^{-k}\right] = \sum_{k=0}^{\infty} f(k)\frac{\mathrm{d}}{\mathrm{d}z}z^{-k}$$

$$= -z^{-1}\sum_{k=0}^{\infty} kf(k)z^{-k} = -z^{-1}\mathscr{Z}\big[kf(k)\big]$$

故

$$\mathscr{F}[kf(k)] = -\mathcal{Z}\frac{\mathrm{d}F(z)}{\mathrm{d}z}$$

这个性质也称为序列的线性加权性质，表明时域中序列 $f(k)$ 乘以 k（线性加权），对应于 Z 域中对 $F(z)$ 求导并乘以(-z)。

由式（6-2-13）递推可得

$$\mathscr{F}[k^m f(k)] = \left[-z\frac{\mathrm{d}}{\mathrm{d}z}\right]^m F(z)$$

符号 $\left[-z\dfrac{\mathrm{d}}{\mathrm{d}z}\right]^m F(z)$ 表示对 $F(z)$ 进行 m 次求导并乘以(-z)的运算，即

$$-z\frac{\mathrm{d}}{\mathrm{d}z}\left[-z\frac{\mathrm{d}}{\mathrm{d}z}\cdots\left(-z\frac{\mathrm{d}}{\mathrm{d}z}F(z)\right)\right]$$

【例 6-2-6】 已知 $\mathscr{F}[u(k)] = \dfrac{z}{z-1}$，求序列 $ku(k)$、$k^2u(k)$ 和 $ka^ku(k)$ 的 Z 变换。

解 由 Z 域微分性质，得

$$\mathscr{F}\big[ku(k)\big] = -z\frac{\mathrm{d}}{\mathrm{d}z}\mathscr{F}\big[u(k)\big] = -z\frac{\mathrm{d}}{\mathrm{d}z}\left(\frac{z}{z-1}\right) = \frac{z}{(z-1)^2}$$

递推可得

$$\mathscr{F}\big[k^2u(k)\big] = -z\frac{\mathrm{d}}{\mathrm{d}z}\mathscr{F}\big[ku(k)\big] = -z\frac{\mathrm{d}}{\mathrm{d}z}\left(\frac{z}{(z-1)^2}\right) = \frac{z(z+1)}{(z-1)^3}$$

由 Z 域微分性质和指数加权性质，可得

$$\mathscr{F}\big[ka^ku(k)\big] = -z\frac{\mathrm{d}}{\mathrm{d}z}\mathscr{F}\big[a^ku(k)\big] = -z\frac{\mathrm{d}}{\mathrm{d}z}\left(\frac{z}{z-a}\right) = \frac{az}{(z-a)^2}$$

5. 时域卷积定理

若

$$\mathscr{F}[f_1(k)] = F_1(z), \quad \mathscr{F}[f_2(k)] = F_2(z)$$

则

$$\mathscr{F}[f_1(k) * f_2(k)] = F_1(z)F_2(z) \qquad\qquad (6\text{-}2\text{-}14)$$

证明 在单边 Z 变换中，所讨论的序列均为因果序列，因此离散卷积的求和下限为 0，即

$$f_1(k) * f_2(k) = \sum_{n=0}^{\infty} f_1(n)f_2(k-n)$$

根据 Z 变换的定义

$$\mathscr{F}\big[f_1(k) * f_2(k)\big] = \sum_{k=0}^{\infty}\left[\sum_{n=0}^{\infty} f_1(n)f_2(k-n)\right]z^{-k}$$

改变求和次序，得

$$\begin{aligned}
\mathscr{F}\big[f_1(k) * f_2(k)\big] &= \sum_{n=0}^{\infty} f_1(n)\left[\sum_{k=0}^{\infty} f_2(k-n)z^{-k}\right] \\
&= \sum_{n=0}^{\infty} f_1(n)z^{-n}\left[\sum_{k=0}^{\infty} f_2(k-n)z^{-(k-n)}\right] \\
&= \sum_{n=0}^{\infty} f_1(n)z^{-n}\left[\sum_{k=n}^{\infty} f_2(k-n)z^{-(k-n)}\right]
\end{aligned}$$

令 $k-n=m$，则有

$$\mathscr{Z}\left[f_1(k)*f_2(k)\right]=\sum_{n=0}^{\infty}f_1(n)z^{-n}\left[\sum_{m=0}^{\infty}f_2(m)z^{-m}\right]=F_1(z)F_2(z)$$

时域卷积定理表明：时域中两个离散函数的卷积，对应 Z 域中这两个离散函数的 Z 变换相乘。该定理形式上与拉普拉斯变换的时域卷积定理完全相同，在时域和 Z 域的关系中起着十分重要的作用。

【例 6-2-7】 求单边指数序列 $x(k)=a^ku(k)$ 和 $h(k)=b^ku(k)$ 的卷积。其中，$a\neq0$，$b\neq0$，且 $a\neq b$。

解 $X(z)=\dfrac{z}{z-a}$，$H(z)=\dfrac{z}{z-b}$，设 $y(k)=x(k)*h(k)$，由时域卷积定理，得

$$Y(z)=X(z)H(z)=\frac{z^2}{(z-a)(z-b)}=\frac{1}{a-b}\left(\frac{az}{z-a}-\frac{bz}{z-b}\right)$$

故

$$y(k)=x(k)*h(k)=\mathscr{Z}^{-1}\left[Y(z)\right]=\frac{1}{a-b}\left(a^{k+1}-b^{k+1}\right)u(k)$$

从例 6-2-7 中可以看出，应用时域卷积定理计算离散卷积，比直接在时域中计算要方便得多。

6．序列求和

若

$$\mathscr{Z}[f(k)]=F(z)$$

则

$$\mathscr{Z}\left[\sum_{n=0}^{k}f(n)\right]=\frac{z}{z-1}F(z) \tag{6-2-15}$$

证明 根据离散卷积的计算公式，有

$$f(k)u(k)*u(k)=\sum_{n=0}^{k}f(n)\cdot u(k)$$

由时域卷积定理，得

$$\mathscr{Z}\left[\sum_{n=0}^{k}f(n)\cdot u(k)\right]=\mathscr{Z}\left[f(k)u(k)*u(k)\right]=\frac{z}{z-1}F(z)$$

【例 6-2-8】 已知 $f_1(k)=(-1)^k\sum_{m=0}^{k}2^m$，$f(k)=kf_1(k)$，试求 $f(k)$ 的 Z 变换 $F(z)$。

解 设 $f_2(k)=\sum_{m=0}^{k}2^m$，则有

$$f_1(k)=(-1)^kf_2(k)$$

由序列求和性质，得

$$F_2(z)=\frac{z}{z-1}\cdot\frac{z}{z-2}$$

根据序列指数加权性质，得

$$F_1(z)=F_2\left(\frac{z}{-1}\right)=\frac{z^2}{(z+1)(z+2)}$$

根据序列线性加权性质，得

$$F(z)=-z\frac{\mathrm{d}}{\mathrm{d}z}F_1(z)=\frac{-z^2(3z+4)}{(z+1)^2(z+2)^2} \qquad |z|>2$$

7. 初值定理

若

$$\mathscr{Z}[f(k)] = F(z)$$

且 $\lim\limits_{z\to\infty} F(z)$ 存在，则 $f(k)$ 的初值

$$f(0) = \lim_{z\to\infty} F(z) \qquad (6\text{-}2\text{-}16)$$

证明 根据 Z 变换的定义

$$F(z) = \sum_{k=0}^{\infty} f(k) z^{-k} = f(0) + f(1)z^{-1} + f(2)z^{-2} + \cdots + f(n)z^{-n} + \cdots$$

当 $z\to\infty$ 时，上式右边除第一项外，其余各项均趋于零，所以

$$f(0) = \lim_{z\to\infty} F(z)$$

这个性质表明：序列 $f(k)$ 在 $k=0$ 时的初值 $f(0)$ 可以通过取当 $z\to\infty$ 时 $F(z)$ 的极限值来得到。它建立了 $f(k)$ 在原点处的值与 $F(z)$ 在 $z\to\infty$ 时的值之间的关系。

此外还可以直接从 $F(z)$ 求 $f(k)$ 的任意位数值，由于

$$z\big[F(z) - f(0)\big] = f(1) + f(2)z^{-1} + f(3)z^{-2} + \cdots$$

故

$$f(1) = \lim_{z\to\infty} z\big[F(z) - f(0)\big] \qquad (6\text{-}2\text{-}17)$$

以此类推，可得一般公式

$$f(m) = \lim_{z\to\infty} z^m\left[F(z) - \sum_{k=0}^{m-1} f(k)z^{-k}\right] \qquad (6\text{-}2\text{-}18)$$

式（6-2-18）右边的 $z^m\left[F(z) - \sum\limits_{k=0}^{m-1} f(k)z^{-k}\right]$ 实际上就是 $f(k+m)$ 的 Z 变换，$f(k+m)$ 表示 $f(k)$ 左移 m 位，显然它的初始值为 $f(m)$。

8. 终值定理

若

$$\mathscr{Z}[f(k)] = F(z)$$

且 $f(k)$ 的终值 $f(\infty)$ 存在，则

$$f(\infty) = \lim_{z\to 1}(z-1)F(z) \qquad (6\text{-}2\text{-}19)$$

证明 根据 Z 变换的线性和移序性

$$\mathscr{Z}\big[f(k+1) - f(k)\big] = zF(z) - zf(0) - F(z) = (z-1)F(z) - zf(0)$$

上式两边取极限

$$\lim_{z\to 1}(z-1)F(z) - f(0) = \lim_{z\to 1}\sum_{k=0}^{\infty}\big[f(k+1) - f(k)\big]z^{-k} = \sum_{k=0}^{\infty}\big[f(k+1) - f(k)\big]$$

$$= \lim_{n\to\infty}\big[f(1) - f(0) + f(2) - f(1) + \cdots + f(n+1) - f(n)\big]$$

$$= \lim_{n\to\infty}\big[f(n+1) - f(0)\big]$$

故

$$f(\infty) = \lim_{z\to 1}(z-1)F(z)$$

这个性质表明：序列 $f(k)$ 在 $k→∞$ 时的终值 $f(∞)$ 可以直接通过取 $z→1$ 时 $(z-1)F(z)$ 的极限得到。它建立了 $f(k)$ 在无限远处的值与 $F(z)$ 在 $z→1$ 时的值之间的关系。

Z 变换常用的一些性质列于附录 6。

【例 6-2-9】　某序列的 Z 变换为 $F(z)=\dfrac{z}{z-a}$，试求 $f(k)$ 的终值 $f(∞)$。

解　$F(z)$ 的极点为 $z=a$，其时域表达式为 $f(k)=a^k u(k)$。当 $|a|>1$ 时，$f(k)$ 的终值为无穷大；当 $a=-1$ 时，$f(k)$ 的终值为不定值；当 $a=1$ 时，$f(k)$ 的终值为 1；当 $|a|<1$ 时，$f(k)$ 的终值为 0。可见，应用终值定理是有条件的。

为了保证 $\lim\limits_{k→∞} f(k)$ 存在，$(z-1)F(z)$ 的极点必须处在单位圆的内部，或者 $F(z)$ 除了在 $z=1$ 处允许有一个一阶极点外，其余极点必须在单位圆内部；否则，终值定理不成立。

根据终值定理的应用条件，得出以下结果。

当 $|a|<1$ 时，$f(∞)=\lim\limits_{z→1}(z-1)F(z)=\lim\limits_{z→1}(z-1)\dfrac{z}{z-a}=0$。

当 $a=1$ 时，$f(∞)=\lim\limits_{z→1}(z-1)F(z)=\lim\limits_{z→1}(z-1)\dfrac{z}{z-1}=1$。

当 $|a|>1$ 或 $a=-1$ 时，$f(∞)$ 不存在。

【例 6-2-10】　某序列的 Z 变换为 $F(z)=\dfrac{z^3+2z^2-z+1}{z^3+z^2+0.5z}$，试求 $f(k)$ 的初值 $f(0)$ 和终值 $f(∞)$。

解

$$f(0)=\lim\limits_{z→∞}F(z)=\lim\limits_{z→∞}\dfrac{z^3+2z^2-z+1}{z^3+z^2+0.5z}=1$$

$$F(z)=\dfrac{z^3+2z^2-z+1}{z^3+z^2+0.5z}=\dfrac{z^3+2z^2-z+1}{z(z^2+z+0.5)}$$

极点 $p_1=0$ 和 $p_{2,3}=\dfrac{-1±\mathrm{j}}{2}$ 都在单位圆内，可以用终值定理。

$$f(∞)=\lim\limits_{z→1}(z-1)F(z)=\lim\limits_{z→1}\dfrac{(z-1)(z^3+2z^2-z+1)}{z^3+z^2+0.5z}=0$$

Z 变换的初值和终值定理分别与拉普拉斯变换的初值和终值定理相当，应用这两个性质使我们无须求出 $f(k)$ 的表达式，而可直接由 $F(z)$ 求取 $f(k)$ 的两个特殊值 $f(0)$ 和 $f(∞)$，从而了解序列的时域特征。

6.3　Z 反变换

Z 反变换

与拉普拉斯变换分析法一样，利用 Z 变换可以把时域中对序列 $f(k)$ 的复杂运算转换为 Z 域中对 $F(z)$ 的简单运算，然后将 Z 域中的运算结果再变换到时域中去，以简化计算。由已知 $F(z)$ 求 $f(k)$ 的运算称为 Z 反变换，或 Z 逆变换。记为

$$f(k)=\mathscr{Z}^{-1}[F(z)]$$

Z 反变换的方法有 3 种：幂级数展开法、部分分式展开法和围线积分法。由于篇幅所限，本书只介绍幂级数展开法和部分分式展开法，并且只考虑单边 Z 变换的情况。

6.3.1 幂级数展开法

由 Z 变换的定义

$$F(z) = \sum_{k=0}^{\infty} f(k)z^{-k} = f(0) + f(1)z^{-1} + f(2)z^{-2} + \cdots$$

若把已知的 $F(z)$ 展开成 z^{-1} 的幂级数，则该级数各项的系数就是序列 $f(k)$ 的值。

$F(z)$ 一般为变量 z 的有理分式，展开为幂级数时，可以用代数学中的长除法，将分子和分母多项式按 z 的降幂排列，然后用分子多项式除以分母多项式，所得的商式即为 z^{-1} 的幂级数。下面举例说明。

【例 6-3-1】 Z 变换式 $F(z) = \dfrac{2z^2 - 1.5z}{z^2 - 1.5z + 0.5}$，求对应的序列 $f(k)$。

解   由于只考虑单边 Z 变换，所以 $f(k)$ 与 $F(z)$ 之间存在一一对应的关系，无须考虑收敛域。应用长除法

$$
\begin{array}{r}
2 + 1.5z^{-1} + 1.25z^{-2} + 1.125z^{-3} + \cdots \\
z^2 - 1.5z + 0.5 \overline{)\, 2z^2 - 1.5z } \\
\underline{2z^2 - 3z + 1 } \\
1.5z - 1 \\
\underline{1.5z - 2.25 + 0.75z^{-1} } \\
1.25 - 0.75z^{-1} \\
\underline{1.25 - 1.875z^{-1} + 0.625z^{-2} } \\
1.125z^{-1} - 0.625z^{-2} \\
\underline{1.125z^{-1} - 1.6875z^{-2} + 0.5625z^{-3}} \\
1.0625z^{-2} - 0.5625z^{-3} \\
\cdots
\end{array}
$$

得

$$F(z) = 2 + 1.5\,z^{-1} + 1.25\,z^{-2} + 1.125\,z^{-3} + \cdots$$

因此

$$f(0) = 2,\ f(1) = 1.5,\ f(2) = 1.25,\ f(3) = 1.125,\ f(4) = 1.0625,\ \cdots$$

即

$$f(k) = \{\underline{2}, 1.5, 1.25, 1.125, 1.0625, \cdots\}$$

在实际应用中，如果只需要求序列 $f(k)$ 的前几个值，长除法就很方便。使用长除法的缺点是不易求得 $f(k)$ 的闭合表达式。

6.3.2 部分分式展开法

一般情况下，Z 变换式 $F(z)$ 为有理分式

$$F(z) = \frac{N(z)}{D(z)} = \frac{b_m z^m + b_{m-1} z^{m-1} + \cdots + b_1 z + b_0}{a_n z^n + a_{n-1} z^{n-1} + \cdots + a_1 z + a_0} \tag{6-3-1}$$

$F(z)$ 的零点和极点定义与拉普拉斯变换相同，零、极点的图形表示也与拉普拉斯变换一样。

由于 $F(z)$ 为 $f(k)$ 的单边 Z 变换，即

$$F(z) = \sum_{k=0}^{\infty} f(k)z^{-k} = f(0) + f(1)z^{-1} + f(2)z^{-2} + \cdots$$

所以分母多项式的最高幂次不会低于分子多项式的最高幂次，即满足 $m \le n$，所以 $\dfrac{F(z)}{z}$ 一定为真分式。

考虑到 Z 变换式的基本形式为 $\dfrac{z}{z-a}$，通常不直接展开 $F(z)$，而是展开 $\dfrac{F(z)}{z}$，然后将展开式的两边同时乘以 z，这样就能得到典型序列的 Z 变换式，从而找到原函数。展开 $\dfrac{F(z)}{z}$ 的方法与拉普拉斯变换中的部分分式展开法相同，下面举例说明。

【例 6-3-2】　用部分分式展开法重新求例 6-3-1 中 $F(z)$ 的 Z 反变换。

解

$$F(z) = \frac{2z^2 - 1.5z}{z^2 - 1.5z + 0.5} = \frac{2z^2 - 1.5z}{(z-1)(z-0.5)}$$

$$\frac{F(z)}{z} = \frac{2z - 1.5}{(z-1)(z-0.5)} = \frac{A}{z-1} + \frac{B}{z-0.5} = \frac{1}{z-1} + \frac{1}{z-0.5}$$

$$F(z) = \frac{z}{z-1} + \frac{z}{z-0.5}$$

利用附录 5，可得

$$f(k) = [1 + (0.5)^k]u(k)$$

【例 6-3-3】　已知 $F(z) = \dfrac{z^3 + 2z^2 + 1}{z^3 - 1.5z^2 + 0.5z}$，试求其 Z 反变换。

解

$$\frac{F(z)}{z} = \frac{z^3 + 2z^2 + 1}{z^2(z-1)(z-0.5)} = \frac{2}{z^2} + \frac{6}{z} + \frac{8}{z-1} - \frac{13}{z-0.5}$$

$$F(z) = \frac{2}{z} + 6 + \frac{8z}{z-1} - \frac{13z}{z-0.5}$$

$$f(k) = 2\delta(k-1) + 6\delta(k) + [8 - 13(0.5)^k]u(k)$$

【例 6-3-4】　已知 $F(z) = \dfrac{4z+4}{(z-1)(z-2)^2}$，试求其 Z 反变换。

解

$$\frac{F(z)}{z} = \frac{4z+4}{z(z-1)(z-2)^2}$$

$$= \frac{-1}{z} + \frac{8}{z-1} + \frac{C}{z-2} + \frac{6}{(z-2)^2}$$

取 $z = -1$ 代入上式，得

$$0 = \frac{-1}{-1} + \frac{8}{-1-1} + \frac{C}{-1-2} + \frac{6}{(-1-2)^2}$$

解得 $C = -7$。

所以

$$F(z) = -1 + \frac{8z}{z-1} - \frac{7z}{z-2} + \frac{6z}{(z-2)^2}$$

$$f(k) = -\delta(k) + 8u(k) - 7(2)^k u(k) + 3k(2)^k u(k)$$

【例 6-3-5】 已知 $F(z)=\dfrac{z^2+z}{(z-1)(z^2+1)}$，试求其 Z 反变换。

解

$$\frac{F(z)}{z}=\frac{z+1}{(z-1)(z^2+1)}=\frac{1}{z-1}+\frac{Bz+c}{z^2+1}$$

取 $z=0$ 代入上式，得

$$\frac{1}{-1\times1}=\frac{1}{-1}+\frac{C}{1}$$

解得 $C=0$。

等式两边同乘 z 并令 $z\to\infty$，有

$$0=1+B$$

解得 $B=-1$。

故

$$\frac{F(z)}{z}=\frac{1}{z-1}-\frac{z}{z^2+1}$$

$$F(z)=\frac{z}{z-1}-\frac{z^2}{z^2+1}$$

利用附录 7，可得

$$f(k)=\left(1-\cos\frac{\pi}{2}k\right)u(k)$$

【例 6-3-6】 已知 $F(z)=\mathrm{e}^{-\frac{a}{z}}$，试求其 Z 反变换。

解 利用泰勒级数展开式 $\mathrm{e}^x=1+x+\dfrac{x^2}{2!}+\dfrac{x^3}{3!}+\cdots$，得

$$F(z)=\mathrm{e}^{-\frac{a}{z}}=1+\left(-\frac{a}{z}\right)+\frac{\left(-\frac{a}{z}\right)^2}{2!}+\cdots+\frac{\left(-\frac{a}{z}\right)^k}{k!}+\cdots$$

$$=\sum_{k=0}^{\infty}\frac{\left(-\frac{a}{z}\right)^k}{k!}=\sum_{k=0}^{\infty}\frac{(-a)^k}{k!}z^{-k}$$

对照 Z 变换的定义式，得

$$f(k)=\frac{(-a)^k}{k!}u(k)$$

6.4 离散时间系统的 Z 变换分析

在连续时间系统中，拉普拉斯变换把微分方程转化成代数方程，拉普拉斯变换分析法可以一举求得全响应。与此相似，Z 变换把差分方程转化成代数方程，若已知全响应初始条件，也可以一举求得全响应。

如二阶前向差分方程

$$a_2y(k+2)+a_1y(k+1)+a_0y(k)=b_2x(k+2)+b_1x(k+1)+b_0x(k)\qquad(6\text{-}4\text{-}1)$$

对式（6-4-1）进行 Z 变换，并应用移序性，有

离散时间系统的
Z 变换分析

$$a_2[z^2Y(z) - z^2y(0) - zy(1)] + a_1[zY(z) - zy(0)] + a_0Y(z)$$
$$= b_2[z^2X(z) - z^2x(0) - zx(1)] + b_1[zX(z) - zx(0)] + b_0X(z)$$

整理后，可得

$$(a_2z^2 + a_1z + a_0)Y(z) - a_2z^2y(0) - a_2zy(1) - a_1zy(0)$$
$$= (b_2z^2 + b_1z + b_0)X(z) - b_2z^2x(0) - b_2zx(1) - b_1zx(0)$$

即

$$Y(z) = \frac{b_2z^2 + b_1z + b_0}{a_2z^2 + a_1z + a}X(z) + \frac{[a_2y(0) - b_2x(0)]z^2 + [a_2y(1) + a_1y(0) - b_2x(1) - b_1x(0)]z}{a_2z^2 + a_1z + a} \quad （6\text{-}4\text{-}2）$$

对式（6-4-1）进行 Z 变换时要注意 $x(0)$、$x(1)$ 一般不为零。这一点与对微分方程做拉普拉斯变换不同。式（6-4-2）就是二阶系统全响应的表达式，式中第一项仅与输入有关，属于零状态响应，第二项仅与初始状态有关，属于零输入响应。

【**例 6-4-1**】　某离散时间的差分方程为 $y(k+2) + 3y(k+1) + 2y(k) = x(k+1) + 3x(k)$，激励信号 $x(k) = u(k)$，若初始条件为 $y(1) = 1$，$y(2) = 3$，求全响应 $y(k)$。

解　对差分方程两边作 Z 变换，得

$$z^2Y(z) - z^2y(0) - zy(1) + 3[zY(z) - zy(0)] + 2Y(z) = [zX(z) - zx(0)] + 3X(z) \quad （6\text{-}4\text{-}3）$$

令差分方程中的 $k = 0$，得

$$y(2) + 3y(1) + 2y(0) = x(1) + 3x(0)$$

考虑到 $x(k) = u(k)$，有 $x(1) = x(0) = 1$，将 $y(1) = 1$，$y(2) = 3$ 代入上式中求得 $y(0) = -1$。
将 $y(0) = -1$，$y(1) = 1$，$x(0) = 1$ 代入式（6-4-3），有

$$(z^2 + 3z + 2)Y(z) = (z + 3)X(z) - (z^2 + 3z)$$

$$Y(z) = \frac{z+3}{z^2 + 3z + 2}\frac{z}{z-1} - \frac{z(z+3)}{z^2 + 3z + 2}$$

$$= \frac{-z(z^2 + z - 6)}{(z-1)(z+1)(z+2)}$$

$$= \frac{\frac{2}{3}z}{z-1} - \frac{3z}{z+1} + \frac{\frac{4}{3}z}{z+2}$$

全响应为 $y(k) = \frac{2}{3} - 3(-1)^k + \frac{4}{3}(-2)^k$，$k \geqslant 0$。

如果已知零输入初始条件，也可以用 Z 变换分析法求零输入响应。用 Z 变换分析法还可以求零状态响应。

1．零输入响应

仍以二阶前向差分方程[式（6-4-1）]为例。
求零输入响应就是解相应的齐次差分方程

$$a_2y(k+2) + a_1y(k+1) + a_0y(k) = 0$$

对上式进行 Z 变换，并应用移序性，可得

$$a_2[z^2Y(z) - z^2y(0) - zy(1)] + a_1[zY(z) - zy(0)] + a_0Y(z) = 0$$

式中，$Y(z)$ 就是零输入响应 $y_{zi}(k)$ 的 Z 变换 $Y_{zi}(z)$，$y(0)$ 和 $y(1)$ 是零输入初始条件 $y_{zi}(0)$、$y_{zi}(1)$。整理后，可得

$$Y_{zi}(z) = \frac{a_2 y_{zi}(0)z^2 + [a_2 y_{zi}(1) + a_1 y_{zi}(0)]z}{a_2 z^2 + a_1 z + a_0}$$ （6-4-4）

对 $Y_{zi}(z)$ 进行 Z 反变换，即可得到零输入响应 $y_{zi}(k)$。

对于后向差分方程或更高阶系统，可以用类似的方法进行计算。

【例 6-4-2】 已知描述系统的二阶前向差分方程为

$$y(k+2) - 5y(k+1) + 6y(k) = x(k+2) - 3x(k)$$

初始条件为 $y_{zi}(0)=2$，$y_{zi}(1)=3$，试求该系统的零输入响应。

解 求零输入响应对应的齐次差分方程为

$$y(k+2) - 5y(k+1) + 6y(k) = 0$$

对上式进行 Z 变换，并应用移序性，可得

$$z^2 Y_{zi}(z) - z^2 y_{zi}(0) - z y_{zi}(1) - 5[z Y_{zi}(z) - z y_{zi}(0)] + 6 Y_{zi}(z) = 0$$

整理后得

$$Y_{zi}(z) = \frac{y_{zi}(0)z^2 + [y_{zi}(1) - 5y_{zi}(0)]z}{z^2 - 5z + 6}$$

代入初始条件 $y_{zi}(0)=2$，$y_{zi}(1)=3$，得

$$Y_{zi}(z) = \frac{2z^2 - 7z}{z^2 - 5z + 6} = \frac{3z}{z-2} - \frac{z}{z-3}$$

进行 Z 反变换，得零输入响应

$$y_{zi}(k) = 3(2)^k - 3^k$$

【例 6-4-3】 例 6-4-2 中，若差分方程的序号都减去 2，则得后向齐次方程为

$$y(k) - 5y(k-1) + 6y(k-2) = 0$$

若初始条件仍为 $y_{zi}(0)=2$，$y_{zi}(1)=3$，试求该系统的零输入响应。

解 对后向齐次差分方程进行 Z 变换，并应用移序性，可得

$$Y_{zi}(z) - 5[z^{-1} Y_{zi}(z) + y_{zi}(-1)] + 6[z^{-2} Y_{zi}(z) + z^{-1} y_{zi}(-1) + y_{zi}(-2)] = 0$$

整理后得

$$Y_{zi}(z) = \frac{5y_{zi}(-1) - 6y_{zi}(-2) - 6y_{zi}(-1)z^{-1}}{1 - 5z^{-1} + 6z^{-2}}$$

上式所需初始条件为 $y_{zi}(-1)$ 和 $y_{zi}(-2)$，而已知的初始条件为 $y_{zi}(0)$ 和 $y_{zi}(1)$，可通过齐次方程用递推方法求得。在齐次方程中令 $k=1$，有

$$y_{zi}(1) - 5y_{zi}(0) + 6y_{zi}(-1) = 0$$

可得

$$y_{zi}(-1) = \frac{7}{6}$$

再令 $k=0$，有

$$y_{zi}(0) - 5y_{zi}(-1) + 6y_{zi}(-2) = 0$$

可得

$$y_{zi}(-2) = \frac{23}{36}$$

代入初始条件 $y_{zi}(-1)$ 和 $y_{zi}(-2)$，得

$$Y_{zi}(z) = \frac{2 - 7z^{-1}}{1 - 5z^{-1} + 6z^{-2}} = \frac{2z^2 - 7z}{z^2 - 5z + 6} = \frac{3z}{z-2} - \frac{z}{z-3}$$

对上式进行 Z 反变换，同样可得零输入响应

$$y_{zi}(k) = 3(2)^k - 3^k$$

例 6-4-2 和例 6-4-3 说明，在常系数线性差分方程中，若离散函数的序号同时加或减同样的数字，则差分方程所描述的系统特性不变。求零输入响应要寻找合适的初始条件，若计算所需的初始条件不是已知的零输入初始条件，则可以用递推的方法将已知的初始条件代入相应的齐次差分方程，求得所需的初始条件。

2．零状态响应

仍以二阶系统为例，在其连续时间系统中，零状态表现为 $y(0^-) = y'(0^-) = 0$，而在离散时间系统中，激励信号 $x(k)$ 一般是零起始函数，即 $k<0$ 时 $x(k)=0$，系统是因果的，对于零状态系统，必然有 $y(-1)=0$ 和 $y(-2)=0$。后向差分方程可直接应用此条件，对于前向差分方程如式（6-4-1），将此条件代入原差分方程，令 $k=-2$，有

$$a_2 y(0) + a_1 y(-1) + a_0 y(-2) = b_2 x(0) + b_1 x(-1) + b_0 x(-2)$$

得

$$a_2 y(0) = b_2 x(0) \tag{6-4-5}$$

令 $k = -1$，有

$$a_2 y(1) + a_1 y(0) + a_0 y(-1) = b_2 x(1) + b_1 x(0) + b_0 x(-1)$$

得

$$a_2 y(1) + a_1 y(0) = b_2 x(1) + b_1 x(0) \tag{6-4-6}$$

将式（6-4-5）和式（6-4-6）代入式（6-4-2），可得

$$(a_2 z^2 + a_1 z + a_0)Y(z) = (b_2 z^2 + b_1 z + b_0)X(z) \tag{6-4-7}$$

式（6-4-7）表明，尽管零状态并不意味着初始值 $x(0)$、$x(1)$、$y(0)$、$y(1)$ 为零，但对差分方程求零状态条件下的 Z 变换时，两种情况下的结果是相同的。

$$Y_{zs}(z) = \frac{b_2 z^2 + b_1 z + b_0}{a_2 z^2 + a_1 z + a_0} \cdot X(z) \tag{6-4-8}$$

上述方法可推广到更高阶差分方程所描述的系统。

我们在离散时间系统的时域分析法中讲到，零状态响应等于激励函数与单位函数响应的卷积和，即

$$y_{zs}(k) = x(k) * h(k)$$

对上式进行 Z 变换，并应用时域卷积定理，则有

$$Y_{zs}(z) = X(z) \cdot H(z) \tag{6-4-9}$$

式中，$X(z)$、$H(z)$ 和 $Y_{zs}(z)$ 分别为激励函数 $x(k)$、单位函数响应 $h(k)$ 和零状态响应 $y_{zs}(k)$ 的 Z 变换，最后进行 Z 反变换，即可得到零状态响应。

将式（6-4-8）与式（6-4-9）对比，有

$$H(z) = \frac{Y_{zs}(z)}{X(z)} = \frac{b_2 z^2 + b_1 z + b_0}{a_2 z^2 + a_1 z + a_0} \qquad (6\text{-}4\text{-}10)$$

式（6-4-10）为离散时间系统的系统函数的定义式，表示为系统的零状态响应的 Z 变换与激励的 Z 变换之比。在得到离散时间系统的系统函数后，将其与激励函数的 Z 变换相乘，即可得到零状态响应的 Z 变换，再进行 Z 反变换，即可得到所求的零状态响应。

【例 6-4-4】　已知描述离散时间系统的二阶后向差分方程为

$$y(k) + y(k-2) = x(k) + x(k-1)$$

若激励 $x(k)=u(k)$，试求系统的系统函数 $H(z)$、单位函数响应 $h(k)$ 和零状态响应 $y_{zs}(k)$。

解　对差分方程进行 Z 变换，考虑到激励函数是零起始函数，且系统为零状态系统，可得

$$\left(1 + z^{-2}\right) Y_{zs}(z) = \left(1 + z^{-1}\right) X(z)$$

$$H(z) = \frac{Y_{zs}(z)}{X(z)} = \frac{1 + z^{-1}}{1 + z^{-2}} = \frac{z^2 + z}{z^2 + 1}$$

对上式进行 Z 反变换，得

$$h(k) = \cos\frac{\pi}{2}ku(k) + \sin\frac{\pi}{2}ku(k)$$

对激励 $x(k)$ 进行 Z 变换，得

$$X(z) = \frac{z}{z-1}$$

由式（6-4-9），得

$$Y_{zs}(z) = X(z)H(z) = \frac{z}{z-1} \cdot \frac{z^2 + z}{z^2 + 1}$$

$$\frac{Y_{zs}(z)}{z} = \frac{z^2 + z}{(z-1)(z^2 + 1)} = \frac{1}{z-1} + \frac{1}{z^2 + 1}$$

则

$$Y_{zs}(z) = \frac{z}{z-1} + \frac{z}{z^2 + 1}$$

对 $Y_{zs}(z)$ 进行 Z 反变换，得

$$y_{zs}(k) = \left(1 + \sin\frac{\pi}{2}k\right)u(k)$$

【例 6-4-5】　已知描述离散时间系统的二阶前向差分方程为

$$y(k+2) - 5y(k+1) + 6y(k) = x(k+2) - 3x(k)$$

若激励 $x(k)=u(k)$，试求系统的系统函数 $H(z)$、单位函数响应 $h(k)$ 和零状态响应 $y_{zs}(k)$。

解　由式（6-4-10）可知，离散时间系统的系统函数为

$$H(z) = \frac{z^2 - 3}{z^2 - 5z + 6}$$

将 $\dfrac{H(z)}{z}$ 展开为部分分式，得

$$\frac{H(z)}{z} = \frac{z^2 - 3}{z(z^2 - 5z + 6)} = \frac{-\frac{1}{2}}{z} + \frac{-\frac{1}{2}}{z - 2} + \frac{2}{z - 3}$$

对上式进行 Z 反变换，得

$$h(k) = -\frac{1}{2}\delta(k) + [2(3)^k - \frac{1}{2}(2)^k]u(k)$$

由已知条件，对激励 $x(k)$ 进行 Z 变换，得

$$X(z) = \frac{z}{z - 1}$$

习题讲解：离散
系统的分析

$$Y_{zs}(z) = \frac{z}{z - 1} \cdot \frac{z^2 - 3}{z^2 - 5z + 6} = \frac{-z}{z - 1} + \frac{-z}{z - 2} + \frac{3z}{z - 3}$$

对 $Y_{zs}(z)$ 进行 Z 反变换，得

$$y_{zs}(k) = \left[3(3)^k - 2^k - 1\right]u(k)$$

离散时间系统的系
统函数与系统特性

6.5 离散时间系统的系统函数与系统特性

离散时间系统的系统函数 $H(z)$ 虽然表示为系统的零状态响应的 Z 变换与激励的 Z 变换之比，但与激励和零状态响应无关，它反映的是离散时间系统本身的特性。

与连续时间系统的系统函数类似，离散时间系统的系统函数通常是 z 的有理分式，可以写成零点和极点的形式。

$$H(z) = H_0 \frac{\prod_{r=1}^{m}(z - z_r)}{\prod_{i=1}^{n}(z - p_i)}$$

式中，z_r（$r=1,2,\cdots,m$）是离散时间系统的系统函数的零点；p_i（$i=1,2,\cdots,n$）是离散时间系统的系统函数的极点；对于因果系统有 $m \leqslant n$；H_0 为标量系数。

连续时间系统若有一个一阶极点 s，自然响应中就有相应的 $Ae^{st} = Ae^{(\sigma+j\omega)t}$ 项。s 的实部 σ 表示自然响应振幅增长或衰减速度的因子，s 的虚部 ω 是自然响应的振荡频率。

离散时间系统中若有一个一阶极点 p，自然响应中就有相应的 Ap^k 项。不同位置的 p 对应的自然响应模式如图 6-5-1 所示。

对于因果连续时间系统，稳定的充要条件是 $\int_0^{\infty}|h(\tau)|d\tau < \infty$；对于因果离散时间系统，稳定的充要条件是 $\sum_{n=0}^{\infty}|h(n)| < \infty$。这说明稳定系统的单位函数响应 $h(k)$ 必须是绝对可和的。显然，对于因果稳定系统，要求 $h(k)$ 满足

$$\lim_{k \to \infty} h(k) = 0 \qquad\qquad (6\text{-}5\text{-}1)$$

从图 6-5-1 中可以看出，只有当 $H(z)$ 的极点位于 z 平面单位圆内时，才满足式（6-5-1），于是得出系统稳定性与 $H(z)$ 极点分布之间的关系为：当离散时间系统的系统函数 $H(z)$ 的极点全部位于 z 平面单位圆内部时，此系统是稳定的；当极点位于单位圆上，且为单极点时，系统为临界稳定的；否则，系统是不稳定的。

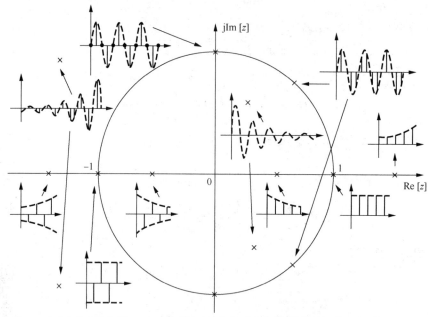

图 6-5-1　一阶极点的位置与自然响应模式的关系

连续时间系统是否稳定取决于 $H(s)$ 的极点，即特征根是否全部位于 s 平面的左半平面。离散时间系统是否稳定取决于 $H(z)$ 的极点，即特征根是否全部位于 z 平面的单位圆内。

【例 6-5-1】　已知描述离散时间系统的差分方程为
$$y(k)+0.2y(k-1)-0.24y(k-2)=x(k)-x(k-1)$$
试判定系统的稳定性。

　　解　离散时间系统的系统函数为
$$H(z)=\frac{1-z^{-1}}{1+0.2z^{-1}-0.24z^{-2}}=\frac{z(z-1)}{(z-0.4)(z+0.6)}$$
其极点 $p_1=0.4$，$p_2=-0.6$，均位于 z 平面的单位圆内，因此该系统是稳定的。

H5 交互：系统稳定性的判断

离散时间系统的模拟

6.6 离散时间系统的模拟

6.6.1 基本运算器

离散时间系统的基本运算器指延时器、加法器和标量乘法器。加法器和标量乘法器的功能、符号、作用与连续时间系统相同。延时器与积分器相对应，它实际上是一个存储器，其存储信号的时间为取样时间 T，常采用延时线或移位寄存器。延时器的时域表示和 Z 域框图如图 6-6-1 所示。

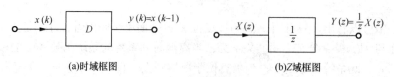

(a)时域框图　　(b)Z域框图

图 6-6-1　延时器框图

6.6.2　离散时间系统的模拟图

现在来讨论如何运用延时器、加法器和标量乘法器对离散时间系统进行模拟。

设描述一阶离散时间系统的差分方程为

$$y(k+1) + a_0 y(k) = x(k) \qquad (6\text{-}6\text{-}1)$$

可改写成

$$y(k+1) = -a_0 y(k) + x(k)$$

由此式很容易画出一阶离散时间系统的模拟图，如图 6-6-2 所示。

对于二阶离散时间系统，若差分方程为

$$y(k+2) + a_1 y(k+1) + a_0 y(k) = x(k) \qquad (6\text{-}6\text{-}2)$$

则可改写成

$$y(k+2) = -a_1 y(k+1) - a_0 y(k) + x(k)$$

二阶离散时间系统的模拟图如图 6-6-3 所示。可以看出，离散时间系统的模拟图与连续时间系统的模拟图具有相同的结构，只是前者用延时器，后者用积分器。

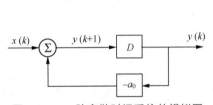

图 6-6-2　一阶离散时间系统的模拟图

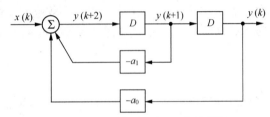

图 6-6-3　二阶离散时间系统的模拟图

对于一般的二阶离散时间系统，若方程为

$$y(k+2) + a_1 y(k+1) + a_0 y(k) = b_1 x(k+1) + b_0 x(k) \qquad (6\text{-}6\text{-}3)$$

则与连续时间系统的模拟一样，引入辅助函数 $q(k)$，使

$$q(k+2) + a_1 q(k+1) + a_0 q(k) = x(k) \qquad (6\text{-}6\text{-}4)$$

相应有

$$y(k) = b_1 q(k+1) + b_0 q(k) \qquad (6\text{-}6\text{-}5)$$

这样，式（6-6-3）就可以用式（6-6-4）和式（6-6-5）来等效表示，分别画出对应式（6-6-4）和式（6-6-5）的模拟图，就可以得到差分方程所描述的系统模拟图，如图 6-6-4 所示。

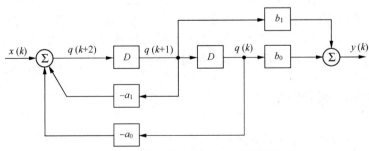

图 6-6-4　一般二阶离散时间系统的模拟图

上述结论可以推广到 n 阶离散时间系统的模拟中。

【例 6-6-1】 某离散时间系统如图 6-6-5 所示，试写出其差分方程。

解 图 6-6-5 中，所有的信号都可以用输入或输出表示，图中 a 点信号为 $y(k+1)$，c 点信号为 $y(k-1)$。

对加法器列写方程，得

$$y(k+1) = x(k) + 3y(k) - 2y(k-1)$$

整理，得

$$y(k+1) - 3y(k) + 2y(k-1) = x(k)$$

【例 6-6-2】 已知某离散时间系统的差分方程为

$$y(k) - 7y(k-1) + y(k-2) = x(k) - x(k-1)$$

试画出其模拟图。

解 已知差分方程包含 $x(k)$ 的移序项，可以引入辅助函数构建模拟图，此方法略。由系统的差分方程画系统模拟图的方法很多，得到的模拟图也不是唯一的。如将差分方程改写为

$$y(k) = 7y(k-1) - y(k-2) + x(k) - x(k-1)$$

可得到如图 6-6-6 所示的模拟图。需要注意的是，模拟图中的激励必须是 $x(k)$，响应必须是 $y(k)$。

特别指出：图 6-6-6 的模拟方法是不规范的，它多用了一个延时器。规范的画法是先把后向差分方程改为前向差分方程，然后再画成图 6-6-4 所示的形式。

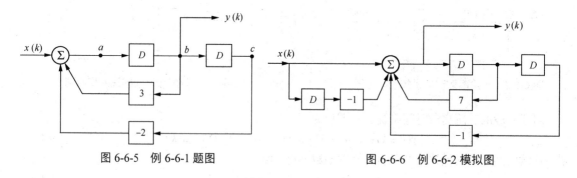

图 6-6-5　例 6-6-1 题图　　　　　　图 6-6-6　例 6-6-2 模拟图

6.7 离散时间傅里叶变换与离散时间系统的频率响应特性

通过前面几节的学习我们知道，离散时间信号与系统的 Z 变换分析与连续时间信号与系统的拉普拉斯变换分析（复频域分析）非常相似。同样，离散时间信号与系统也有傅里叶变换分析（频域分析）。本节简单介绍离散时间傅里叶变换（Discrete Time Fourier Transform，DTFT）和离散时间系统的频率特性。

离散时间傅里叶变换与离散时间系统的频率响应特性

6.7.1 离散时间傅里叶变换

在离散时间信号 $f(k)$ 的双边的 Z 变换

$$F(z) = \sum_{k=-\infty}^{\infty} f(k) z^{-k}$$

中，令 $z = \mathrm{e}^{\mathrm{j}\omega T}$，或简写为 $z = \mathrm{e}^{\mathrm{j}\Omega}$，其中 $\Omega = \omega T$，可得离散时间傅里叶变换 $F(\mathrm{e}^{\mathrm{j}\Omega})$，将其简写为 $F(\Omega)$，则

$$F(\Omega) = \sum_{k=-\infty}^{\infty} f(k)\mathrm{e}^{-\mathrm{j}\Omega k} \qquad (6\text{-}7\text{-}1)$$

显然，$F(\Omega)$ 是 Ω 的连续的周期函数，周期为 2π。

与连续时间信号的傅里叶变换类似，离散时间信号必须满足绝对可和的条件，其傅里叶变换才存在，即

$$\sum_{k=-\infty}^{\infty} |f(k)| < \infty$$

或 $F(z)$ 的收敛域必须包括 z 平面上的单位圆。

为了找出 $F(\Omega)$ 与 $f(k)$ 之间的反变换关系，我们首先将式（6-7-1）中的求和变量 k 用 p 来代替，即

$$F(\Omega) = \sum_{p=-\infty}^{\infty} f(p)\mathrm{e}^{-\mathrm{j}\Omega p}$$

然后，对上式两边同时乘以 $\mathrm{e}^{\mathrm{j}\Omega k}$，再对 Ω 从 $-\pi$ 到 π 积分，得

$$\int_{-\pi}^{\pi} F(\Omega)\mathrm{e}^{\mathrm{j}\Omega k}\mathrm{d}\Omega = \int_{-\pi}^{\pi} \sum_{p=-\infty}^{\infty} f(p)\mathrm{e}^{-\mathrm{j}\Omega(p-k)}\mathrm{d}\Omega$$

交换上式右边积分与求和的次序，可得

$$\int_{-\pi}^{\pi} F(\Omega)\mathrm{e}^{\mathrm{j}\Omega k}\mathrm{d}\Omega = \sum_{p=-\infty}^{\infty} f(p)\int_{-\pi}^{\pi} \mathrm{e}^{-\mathrm{j}\Omega(k-p)}\mathrm{d}\Omega \qquad (6\text{-}7\text{-}2)$$

因为

$$\int_{-\pi}^{\pi} \mathrm{e}^{-\mathrm{j}\Omega(k-p)}\mathrm{d}\Omega = \begin{cases} 2\pi & k = p \\ 0 & k \neq p \end{cases} \qquad (6\text{-}7\text{-}3)$$

将式（6-7-3）代入式（6-7-2），可得离散时间傅里叶反变换

$$f(k) = \frac{1}{2\pi} \int_{-\pi}^{\pi} F(\Omega)\mathrm{e}^{\mathrm{j}\Omega k}\mathrm{d}\Omega \qquad (6\text{-}7\text{-}4)$$

还有另一种推导离散时间傅里叶反变换的简单方法。由于 $F(\Omega)$ 是连续的周期函数，可以展开成傅里叶级数，而式（6-7-1）实际上就是傅里叶级数的形式，其中的 $f(k)$ 是其系数，根据傅里叶级数系数的求解公式，同样可以得到式（6-7-4）。

式（6-7-1）和式（6-7-4）组成一对离散时间傅里叶变换对，通常简记为

$$F(\Omega) = \mathrm{DTFT}[f(k)]$$
$$f(k) = \mathrm{IDTFT}[F(\Omega)]$$

一般情况下，$F(\Omega)$ 是 Ω 的复函数，可表示为

$$F(\Omega) = |F(\Omega)|\mathrm{e}^{\mathrm{j}\theta(\Omega)} = \mathrm{Re}[F(\Omega)] + \mathrm{j}\mathrm{Im}[F(\Omega)] \qquad (6\text{-}7\text{-}5)$$

$F(\Omega)$ 表示 $f(k)$ 的频率特性，也称为 $f(k)$ 的频谱。$|F(\Omega)|$ 是 $f(k)$ 的幅度谱，是 Ω 的偶函数；$\theta(\Omega)$ 是 $f(k)$ 的相位谱，是 Ω 的奇函数。二者都是 Ω 的连续函数。

离散时间傅里叶变换有时也称为序列傅里叶变换。离散时间傅里叶变换实际上就是单位圆上（$|z| = 1$）的双边 Z 变换。同时它又和连续时间傅里叶变换的定义非常相似，只是分析的时域信号不同。当时域信号为连续时间信号时用连续时间傅里叶变换；当时域信号为离散时间信号时用离散时间傅里叶变换。

因此，典型离散时间信号的离散时间傅里叶变换与相应的连续时间信号的傅里叶变换类似，连续时间傅里叶变换的性质同样也适用于离散时间傅里叶变换。不过，由于离散时间傅里叶变换的时域函数 $f(k)$ 是离散函数，而频域函数 $F(\Omega)$ 是 Ω 的连续的周期函数，因而有些性质的形式发生了改变。例如：连续时间傅里叶变换的时域微分性质相当于离散时间傅里叶变换的差分性质；连续时间傅里叶变换的积分性质相当于离散时间傅里叶变换的求和性质。

关于典型离散时间信号的离散时间傅里叶变换和离散时间傅里叶变换的性质本书不做详细介绍，有兴趣的读者可参阅相关书籍。

6.7.2　离散时间系统的频率响应特性

对稳定的连续时间系统可以用连续时间傅里叶变换进行分析，这时 $H(s)|_{s=j\omega} = H(\omega)$ 表示连续时间系统的频率响应特性（简称频响特性）。类似地，对稳定的离散时间系统也可以用离散时间傅里叶变换进行分析，这时 $H(z)|_{z=e^{j\Omega}} = H(e^{j\Omega})$ 或 $H(\Omega)$ 表示离散时间系统的频响特性。

设 $X(\Omega)$、$H(\Omega)$ 和 $Y(\Omega)$ 分别为激励 $x(k)$、单位函数响应 $h(k)$ 和零状态响应 $y(k)$ 的离散时间傅里叶变换，由 $y(k) = x(k)*h(k)$，应用时域卷积定理可得

$$Y(\Omega) = X(\Omega)H(\Omega) \tag{6-7-6}$$

式（6-7-6）中，$H(\Omega)$ 称作离散时间系统的频域系统函数，$h(k)$ 和 $H(\Omega)$ 分别从时域和频域两个不同的角度反映了同一个系统的特性。

下面我们进一步研究离散时间系统的频响特性，它反映了离散时间系统在正弦序列 $\sin\omega kT$ 或余弦序列 $\cos\omega kT$（$-\infty < k < \infty$）激励下的稳态响应随频率变化的情况。欧拉公式建立了正弦序列和虚指数序列 $e^{j\omega kT}$（$-\infty < k < \infty$）的联系，为了方便，考虑虚指数序列 $e^{j\omega kT}$ 激励下的响应。

取 $z = e^{j\omega T} = e^{j\Omega}$，代入离散卷积的公式，即激励为 $e^{j\Omega k} = z^k$ 时，系统的零状态响应为

$$y(k) = h(k)*z^k = \sum_{n=-\infty}^{\infty} h(n)z^{k-n} = z^k \sum_{n=-\infty}^{\infty} h(n)z^{-n} = e^{j\Omega k}H(e^{j\Omega}) \tag{6-7-7}$$

式中

$$H(e^{j\Omega}) = H(z)|_{z=e^{j\Omega}} \text{ 或 } H(e^{j\omega T}) = H(z)|_{z=e^{j\omega T}} \tag{6-7-8}$$

由于激励信号 $e^{j\Omega k}$ 从 $k = -\infty$ 接入系统，故零状态响应就是全响应，而且是稳态响应。式（6-7-7）说明，离散时间系统对正弦序列的稳态响应仍然是同频率的正弦序列，只不过需要再乘以 $H(e^{j\Omega})$。$H(e^{j\Omega})$ 一般情况下为 Ω 的复函数。

$$H(e^{j\Omega}) = |H(e^{j\Omega})| e^{j\theta(\Omega)}$$

称为离散时间系统的频响特性。它的模 $|H(e^{j\Omega})|$ 称为离散时间系统的幅频特性，反映了系统对不同 Ω 的激励信号 $e^{j\Omega k}$ 幅度放大倍数不同；它的辐角 $\theta(\Omega)$ 称为离散时间系统的相频特性，反映了系统对不同 Ω 的激励信号 $e^{j\Omega k}$ 附加不同的相位角。

对于稳定系统，只要把离散时间系统函数 $H(z)$ 中的复变量 z 换成 $e^{j\Omega}$（或 $e^{j\omega T}$），即可得到离散时间系统的频率特性。

【**例 6-7-1**】　已知描述离散时间系统的差分方程为

$$y(k) - ay(k-1) = x(k), \quad 0 < a < 1$$

试画出该系统的零、极点图和系统模拟图，并求该系统的单位函数响应和频响特性。

解　由差分方程可得离散时间系统函数

$$H(z) = \frac{z}{z-a}$$

其零、极点图如图 6-7-1 所示，系统模拟图如图 6-7-2 所示。

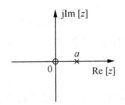

图 6-7-1　例 6-7-1 系统的零、极点图

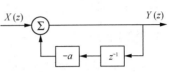

图 6-7-2　例 6-7-1 系统模拟图

单位函数响应

$$h(k) = a^k u(k)$$

该系统稳定，频响特性为

$$H(\mathrm{e}^{\mathrm{j}\Omega}) = \frac{\mathrm{e}^{\mathrm{j}\Omega}}{\mathrm{e}^{\mathrm{j}\Omega} - a} = \frac{1}{1 - a\mathrm{e}^{-\mathrm{j}\Omega}} = \frac{1}{(1 - a\cos\Omega) + \mathrm{j}a\sin\Omega}$$

幅频特性为

$$\mid H(\mathrm{e}^{\mathrm{j}\Omega}) \mid = \frac{1}{\sqrt{1 + a^2 - 2a\cos\Omega}}$$

相频特性为

$$\theta(\Omega) = -\mathrm{arctg}\frac{a\sin\Omega}{1 - a\cos\Omega}$$

$\mid H(\mathrm{e}^{\mathrm{j}\Omega}) \mid$ 和 $\theta(\Omega)$ 的图形分别如图 6-7-3 和图 6-7-4 所示。

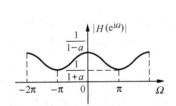

图 6-7-3　例 6-7-1 系统的幅频特性

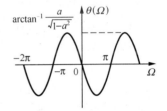

图 6-7-4　例 6-7-1 系统的相频特性

从本例题中可以看出，离散时间系统的频率响应有如下几个性质。

（1）对称性质。与连续时间系统相同，当单位函数响应 $h(k)$ 为实数序列时，幅频曲线为偶对称，相频曲线为奇对称，一般均为 Ω 的连续函数。

（2）周期性质。不同于连续时间系统，由于 $\mathrm{e}^{\mathrm{j}\Omega}$ 是周期函数，所以离散时间系统的频率响应也是周期函数，周期为 2π。

（3）离散时间系统也有低通、高通、带通、带阻、全通之分。由于离散时间系统的频率特性以 2π 为周期，因此这些特性只能在 $(-\pi, \pi)$ 内区分。图 6-7-3 和图 6-7-4 画出了 $0 < a < 1$ 的情况，系统呈"低通"特性；若 $-1 < a < 0$，则系统呈"高通"特性；若 $a = 0$，则系统呈"全通"特性。

*6.8 离散时间系统设计分析应用案例——回声及回声消除

本节介绍 Z 域系统设计分析应用案例——回声及回声消除，首先介绍回声的定义和回声数学模型的建立，然后介绍回声的应用、回声的危害，最后介绍回声消除系统函数及系统模型的计算。

1. 回声的数学模型

回声（Echo）是指障碍物对声音的反射，声波在遇到障碍物时，一部分声波会穿过障碍物，而另一部分声波会反射回来形成回声。

回声 $r(k)$ 由原始声音信号 $x(k)$ 与回波信号 $\alpha x(k-N)$ 组成，即

$$r(k) = x(k) + \alpha x(k-N) \tag{6-8-1}$$

式（6-8-1）中 α 为衰减系数，通常 $0 < \alpha < 1$，N 为传输时延，当传输时延 $T = NT_0$ 为 100ms 量级时，人耳可区分回声，T_0 为抽样点之间的时间间隔。

式（6-8-1）即为回声的数学模型。

2. 回声的利用

回声在生活中的利用有地质勘探、建筑声学、回声测距、回声定位、增强声音效果等。

（1）地质勘探：在地面埋好炸药包，放上一列探头，把炸药引爆，探头就可以接收到地下不同层间界面反射回来的声波，从而探测出地下油矿。

（2）建筑声学：声波在封闭的四壁上不断反射，声音会持续一段时间，这种现象叫作混响。混响时间太长，会干扰有用的声音；混响太短，会给人以单调、不丰满的感觉。建筑设计中会通过调整空间高度、弧度（如穹顶、弧形侧墙）和材质（如硬木、石材等反射材料），控制回声的延迟时间（通常 0.5～2S）和强度，使回声与原声融合，形成理想的混响效果。

（3）回声测距：查出声音在介质中的传播速度 v，测出发出声音到收到反射回来的声音信号的时间 t，则发声点离物体的距离 $s = \dfrac{vt}{2}$。

（4）回声定位：倒车雷达利用超声波回声来定位，超声探头装在车尾部，一般探头有 4 或 6 只不等，主要安装于前、后保险杠上。探头能够以最大水平 120°、垂直 70°范围辐射，上下左右搜寻目标。

（5）增强声音效果：当声源发出的声音被前面的障碍物反射回来后，回声比原声晚 0.1s 以上时，人可以把原声和回声区别开来（设声音在空气中的传播速度为 340m/s），此时声源距障碍物的距离至少为 $s = vt = \dfrac{340\text{m/s} \times 0.1\text{s}}{2} = 17\text{m}$，如果声源距障碍物的距离小于 17m，则声波会很快被反射回来，回声与原声混在一起，此时人们分辨不出原声和回声，但是会觉得声音更响亮。音乐厅中常用这种原理使演奏的效果更好。

3. 回声的危害

回声使人听到多重声音，不利于接收信息，严重时，会对人体的听觉系统造成伤害。在室内例如晚会、报告会等场合，回声还会与麦克风产生自激，造成"啸音"。

4. 回声消除

回声消除（Echo Cancellation）就是要设计回声系统的"逆系统"进行补偿。回声产生和回声

消除的过程恢复输入信号的过程可以设定为这两个系统的串联，如图 6-8-1 所示。

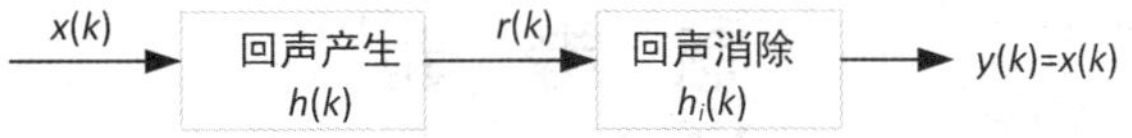

图 6-8-1 回声消除系统

如图 6-8-1 所示，要实现输出还原输入信号的目的，需要设计一个离散回声消除系统 $H_i(z)$ 使得 $H_i(z)H(z)=1$。所以有

$$H_i(z) = \frac{1}{H(z)} \tag{6-8-2}$$

对回声产生系统的数学模型即式（6-8-1）两边做 Z 变换得

$$R(z) = X(z) + \alpha z^{-N} X(z) = (1+\alpha z^{-N})X(z) \tag{6-8-3}$$

回声产生系统的系统函数 $H(z) = \dfrac{R(z)}{X(z)} = 1 + \alpha z^{-N}$

那么，回声消除系统 $H_i(z)$ 有

$$H_i(z) = \frac{1}{H(z)} = \frac{1}{1+\alpha z^{-N}}, \ |z| > |\alpha|^{\frac{1}{N}} \tag{6-8-4}$$

$$(1+\alpha z^{-N})Y(z) = R(z) \tag{6-8-5}$$

两边进行 Z 反变换，可得描述该离散 LTI 系统的差分方程为

$$\begin{aligned} y(k) + \alpha y(k-N) &= r(k) \\ y(k) &= r(k) - \alpha y(k-N) \end{aligned} \tag{6-8-6}$$

本应用案例主要用到了离散时间系统数学模型、系统串联等概念。

拓展阅读

通过对 AI 大模型提问，可以了解"单边 Z 变换和双边 Z 变换分别用在什么场景下"。

单边 Z 变换和双边 Z 变换在信号处理中有不同的应用场景，具体如下。

1. 单边 Z 变换的应用场景

（1）因果信号与系统：当信号或系统的响应仅在 $n \geq 0$ 时存在（因果性），单边 Z 变换更适用。例如，数字滤波器设计和实时信号处理系统通常需要因果性。

（2）差分方程求解：在非零初始条件下求解离散时间系统的响应时，单边 Z 变换能直接纳入初始条件，简化计算。

（3）工程实际问题：实际信号（如语音、传感器数据）往往从某一时刻开始，单边 Z 变换更贴合这类场景。

2. 双边 Z 变换的应用场景

（1）理论分析：分析信号在整个时间轴 $(-\infty < n < \infty)$ 上的特性，如稳定性判断和收敛域分析。

（2）非因果系统：处理需要同时考虑正负时间轴的信号或系统，例如某些图像处理或离线信号分析。

（3）系统频率响应：通过双边 Z 变换直接关联傅里叶变换（当收敛域包含单位圆时）。

通过理解两者的区别，我们可以更灵活地选择工具解决信号处理问题。

思 考 题

6-1 Z 变换是如何从拉普拉斯变换转化而来的?

6-2 序列的 Z 变换定义说明 Z 变换是一个幂级数吗?

6-3 应用终值定理对信号的 Z 变换的表达式有什么要求?

6-4 与拉普拉斯反变换不同, 采用部分分式展开时通常将 $\dfrac{F(z)}{z}$ 展开, 为什么?

6-5 用 Z 变换分析法可以求零输入响应、零状态响应、全响应吗?

6-6 离散时间系统稳定要求其系统函数的极点在什么位置?

6-7 离散时间系统模拟用哪 3 种基本运算器?

练 习 题

6-1 用定义求下列序列的 Z 变换。

(1) $\left(\dfrac{1}{2}\right)^k u(k)$

(2) $\left(-\dfrac{1}{2}\right)^k u(k)$

(3) $2^{-k}u(k)$

(4) $2^{-k}u(k-1)$

(5) $\left(\dfrac{1}{2}\right)^k [u(k)-u(k-3)]$

(6) $\cos\dfrac{k\pi}{4}u(k)$

(7) $\delta(k)-\delta(k-3)$

(8) $\{2,\underline{1},3\}$

6-2 求下列因果序列的 Z 变换。

(1) $f(k)=\begin{cases}1 & k\text{为偶数}\\-1 & k\text{为奇数}\end{cases}$

(2) $f(k)=\begin{cases}1 & k=0,1,2,3\\-1 & k=4,5,6\\0 & \text{其他}\end{cases}$

6-3 用 Z 变换的性质求下列序列的 Z 变换。

(1) $\left(\dfrac{1}{2}\right)^k \cos\left(\dfrac{k\pi}{2}\right)u(k)$

(2) $(k-1)u(k-1)$

(3) $\displaystyle\sum_{n=0}^{k}(-1)^n$

(4) $\displaystyle\sum_{n=0}^{k}n^2$

(5) $(k-1)^2 u(k-1)$

(6) $k[u(k)-u(k-4)]$

6-4 求下列各 $F(z)$ 的反变换 $f(k)$。

(1) $F(z)=\dfrac{z^2+z}{(z-1)(z^2-z+1)}$

(2) $F(z)=\dfrac{z}{(z-1)(z^2-1)}$

(3) $F(z)=\dfrac{1}{z^3(z+1)(z^2+1)}$

(4) $F(z)=\dfrac{z^{-5}}{z+1}$

(5) $F(z)=\dfrac{z+1}{(z-1)^2}$

(6) $F(z)=\dfrac{z^2+z+1}{z^2+z-2}$

6-5 序列 Z 变换如下, 试求 $f(0)$、$f(1)$、$f(2)$。

（1）$F(z) = \dfrac{z^2 - 2z}{(z^2-1)(z+0.5)}$　　　　（2）$F(z) = \dfrac{2z^2 - 3z +1}{z^2 - 4z - 5}$

（3）$F(z) = \dfrac{z^2 - z}{(z-1)^3}$

6-6　序列 Z 变换如下，能否应用终值定理？如果能，求出 $f(\infty)$。

（1）$F(z) = \dfrac{z^2 + z + 1}{(z-1)(z+3)}$　　　　（2）$F(z) = \dfrac{z^2}{(z-1)(z-2)}$

6-7　计算下列卷积。

（1）$a^k u(k) * \delta(k-2)$　　　　（2）$a^k u(k) * u(k-1)$

（3）$a^k u(k) * b^k u(k)$

6-8　用 Z 变换解下列差分方程。

（1）$y(k+2) - y(k+1) - 2y(k) = u(k)$，$y(0) = y(1) = 1$

（2）$y(k+2) + 3y(k+1) + 2y(k) = 3^k u(k)$，$y(0) = y(1) = 0$

（3）$y(k) + 3y(k-1) + 2y(k-2) = u(k)$，$y(-1) = 0$，$y(-2) = 0.5$

（4）$y(k) - 0.9y(k-1) = 0.1u(k)$，$y(-1) = 2$

6-9　某线性时不变离散时间系统的差分方程为 $y(k) - y(k-1) - 2y(k-2) = x(k)$，已知 $y(-1) = -1$，$y(-2) = \dfrac{1}{4}$，输入 $x(k) = u(k)$，求该系统的零输入响应 $y_{zi}(k)$、零状态响应 $y_{zs}(k)$ 及全响应 $y(k)$。

6-10　某线性时不变离散时间系统的单位阶跃响应为 $g(k) = \left[\dfrac{4}{3} - \dfrac{3}{7}(0.5)^k + \dfrac{2}{21}(-0.2)^k\right]u(k)$，问：该系统对何种激励的零状态响应为 $y(k) = \dfrac{10}{7}[(0.5)^k - (-0.2)^k]u(k)$？

6-11　某离散时间系统的模拟图如题图 6-1 所示。求：

（1）$H(z) = \dfrac{Y(z)}{X(z)}$。

（2）单位函数响应 $h(k)$。

（3）该系统的差分方程。

（4）该系统的单位阶跃响应 $g(k)$。

6-12　某离散时间系统的系统函数 $H(z) = \dfrac{z+3}{z^2 + 3z + 2}$，求该系统单位函数响应 $h(k)$ 和描述系统的差分方程。

6-13　某离散时间系统在输入 $x(k) = u(k)$ 时，其零状态响应为 $y_{zs}(k) = 2[1 - (0.5)^k]u(k)$，求输入 $x(k) = (0.5)^k u(k)$ 时的零状态响应。

6-14　已知离散时间系统的系统函数 $H(z)$ 的零、极点分布如题图 6-2 所示，且 $\lim\limits_{k\to\infty} h(k) = \dfrac{1}{3}$，系统的初始条件 $y_{zi}(0) = 2, y_{zi}(1) = 1$。

（1）求 $H(z)$。

（2）求零输入响应 $y_{zi}(k)$。

（3）若 $x(k) = (-3)^k u(k)$，求零状态响应 $y_{zs}(k)$。

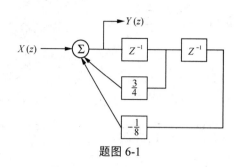

题图 6-1

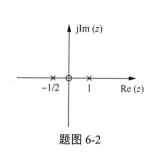

题图 6-2

6-15 　 因果序列 $f(k)$ 满足方程 $\sum\limits_{n=0}^{k-1} f(n) = ku(k) * \left(-\dfrac{1}{2}\right)^{k} u(k)$ ，求序列 $f(k)$ 。

6-16 　 离散时间系统的系统函数 $H(z)$ 如下，试确定系统是否稳定。

（1） $H(z) = \dfrac{z^3 + 1}{z\left(z^2 + 2z + \dfrac{3}{4}\right)}$ 　　　（2） $H(z) = \dfrac{(z+1)^2}{\left(z - \dfrac{1}{2}\right)^2 \left(z^2 + z + \dfrac{1}{2}\right)}$

（3） $H(z) = \dfrac{3z + 1}{2z^2 + z - 1}$

6-17 　 对下列差分方程描述的系统画出模拟图。

（1） $y(k) - 5y(k-1) + 6y(k-2) = x(k) - 3x(k-2)$

（2） $y(k+2) - 2y(k+1) - 3y(k) = x(k+1) + 2x(k)$

6-18 　 已知某离散时间系统的系统函数为 $H(z) = \dfrac{z-1}{z^2 - 5z + 6}$ ，试分别画出串联形式与并联形式的模拟图。

第 7 章

连续时间系统的状态变量分析法

📋 本章主要内容

设计系统是工程师的日常工作。设计系统要在分析、熟悉各种系统的基础上才能实现。而分析一个物理系统，通常首先要建立系统数学模型，然后利用各种数学工具进行数学模型求解，再把结果代入物理系统加以解释。系统模型的描述方法包括输入-输出法和状态变量分析法两大类。其中，输入-输出法又称为端口分析法或外部法，是指用系统的输入、输出变量之间的关系来描述系统的特性。输入-输出法对应的数学模型是微分（连续时间系统）或差分（离散时间系统）方程。这种描述方法只关心系统的输入和输出两种变量，不关注系统内部的情况，适合简单系统的分析。如果系统复杂，就会出现非线性、时变、多输入、多输出的情况，此时需要采用以系统内部变量为基础的状态变量分析法，因此要用到系统内部的变量，又称为内部法，它用状态变量描述系统内部变量的特性，通过状态变量将系统的输入和输出变量联系起来，进而描述系统的外部特性。

状态变量分析法用两组方程描述系统。

（1）状态方程。它把状态变量与输入联系起来，是 n 个状态变量的 n 个联立的一阶微分方程组。其中，每一个等式的左边是状态变量的一阶导数；右边是只包含系统参数、状态变量和输入的一般函数表达式；右边没有状态变量的微分和积分运算。

（2）输出方程。它把输出与状态变量和输入联系起来，是一组代数方程。有几个输出就有几个方程。其中，每个等式的左边是输出；右边是只包含系统参数、状态变量和输入的一般函数表达式；左右两边都没有状态变量的微分和积分运算。

状态变量分析法在 20 世纪 50～60 年代被引入系统分析领域，在航天、自动控制、雷达与声呐信号方面有重要应用，甚至在经济、社会、生物等领域得到了应用。与输入-输出法相比，状态变量分析法具有以下优点。

（1）可以有效地提供系统内部的信息，便于处理与系统内部情况有关的分析、设计问题。

（2）不仅适用线性时不变的单输入-单输出系统，也适用于非线性、时变、多输入-多输出系统。

（3）便于应用计算机技术解决复杂系统的分析计算。

（4）当系统的输出变量改变时，无须重新列写状态方程（微分或差分方程），只要调整输出方程（代数方程）即可。显然，状态变量分析法特别适用于多输入-多输出系统。

本章首先概述状态变量分析法，给出与状态相关的名词解释，然后分别从电路角度和一般系统角度介绍连续时间系统状态方程的建立，最后简单介绍连续时间系统状态方程的复频域求解。

7.1 状态变量分析法概述

状态变量分析法
概述

为了后文介绍状态方程的建立及求解，首先解释连续时间系统状态变量分析法中常用的名词。

（1）系统的状态

系统过去、现在和未来的状况，其本质是系统的储能状态。状态发生变化意味着物质系统有了发展和改变。

（2）状态变量

能够完全描述系统状态的数目最少的一组变量。状态变量可以反映系统内部储能状态的变化。"完全"指能够反映系统全部的状况；"数目最少"指状态变量没有冗余的信息。

状态变量通常用 $x_1(t), x_2(t), \cdots, x_n(t)$ 来表示。起始时刻 $t = t_0$ 的状态称为初始状态。状态变量在 $t = t_0$ 时的取值用 $x_1(t_0), x_2(t_0), \cdots, x_n(t_0)$ 来表示，它反映的是 t_0 时刻系统的情况，并且用储能形式表现出来，而 $t \geqslant t_0$ 时输入和初始状态一旦确定，此状态变量就可以完全唯一地确定系统在 $t \geqslant t_0$ 时的状况，从而可以确定 $t \geqslant t_0$ 时系统的响应。

（3）状态矢量

一组状态变量可以用一个矢量 $x(t)$ 表示，此时该矢量称为状态矢量，用列矢量或行矢量的转置形式表示为：

$$x(t) = \begin{bmatrix} x_1(t) \\ x_2(t) \\ \vdots \\ x_n(t) \end{bmatrix} \text{ 或 } x(t) = \begin{bmatrix} x_1(t) & x_2(t) \cdots x_n(t) \end{bmatrix}^{\mathrm{T}}$$

（4）状态空间

状态矢量所描述的空间。状态矢量所包含的状态变量的个数称为状态空间的维数，也称系统的复杂度阶数，简称系统的阶数。

（5）状态轨迹

状态矢量的端点随时间变化的路径。状态轨迹在线性系统分析中用得不多，但是在非线性系统分析中使用得很广泛。

用状态变量来描述和分析系统的方法称为状态变量分析法。已知系统模型和输入，用状态变量分析法求取响应，通常要经过以下几个步骤。

（1）确定状态变量。

（2）建立状态方程，它是描述状态变量与激励之间关系的一阶微分（连续时间系统）或差分（离散时间系统）方程组。

（3）建立输出方程，它是描述输出与输入以及状态变量关系的一组代数方程。

（4）利用系统的初始条件解状态方程和输出方程。

状态变量分析法的第一步是确定状态变量。对于电路系统来说，习惯上将电感的电流和电容的电压选为状态变量，因为它们直接与系统的储能状态相联系。但是也可以选取磁链和电荷作为状态变量，还可以选取间接反映系统储能状态的物理量，甚至有时可以选用不在系统中真实存在的物理量。但是，系统的状态变量必须是一组独立并且完备的变量，状态变量的数目即系统的复杂度阶数 n 由系统本身的结构所决定，与所选的状态变量无关。

由于受基尔霍夫电流和电压定律的约束，n 的一般计算公式为

$$n = b_{LC} - n_C - n_L$$

式中，b_{LC} 为电路中储能元件的个数；n_C 为全电容回路（仅由电容或仅由电容和电压源组成的独立回路）的个数；n_L 为全电感割集（仅由电感或仅由电感和电流源组成的独立割集）的个数。

例如，图 7-1-1 所示电路的复杂度阶数计算如下。

$$b_{LC} = 5 , \quad n_C = 1 , \quad n_L = 1$$
$$n = b_{LC} - n_C - n_L = 5 - 1 - 1 = 3$$

可见此电路只有 3 个状态变量是独立的，用 3 个状态变量来描述系统即可。此电路系统的复杂度阶数为 3，阶数是确定的，但具体用哪 3 个状态变量是可以选择的，如状态变量可以选为 $(v_{C_1}, v_{C_3}, i_{L_1})$ 或 $(v_{C_2}, v_{C_3}, i_{L_2})$ 等。注意，v_{C_1} 和 v_{C_2} 不能同时选作状态变量，同样，i_{L_1} 和 i_{L_2} 也不能同时选作状态变量。

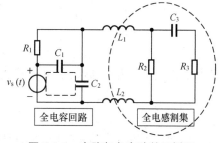

图 7-1-1　电路复杂度阶数示例图

7.2 构建连续时间系统的状态方程

构建连续时间系统的状态方程通常有两类方法，分别为直接法和间接法。直接法是依据给定的系统结构直接编写状态方程或者借助计算机自动编写状态方程，适用于电路系统的分析计算。间接法是利用系统的输入-输出方程或系统的模拟图编写状态方程，适用于系统模拟和系统控制的分析设计等。

对于线性时不变系统，假设它有 n 个状态变量 $x_1(t), x_2(t) \cdots x_n(t)$，有 m 个输入 $f_1(t), f_2(t) \cdots f_m(t)$，$r$ 个输出 $y_1(t), y_2(t) \cdots y_r(t)$，为简便起见，状态变量、输入和输出中自变量 t 省略，状态方程可以表示为

$$
\begin{aligned}
\dot{x}_1 &= a_{11}x_1 + a_{12}x_2 + \cdots + a_{1n}x_n + b_{11}f_1 + b_{12}f_2 + \cdots + a_{1m}f_m \\
\dot{x}_2 &= a_{21}x_1 + a_{22}x_2 + \cdots + a_{2n}x_n + b_{21}f_1 + b_{22}f_2 + \cdots + a_{2m}f_m \\
&\vdots \\
\dot{x}_n &= a_{n1}x_1 + a_{n2}x_2 + \cdots + a_{nn}x_n + b_{n1}f_1 + b_{n2}f_2 + \cdots + a_{nm}f_m
\end{aligned}
\tag{7-2-1}
$$

输出方程可以表示为

$$
\begin{aligned}
y_1 &= c_{11}x_1 + c_{12}x_2 + \cdots + c_{1n}x_n + d_{11}f_1 + d_{12}f_2 + \cdots + d_{1m}f_m \\
y_2 &= c_{21}x_1 + c_{22}x_2 + \cdots + c_{2n}x_n + d_{21}f_1 + d_{22}f_2 + \cdots + d_{2m}f_m \\
&\vdots \\
y_r &= c_{r1}x_1 + c_{r2}x_2 + \cdots + c_{rn}x_n + d_{r1}f_1 + d_{r2}f_2 + \cdots + d_{rm}f_m
\end{aligned}
\tag{7-2-2}
$$

式（7-2-1）中，$\dot{x}_i = \dfrac{\mathrm{d}x_i}{\mathrm{d}t}(i = 1, 2, \cdots, n)$ 表示状态变量的一阶导数，各系数由系统的结构和参数决定（在时不变系统中，系数为常数）。式（7-2-1）和式（7-2-2）称为状态方程和输出方程的标准形式，后面要求建立状态方程时都要整理成标准形式。

状态方程和输出方程都可以用矩阵形式表示，设

$$
\boldsymbol{x} = \begin{bmatrix} x_1 \\ x_2 \\ \vdots \\ x_n \end{bmatrix}, \quad
\boldsymbol{f} = \begin{bmatrix} f_1 \\ f_2 \\ \vdots \\ f_m \end{bmatrix}, \quad
\boldsymbol{y} = \begin{bmatrix} y_1 \\ y_2 \\ \vdots \\ y_r \end{bmatrix}
$$

$$A = \begin{bmatrix} a_{11} & a_{12} & \cdots & a_{1n} \\ a_{21} & a_{22} & \cdots & a_{2n} \\ \vdots & \vdots & \ddots & \vdots \\ a_{n1} & a_{n2} & \cdots & a_{nn} \end{bmatrix}, \quad B = \begin{bmatrix} b_{11} & b_{12} & \cdots & b_{1m} \\ b_{21} & b_{22} & \cdots & b_{2m} \\ \vdots & \vdots & \ddots & \vdots \\ b_{n1} & b_{n2} & \cdots & b_{nm} \end{bmatrix}$$

$$C = \begin{bmatrix} c_{11} & c_{12} & \cdots & c_{1n} \\ c_{21} & c_{22} & \cdots & c_{2n} \\ \vdots & \vdots & \ddots & \vdots \\ c_{r1} & c_{r2} & \cdots & c_{rn} \end{bmatrix}, \quad D = \begin{bmatrix} d_{11} & d_{12} & \cdots & d_{1m} \\ d_{21} & d_{22} & \cdots & d_{2m} \\ \vdots & \vdots & \ddots & \vdots \\ d_{r1} & d_{r2} & \cdots & d_{rm} \end{bmatrix}$$

则状态方程可以表示成如下的矩阵形式

$$\dot{x} = Ax + Bf \tag{7-2-3}$$

式（7-2-3）中，x 为状态矢量，$\dot{x}$ 为状态矢量的一阶导数，定义为对矢量中各个元素求一阶导数。用输入-输出法分析系统时，要处理的是一个变量为标量的 n 阶微分方程，而用状态变量分析法分析系统时，要处理的是一个变量为 n 维矢量的一阶微分方程。也就是说，状态变量分析法提高了所处理变量的复杂性，换来了微分方程阶数的简化。而变量的复杂性对应的计算工作可由计算机承担。

类似地，输出方程也可以写成矩阵形式

$$y = Cx + Df \tag{7-2-4}$$

这是一个一次代数方程组。式（7-2-3）和式（7-2-4）组合起来，构成了用状态变量描述系统的方程组。

7.2.1 通过电路图构建状态方程

对于电路系统，可以通过电路模型直接构建系统的状态方程。这样做不仅可以描述系统，而且能够明确表达状态变量的物理意义。

要构建电路的状态方程，首先要确定状态变量。电路系统中的状态变量可以选择电路中元件上的电压或电流等物理量。因为状态方程中要出现状态变量的一阶导数，最好状态变量的一阶导数也具有明确的物理意义。在动态电路中，在电压和电流关联参考方向时具有如下约束关系：

通过电路图构建
状态方程

$$i_C = C \frac{\mathrm{d}v_C}{\mathrm{d}t} \tag{7-2-5}$$

$$v_L = L \frac{\mathrm{d}i_L}{\mathrm{d}t} \tag{7-2-6}$$

因此，选择电容电压和电感电流作为状态变量不仅容易满足状态方程的形式，而且它们的导数具有明确的物理意义。

建立线性电路的状态方程，就是构建一组关于状态变量的一阶微分方程，如式（7-2-1）所示。对于电容元件，由式（7-2-3）可知，电容电压的微分与电容电流有关，所以可以写出包含该电流在内的节点电流方程，从而得到电容电压的一阶导数与其他状态变量和输入的关系；对于电感元件，由式（7-2-4）可知，电感电流的微分与电感电压有关，所以可以写出包含该电压在内的回路电压方程，从而得到电感电流的一阶导数与其他变量和输入的关系；假设电路中不存在全电容回路或全电感割集，则称这样的网络为常态网络，常态网络中的电容电压或电感电流都是状态变量，就可以得到式（7-2-1）那样的状态方程。

已知电路中的电容电压和电感电流，可以直观地得到系统的输出与状态变量和输入的关系，写成式（7-2-2）那样的方程，最后再整理成矩阵形式，就得到输出方程。

【**例 7-2-1**】 电路如图 7-2-1 所示，试列写该电路的状态方程，以 L、R_L 两端的电压 $v(t)$ 和电容的电流 $i_C(t)$ 为输出，列写输出方程。

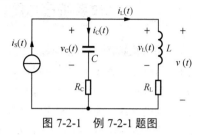

图 7-2-1 例 7-2-1 题图

解 电路中有两个动态元件，分别是电容和电感，所以不存在全电容回路和全电感割集。取 $v_C(t)$ 和 $i_L(t)$ 为状态变量，它们是独立的状态变量。

对含电容的节点列写 KCL 方程，得

$$i_S(t) = i_C(t) + i_L(t) = C\frac{dv_C(t)}{dt} + i_L(t)$$

对含电感的回路列写 KVL 方程，得

$$v_C(t) + R_C C\frac{dv_C(t)}{dt} = L\frac{di_L(t)}{dt} + R_L i_L(t)$$

整理可得

$$\begin{cases} \dfrac{dv_C(t)}{dt} = -\dfrac{1}{C}i_L(t) + \dfrac{1}{C}i_S(t) \\[2mm] \dfrac{di_L(t)}{dt} = \dfrac{1}{L}v_C(t) - \dfrac{R_C + R_L}{L}i_L(t) + \dfrac{R_C}{L}i_S(t) \end{cases} \quad (7\text{-}2\text{-}7)$$

书写式（7-2-7）时，为了方便将其整理成矩阵形式，特意留了空白以便对齐表达式中的状态变量。

观察电路，可得

$$\begin{cases} v(t) = v_C(t) - R_C i_L(t) + R_C i_S(t) \\ i_C(t) = -i_L(t) + i_S(t) \end{cases} \quad (7\text{-}2\text{-}8)$$

令状态变量 $v_C(t) = x_1(t)$，$i_L(t) = x_2(t)$，输入 $i_S(t) = f(t)$，输出 $v(t) = y_1(t)$，$i_C(t) = y_2(t)$，并且写成矩阵形式为

$$\begin{bmatrix} \dot{x}_1(t) \\ \dot{x}_2(t) \end{bmatrix} = \begin{bmatrix} 0 & -\dfrac{1}{C} \\[2mm] \dfrac{1}{L} & -\dfrac{R_C + R_L}{L} \end{bmatrix} \cdot \begin{bmatrix} x_1(t) \\ x_2(t) \end{bmatrix} + \begin{bmatrix} \dfrac{1}{C} \\[2mm] \dfrac{R_C}{L} \end{bmatrix} \cdot [f(t)] \quad (7\text{-}2\text{-}9)$$

$$\begin{bmatrix} y_1(t) \\ y_2(t) \end{bmatrix} = \begin{bmatrix} 1 & -R_C \\ 0 & -1 \end{bmatrix} \cdot \begin{bmatrix} x_1(t) \\ x_2(t) \end{bmatrix} + \begin{bmatrix} R_C \\ 1 \end{bmatrix} \cdot [f(t)] \quad (7\text{-}2\text{-}10)$$

把例 7-2-1 的求解过程归纳一下，通过电路图构建状态方程和输出方程的工作可以分为以下 5 个步骤。

（1）选取电容电压和电感电流作为状态变量。

（2）对含电容的节点列写 KCL 方程，整理成电容电压的导数与状态变量和输入的关系。

（3）对含电感的回路列写 KVL 方程，整理成电感电流的导数与状态变量和输入的关系。

（4）列写输出与状态变量和输入的关系。

（5）整理状态方程和输出方程为矩阵形式。

如果电路中存在全电容回路或全电感割集，则电路中的电容电压或电感电流不全是状态变量。这样的网络称为非常态网络，此时状态变量的选取不唯一，状态方程的形式也比较多样，这里不再赘述。

7.2.2　通过系统模拟图构建状态方程

通过模拟图构建
状态方程

系统模拟图、系统函数、输入-输出方程以及本章的状态方程都可以描述系统。由于状态方程更便于用计算机计算，所以有时需要通过系统模拟图或输入-输出方程构建状态方程。本小节介绍通过系统模拟图构建状态方程，5.6 节介绍了系统函数可以写成不同的形式，模拟图相应地也有不同的结构，于是，状态方程也有不同的形式。

不管是哪种形式的系统模拟图，通过它们去获得状态方程的方法都是一样的。首先是选定状态变量，选取积分器的输出作为状态变量，这样积分器的输入就是状态变量的一阶导数；其次，建立状态方程，针对加法器列写方程并整理成状态方程要求的形式；最后建立输出方程。

下面以一个具体的系统为例来说明如何构建直接、并联和串联 3 种模拟图所对应的状态方程和输出方程。

【例 7-2-2】　已知系统函数 $H(s) = \dfrac{s+3}{(s+1)(s+2)}$，分别画出其直接模拟图、并联模拟图和串联模拟图，并建立状态方程和输出方程。

解　由系统函数可以得到对应的输入-输出方程

$$y''(t)+3y'(t)+2y(t)=x'(t)+3x(t) \tag{7-2-11}$$

引入辅助函数 $q(t)$，将原方程等效表示为两个方程

$$q''(t)+3q'(t)+2q(t)=x(t) \tag{7-2-12}$$

$$y(t)=q'(t)+3q(t) \tag{7-2-13}$$

先画出式（7-2-12）对应的模拟图，再引出 $q'(t)$ 和 $q(t)$ 信号，用加法器和标量乘法器产生 $y(t)$ 信号，如图 7-2-2 所示。

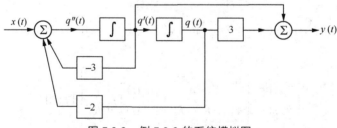

图 7-2-2　例 7-2-2 的系统模拟图

选取每个积分器的输出作为状态变量。图 7-2-2 中有两个积分器，从而有两个状态变量，分别设为 x_1、x_2，为了不与状态变量混淆，输入信号改为 $f(t)$，画系统直接模拟图，如图 7-2-3 所示。

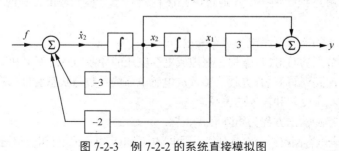

图 7-2-3　例 7-2-2 的系统直接模拟图

图 7-2-3 中左边数第二积分器的输入等于第一个积分器的输出，所以有

$$\dot{x}_1 = x_2$$

对左边的加法器列写方程，有

$$\dot{x}_2 = -2x_1 - 3x_2 + f$$

对右边的加法器列写方程，有

$$y = 3x_1 + x_2$$

将状态方程和输出方程都整理成矩阵形式，有

$$\begin{bmatrix} \dot{x}_1 \\ \dot{x}_2 \end{bmatrix} = \begin{bmatrix} 0 & 1 \\ -2 & -3 \end{bmatrix} \begin{bmatrix} x_1 \\ x_2 \end{bmatrix} + \begin{bmatrix} 0 \\ 1 \end{bmatrix} [f] \qquad (7\text{-}2\text{-}14)$$

$$[y] = \begin{bmatrix} 3 & 1 \end{bmatrix} \begin{bmatrix} x_1 \\ x_2 \end{bmatrix} + [0][f] \qquad (7\text{-}2\text{-}15)$$

下面考虑并联模拟图及状态方程的构建。

并联模拟是把系统函数分成几个子系统之和，有

$$H(s) = \frac{s+3}{(s+1)(s+2)} = \frac{2}{s+1} + \frac{-1}{s+2}$$

其并联模拟图如图 7-2-4 所示。注意：该图中，输入改成了 f，并且画出了每个积分器的输出为状态变量。

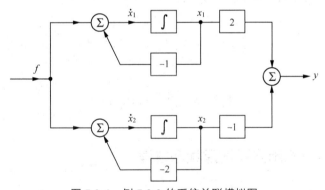

图 7-2-4　例 7-2-2 的系统并联模拟图

对图上左侧的两个加法器列方程，有

$$\dot{x}_1 = -x_1 + f$$
$$\dot{x}_2 = -2x_2 + f$$

对右侧的加法器列方程，有

$$y = 2x_1 - x_2$$

将上式整理成矩阵形式，得

$$\begin{bmatrix} \dot{x}_1 \\ \dot{x}_2 \end{bmatrix} = \begin{bmatrix} -1 & 0 \\ 0 & -2 \end{bmatrix} \begin{bmatrix} x_1 \\ x_2 \end{bmatrix} + \begin{bmatrix} 1 \\ 1 \end{bmatrix} [f] \qquad (7\text{-}2\text{-}16)$$

$$[y] = \begin{bmatrix} 2 & -1 \end{bmatrix} \begin{bmatrix} x_1 \\ x_2 \end{bmatrix} + [0][f] \qquad (7\text{-}2\text{-}17)$$

串联模拟是把系统函数分成几个子系统函数的乘积，有

$$H(s) = \frac{s+3}{(s+1)(s+2)} = \frac{s+3}{s+1} \cdot \frac{1}{s+2}$$

得到系统的串联模拟图如图 7-2-5 所示。图 7-2-5 中，系统的输入为 f，设积分器的输出分别为 x_1, x_2。

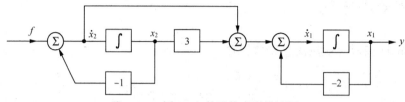

图 7-2-5　例 7-2-2 的系统串联模拟图

对图 7-2-5 中左侧的积分器列方程，有

$$\dot{x}_2 = -x_2 + f \tag{7-2-18}$$

对图 7-2-5 中右侧的积分器列方程，有

$$\dot{x}_1 = -2x_1 + 3x_2 + \dot{x}_2 \tag{7-2-19}$$

式（7-2-19）等式右端包含状态变量的导数项，不符合状态方程的基本要求，把等式（7-2-18）代入（7-2-19），有

$$\dot{x}_1 = -2x_1 + 2x_2 + f \tag{7-2-20}$$

将式（7-2-18）和式（7-2-20）整理成矩阵形式，得

$$\begin{bmatrix} \dot{x}_1 \\ \dot{x}_2 \end{bmatrix} = \begin{bmatrix} -2 & 2 \\ 0 & -1 \end{bmatrix} \begin{bmatrix} x_1 \\ x_2 \end{bmatrix} + \begin{bmatrix} 1 \\ 1 \end{bmatrix} [f]$$

从模拟图容易得到

$$[y] = \begin{bmatrix} 1 & 0 \end{bmatrix} \begin{bmatrix} x_1 \\ x_2 \end{bmatrix} + [0][f]$$

7.2.3　通过输入-输出方程构建状态方程

通过输入-输出方程也可以构建状态方程。下面讨论高阶微分方程中无激励导数项的情况。

【例 7-2-3】　某系统的微分方程为

$$\frac{d^3 y(t)}{dt^3} + 4\frac{d^2 y(t)}{dt^2} + 3\frac{dy(t)}{dt} + 2y(t) = f(t) \tag{7-2-21}$$

建立该系统的状态方程和输出方程。其中，$f(t)$ 为输入，$y(t)$ 为输出。

解　对于三阶系统，状态变量有 3 个，可把状态变量选为

$$\begin{cases} x_1 = y \\ x_2 = \dfrac{dy}{dt} = \dfrac{dx_1}{dt} \\ x_3 = \dfrac{d^2 y}{dt^2} = \dfrac{dx_2}{dt} \end{cases} \tag{7-2-22}$$

那么，状态矢量为

$$\boldsymbol{x} = \begin{bmatrix} x_1 \\ x_2 \\ x_3 \end{bmatrix} = \begin{bmatrix} y \\ \dfrac{dy}{dt} \\ \dfrac{d^2y}{dt^2} \end{bmatrix}$$

微分方程（7-2-21）可以表示为如下形式

$$\frac{d^3 y(t)}{dt^3} = -4\frac{d^2 y(t)}{dt^2} - 3\frac{dy(t)}{dt} - 2y(t) + f(t)$$

从而可以得到 3 个一阶方程组，为

$$\begin{cases} \dfrac{dx_1}{dt} = x_2 \\ \dfrac{dx_2}{dt} = x_3 \\ \dfrac{dx_3}{dt} = -2x_1 - 3x_2 - 4x_3 + f \end{cases}$$

整理成矩阵形式为

$$\begin{bmatrix} \dot{x}_1 \\ \dot{x}_2 \\ \dot{x}_3 \end{bmatrix} = \begin{bmatrix} 0 & 1 & 0 \\ 0 & 0 & 1 \\ -2 & -3 & -4 \end{bmatrix} \begin{bmatrix} x_1 \\ x_2 \\ x_3 \end{bmatrix} + \begin{bmatrix} 0 \\ 0 \\ 1 \end{bmatrix} [f]$$

显然，由式（7-2-22）第一个等式可得输出方程为

$$[y] = \begin{bmatrix} 1 & 0 & 0 \end{bmatrix} \begin{bmatrix} x_1 \\ x_2 \\ x_3 \end{bmatrix} + [0][f]$$

如果微分方程的右侧含有输入的导数项，用式（7-2-22）那样的状态变量设置不能消除输入的导数项，此时可以通过绘制模拟图来构建状态方程。

7.3 连续时间系统的状态方程的复频域求解

前面分别讨论了在给定具体电路图、模拟图或系统函数以及系统的输入-输出方程的情况下，列写状态方程和输出方程的一般方法。下一步是解这些方程。输出方程是代数方程，用线性代数的知识就可以解出来。状态方程的求解有两种方法：时域法和变换域法。时域法涉及矩阵指数函数的定义和性质，本书不做介绍；变换域法是基于拉普拉斯变换的复频域求解方法，下面详细介绍。

状态方程的
复频域求解

状态方程整理成矩阵形式时，矩阵方程中出现了状态矢量和输入矢量。对状态方程进行拉普拉斯变换时，就要对状态矢量和输入矢量进行变换。状态矢量和输入矢量都是时间变量的函数，对矢量求拉普拉斯变换，就是对矢量中的各个元素求拉普拉斯变换，其结果还是矢量，即

$$L\{\boldsymbol{X}(t)\} = L\left\{\begin{bmatrix} x_1(t) \\ x_2(t) \\ \vdots \\ x_n(t) \end{bmatrix}\right\} = \begin{bmatrix} L\{x_1(t)\} \\ L\{x_2(t)\} \\ \vdots \\ L\{x_n(t)\} \end{bmatrix} = \begin{bmatrix} X_1(s) \\ X_2(s) \\ \vdots \\ X_n(s) \end{bmatrix} = \boldsymbol{X}(s) \qquad (7\text{-}3\text{-}1)$$

输入矢量的拉普拉斯变换可以写成同样的形式。

7.2 节讲到连续时间系统状态方程的标准形式为 $\dot{x}(t) = Ax(t) + Bf(t)$，是一阶常系数线性矢量微分方程，对状态方程两边取拉普拉斯变换，由拉普拉斯变换的线性性质可知，对常数矩阵和矢量函数的乘积做拉普拉斯变换，等于该常数矩阵和该矢量函数变换的乘积。再根据拉普拉斯变换的时域微分性质可得

$$sX(s) - x(0^-) = AX(s) + BF(s) \tag{7-3-2a}$$

式中，$X(s)$ 和 $F(s)$ 分别表示状态矢量 $x(t)$ 和输入矢量 $f(t)$ 的单边拉普拉斯变换，$x(0^-)$ 表示状态矢量的初始条件。用矩阵各元素表示为

$$s\begin{bmatrix} X_1(s) \\ X_2(s) \\ \vdots \\ X_n(s) \end{bmatrix} - \begin{bmatrix} x_1(0^-) \\ x_2(0^-) \\ \vdots \\ x_n(0^-) \end{bmatrix} = \begin{bmatrix} a_{11} & a_{12} & \cdots & a_{1n} \\ a_{21} & a_{22} & \cdots & a_{2n} \\ \vdots & \vdots & \ddots & \vdots \\ a_{n1} & a_{n2} & \cdots & a_{nn} \end{bmatrix} \begin{bmatrix} X_1(s) \\ X_2(s) \\ \vdots \\ X_n(s) \end{bmatrix} + \begin{bmatrix} b_{11} & b_{12} & \cdots & b_{1m} \\ b_{21} & b_{22} & \cdots & b_{2m} \\ \vdots & \vdots & \ddots & \vdots \\ b_{n1} & a_{n2} & \cdots & b_{nm} \end{bmatrix} \begin{bmatrix} F_1(s) \\ F_2(s) \\ \vdots \\ F_m(s) \end{bmatrix} \tag{7-3-2b}$$

将上式移项，并引入 $n \times n$ 阶的单位矩阵 I，便于将含有 $X(s)$ 的项合并，于是式（7-3-2a）可以改写为

$$(sI - A)X(s) = x(0^-) + BF(s) \tag{7-3-3}$$

定义 $\Phi(s) = (sI - A)^{-1} = \dfrac{adj(sI - A)}{|sI - A|}$，称为系统的分解矩阵，其中，$adj(sI - A)$ 和 $|sI - A|$ 分别是矩阵 $(sI - A)$ 的伴随矩阵和行列式，则状态矢量的复频域解为

$$X(s) = \Phi(s)\left[x(0^-) + BF(s)\right] \tag{7-3-4}$$

对式（7-3-4）取拉普拉斯反变换，则状态矢量的时域解为

$$x(t) = L^{-1}\left[\Phi(s)x(0^-)\right] + L^{-1}\left[\Phi(s)BF(s)\right] \tag{7-3-5}$$

式（7-3-5）中，令 $F(s)=0$，得到零输入状态变量

$$x_{zi}(t) = \varphi(t)x(0^-) \tag{7-3-6}$$

式（7-3-6）中，$\varphi(t) = L^{-1}\left[\Phi(s)\right]$。式（7-3-6）说明，一个零输入系统在任意时刻的状态可由它在 $t = 0^-$ 时的初始状态与矩阵 $\varphi(t)$ 相乘获得，矩阵 $\varphi(t)$ 是从一个状态过渡到另一个状态的桥梁，所以称为状态转移矩阵。

对输出方程做拉普拉斯变换，得

$$Y(s) = CX(s) + DF(s)$$

代入 $X(s)$ 的表达式，可得

$$Y(s) = C\Phi(s)\left[x(0^-) + BF(s)\right] + DF(s) \tag{7-3-7}$$

对式（7-3-7）求拉普拉斯反变换，得到输出的时域解为

$$y(t) = L^{-1}\left[C\Phi(s)x(0^-)\right] + L^{-1}\left\{\left[C\Phi(s)B + D\right]F(s)\right\} \tag{7-3-8}$$

显然，式（7-3-8）中，等号右侧第一项属于零输入响应，第二项属于零状态响应，两者合起来为全响应。

【例 7-3-1】　已知某连续系统的状态方程和输出方程分别为

$$\begin{bmatrix} \dot{x}_1(t) \\ \dot{x}_2(t) \end{bmatrix} = \begin{bmatrix} 2 & 3 \\ 0 & -1 \end{bmatrix} \begin{bmatrix} x_1(t) \\ x_2(t) \end{bmatrix} + \begin{bmatrix} 0 \\ 1 \end{bmatrix} \begin{bmatrix} f(t) \end{bmatrix}$$

和

$$[y(t)] = \begin{bmatrix} 1 & 1 \end{bmatrix} \begin{bmatrix} x_1(t) \\ x_2(t) \end{bmatrix} + \begin{bmatrix} f(t) \end{bmatrix}$$

其初始状态和输入分别为

$$\begin{bmatrix} x_1(0^-) \\ x_2(0^-) \end{bmatrix} = \begin{bmatrix} 2 \\ -1 \end{bmatrix}, \quad f(t) = u(t)$$

试求该系统的状态变量和输出。

解

$$(s\boldsymbol{I} - \boldsymbol{A}) = s\begin{bmatrix} 1 & 0 \\ 0 & 1 \end{bmatrix} - \begin{bmatrix} 2 & 3 \\ 0 & -1 \end{bmatrix} = \begin{bmatrix} s-2 & -3 \\ 0 & s+1 \end{bmatrix}$$

分解矩阵为

$$\boldsymbol{\Phi}(s) = (s\boldsymbol{I} - \boldsymbol{A})^{-1} = \frac{adj(s\boldsymbol{I} - \boldsymbol{A})}{|s\boldsymbol{I} - \boldsymbol{A}|} = \frac{1}{(s-2)(s+1)}\begin{bmatrix} s+1 & 3 \\ 0 & s-2 \end{bmatrix}$$

输入的拉普拉斯变换为

$$\boldsymbol{F}(s) = \frac{1}{s}$$

由 $\boldsymbol{X}(s) = \boldsymbol{\Phi}(s)\left[x(0^-) + \boldsymbol{B}\boldsymbol{F}(s) \right]$，有

$$\begin{bmatrix} X_1(s) \\ X_2(s) \end{bmatrix} = \frac{1}{(s-2)(s+1)}\begin{bmatrix} s+1 & 3 \\ 0 & s-2 \end{bmatrix} \cdot \left\{ \begin{bmatrix} 2 \\ -1 \end{bmatrix} + \begin{bmatrix} 0 \\ 1 \end{bmatrix} \cdot \begin{bmatrix} \frac{1}{s} \end{bmatrix} \right\}$$

$$= \begin{bmatrix} \frac{1}{s-2} + \frac{1}{s+1} \\ -\frac{1}{s+1} \end{bmatrix} + \begin{bmatrix} \frac{1}{2} \cdot \frac{1}{s-2} + \frac{1}{s+1} - \frac{3}{2} \cdot \frac{1}{s} \\ \frac{1}{s} - \frac{1}{s+1} \end{bmatrix}$$

$$= \begin{bmatrix} -\frac{3}{2} \cdot \frac{1}{s} + \frac{2}{s+1} + \frac{3}{2} \cdot \frac{1}{s-2} \\ \frac{1}{s} - \frac{2}{s+1} \end{bmatrix}$$

由输出方程得到输出的拉普拉斯变换为

$$[Y(s)] = \begin{bmatrix} 1 & 1 \end{bmatrix} \cdot \begin{bmatrix} X_1(s) \\ X_2(s) \end{bmatrix} + [F(s)] = \begin{bmatrix} \frac{3}{2} \cdot \frac{1}{s-2} + \frac{1}{2} \cdot \frac{1}{s} \end{bmatrix}$$

取拉普拉斯反变换，得到系统的状态变量和输出分别为

$$\begin{bmatrix} x_1(t) \\ x_2(t) \end{bmatrix} = \begin{bmatrix} \frac{3}{2}\mathrm{e}^{2t} + 2\mathrm{e}^{-t} - \frac{3}{2} \\ 1 - 2\mathrm{e}^{-t} \end{bmatrix}, \quad t > 0$$

$$y(t) = \frac{3}{2}e^{2t} + \frac{1}{2} , \quad t > 0$$

例 7-3-1 为一个简单的单输入–单输出系统，由于需要求出含复变量 s 的矩阵的逆矩阵 $(sI - A)^{-1}$，其求解过程是比较烦琐的。这说明用状态变量分析法分析简单系统并没有优势，但是如果系统复杂一些，有多个输入，如例 7-3-2，情况就不同了。

【例 7-3-2】 已知某连续时间系统的状态方程和输出方程分别为

$$\begin{bmatrix} \dot{x}_1(t) \\ \dot{x}_2(t) \end{bmatrix} = \begin{bmatrix} 2 & 3 \\ 0 & -1 \end{bmatrix} \begin{bmatrix} x_1(t) \\ x_2(t) \end{bmatrix} + \begin{bmatrix} 0 & 1 \\ 1 & 0 \end{bmatrix} \begin{bmatrix} f_1(t) \\ f_2(t) \end{bmatrix}$$

和

$$\begin{bmatrix} y_1(t) \\ y_2(t) \end{bmatrix} = \begin{bmatrix} 1 & 1 \\ 0 & -1 \end{bmatrix} \begin{bmatrix} x_1(t) \\ x_2(t) \end{bmatrix} + \begin{bmatrix} 1 & 0 \\ 1 & 0 \end{bmatrix} \begin{bmatrix} f_1(t) \\ f_2(t) \end{bmatrix}$$

其初始状态和输入分别为

$$\begin{bmatrix} x_1(0^-) \\ x_2(0^-) \end{bmatrix} = \begin{bmatrix} 2 \\ -1 \end{bmatrix}, \quad \begin{bmatrix} f_1(t) \\ f_2(t) \end{bmatrix} = \begin{bmatrix} u(t) \\ \delta(t) \end{bmatrix}$$

试求该系统的状态方程和输出方程。

解

$$(sI - A) = s\begin{bmatrix} 1 & 0 \\ 0 & 1 \end{bmatrix} - \begin{bmatrix} 2 & 3 \\ 0 & -1 \end{bmatrix} = \begin{bmatrix} s-2 & -3 \\ 0 & s+1 \end{bmatrix}$$

分解矩阵为

$$\boldsymbol{\Phi}(s) = (sI - A)^{-1} = \frac{a\mathrm{dj}(sI - A)}{|sI - A|} = \frac{1}{(s-2)(s+1)}\begin{bmatrix} s+1 & 3 \\ 0 & s-2 \end{bmatrix}$$

输入的拉普拉斯变换为

$$\boldsymbol{F}(s) = \begin{bmatrix} \dfrac{1}{s} & 1 \end{bmatrix}^{\mathrm{T}}$$

由 $\boldsymbol{X}(s) = \boldsymbol{\Phi}(s)\begin{bmatrix} x(0^-) + \boldsymbol{B}\boldsymbol{F}(s) \end{bmatrix}$，有

$$\begin{bmatrix} X_1(s) \\ X_2(s) \end{bmatrix} = \frac{1}{(s-2)(s+1)}\begin{bmatrix} s+1 & 3 \\ 0 & s-2 \end{bmatrix} \cdot \left\{ \begin{bmatrix} 2 \\ -1 \end{bmatrix} + \begin{bmatrix} 0 & 1 \\ 1 & 0 \end{bmatrix} \cdot \begin{bmatrix} \dfrac{1}{s} \\ 1 \end{bmatrix} \right\}$$

即

$$\begin{bmatrix} X_1(s) \\ X_2(s) \end{bmatrix} = \begin{bmatrix} \dfrac{1}{s-2} + \dfrac{1}{s+1} \\ -\dfrac{1}{s+1} \end{bmatrix} + \begin{bmatrix} \dfrac{3}{2} \cdot \dfrac{1}{s-2} + \dfrac{1}{s+1} - \dfrac{3}{2} \cdot \dfrac{1}{s} \\ \dfrac{1}{s} - \dfrac{1}{s+1} \end{bmatrix}$$

由输出方程的拉普拉斯变换得到

$$\begin{bmatrix} Y_1(s) \\ Y_2(s) \end{bmatrix} = \begin{bmatrix} 1 & 1 \\ 0 & -1 \end{bmatrix} \cdot \left\{ \begin{bmatrix} \dfrac{1}{s-2} + \dfrac{1}{s+1} \\ -\dfrac{1}{s+1} \end{bmatrix} + \begin{bmatrix} \dfrac{3}{2} \cdot \dfrac{1}{s-2} + \dfrac{1}{s+1} - \dfrac{3}{2} \cdot \dfrac{1}{s} \\ \dfrac{1}{s} - \dfrac{1}{s+1} \end{bmatrix} \right\} + \begin{bmatrix} 1 & 0 \\ 1 & 0 \end{bmatrix} \cdot \begin{bmatrix} \dfrac{1}{s} \\ 1 \end{bmatrix}$$

$$= \begin{bmatrix} \dfrac{1}{s-2} \\ \dfrac{1}{s+1} \end{bmatrix} + \begin{bmatrix} \dfrac{3}{2} \cdot \dfrac{1}{s-2} + \dfrac{1}{2} \cdot \dfrac{1}{s} \\ \dfrac{1}{s+1} \end{bmatrix}$$

取拉普拉斯反变换，得系统的状态方程和输出方程分别为

$$\begin{bmatrix} x_1(t) \\ x_2(t) \end{bmatrix} = \begin{bmatrix} e^{2t} + e^{-t} \\ -e^{-t} \end{bmatrix} + \begin{bmatrix} \dfrac{3}{2}e^{2t} + e^{-t} - \dfrac{3}{2} \\ 1 - e^{-t} \end{bmatrix} = \begin{bmatrix} \dfrac{5}{2}e^{2t} + 2e^{-t} - \dfrac{3}{2} \\ 1 - 2e^{-t} \end{bmatrix}, \quad t > 0$$

$$\begin{bmatrix} y_1(t) \\ y_2(t) \end{bmatrix} = \begin{bmatrix} e^{2t} \\ e^{-t} \end{bmatrix} + \begin{bmatrix} \dfrac{3}{2}e^{2t} + \dfrac{1}{2} \\ e^{-t} \end{bmatrix} = \begin{bmatrix} \dfrac{5}{2}e^{2t} + \dfrac{1}{2} \\ 2e^{-t} \end{bmatrix}, \quad t > 0$$

由解题过程可以观察到，用状态变量分析法分析多输入-多输出系统不会比分析单输入-单输出系统复杂多少，而如果用输入-输出分析法则要复杂得多，所以，对于多输入-多输出系统，状态变量分析法有优势。

另外，状态变量分析法求解形式比较规范，求解的过程可以编写成程序，利用计算机求解。

拓展阅读

通过 AI 大模型可以了解"状态变量分析法有哪些应用场景"，回答如下。

状态变量分析法（State-Space Analysis）是一种用于建模、分析和控制动态系统的数学方法。它广泛应用于多个领域，尤其是在自动控制、系统工程和信号处理等领域。以下是一些主要的应用场景。

1．自动控制系统

用于设计和分析线性和非线性控制系统，如飞行器控制、机器人控制、汽车巡航控制等。在自动控制中，状态空间模型帮助描述系统的动态行为，控制器设计可以基于状态变量进行优化。

2．信号处理与滤波

用于设计数字滤波器、卡尔曼滤波器等。状态变量分析法可以有效处理复杂的信号估计问题。例如，卡尔曼滤波是一种广泛应用于估计问题的状态空间方法，特别适用于需要对系统状态进行估计的场合，如卫星导航和目标跟踪。

3．电力系统分析

在电力系统中，状态变量分析法可以用于建模电网的动态行为，如电压稳定性、发电机的调节等。也可以用于实时监控与故障诊断，通过状态变量分析电网中的状态变化，以及时进行调整和优化。

4．机器人学与路径规划

机器人运动学与动力学建模常用状态空间模型，特别是在自适应控制和轨迹跟踪问题中。例如，状态变量分析法可以帮助规划机器人的运动路径并控制其动作精度。

5．生物医学工程

在生物信号处理（如 ECG、EEG 分析）和医疗设备（如人工心脏起搏器）中，状态空间模型用于建模人体系统的动态特性。例如，在药物动力学中，通过状态空间模型研究药物在体内的吸收、分布、代谢和排泄过程。

6．经济学与金融建模

在宏观经济建模和金融市场分析中，状态变量分析法可以用于建模动态经济系统，如通货膨胀、失业率等经济指标的预测。例如，在金融中，状态变量分析法可以用于资产定价、风险管理和组合优化，帮助预测股票市场波动和资产回报。

7．生物学与生态学

在生态系统建模中，状态变量分析法用于描述物种种群数量、种群动态变化、资源分配等问题。生物种群的进化和适应过程也可以通过状态变量分析来建模。

这些应用场景展示了状态变量分析法的多样性和广泛性，它不仅可以应用于工程领域，也可扩展到其他学科。

如有意愿进一步了解其在控制系统设计中的具体应用，可以追问："自动控制系统中，控制器设计可以用状态变量分析，请说得具体些。"就可以得到控制器设计中的相关应用如下。

设计控制器的目标是通过调节控制输入 $u(t)$ 来使得系统输出 $y(t)$ 达到期望值，同时保证系统的稳定性和性能。常见的控制器设计方法如下。

状态反馈控制通过实时获取系统的状态向量 $x(t)$ 来计算控制输入 $u(t)$。状态反馈控制器的基本形式为

$$u(t)=-Kx(t)+r(t)$$

其中，K 是反馈增益矩阵，$r(t)$ 是参考输入，通常是期望的目标状态。通过调整 K，可以改变系统的动态行为。目的：使得闭环系统具有所需的动态特性（如稳定性、快速响应、低超调等）。通过选择合适的增益矩阵 K，可以将系统的极点放置到希望的位置，以便实现所需的响应特性。例如，极点配置（Pole Placement）方法是一种常见的状态反馈设计方法，通过选择合适的 K 将系统的极点（即系统的特征值）放置到所需的位置，从而控制系统的稳定性和响应速度。

思 考 题

7-1　系统的描述方法通常有哪两类？
7-2　状态变量分析法为何又称为内部法？
7-3　状态方程的左右两边包含哪些变量？

7-4　输出方程的左右两边包含哪些变量？

7-5　电路系统中，状态方程的阶数与动态元件的个数之间有什么关系？

7-6　已知电路图列写状态方程，通常怎么选状态变量？

7-7　电路图的状态变量选定后，一般对电容和电感分别列写什么方程？

7-8　模拟图给定后，一般选择积分器的输出作为状态变量，为什么？

练 习 题

7-1　某电路如题图 7-1 所示，试列写状态方程。

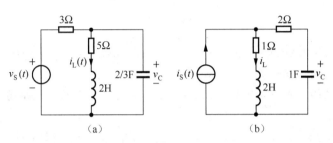

(a)　　　　　　　　(b)

题图 7-1

7-2　某电路如题图 7-2 所示，试列写状态方程。

7-3　某电路如题图 7-3 所示，以电容上的电流为输出，试列写状态方程和输出方程。

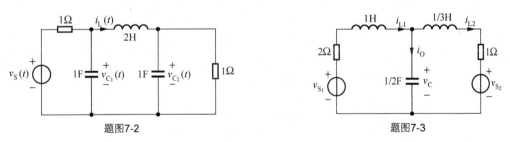

题图7-2　　　　　　　　　　　题图7-3

7-4　描述系统的微分方程如下，试建立系统的状态方程和输出方程。

（1）$y''(t) + 3y'(t) + 4y(t) = f(t)$

（2）$y'''(t) + 4y''(t) + 5y'(t) + 6y(t) = 4f(t)$

7-5　某系统如题图 7-4 所示，试列写状态方程和输出方程。

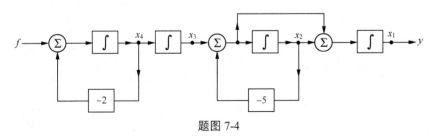

题图 7-4

7-6　某系统如题图 7-5 所示，试列写状态方程和输出方程。

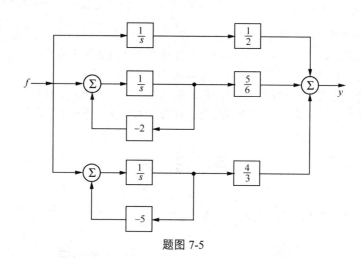

题图 7-5

7-7 已知某系统的微分方程为 $y'''(t) + 4y''(t) + 5y'(t) + 6y(t) = 4f'(t) + 5f(t)$，试根据其直接模拟图，列写状态方程和输出方程。

7-8 已知某系统的系统函数如下，试分别画出串联形式与并联形式的模拟图，并列写状态方程和输出方程。

（1）$H(s) = \dfrac{5s + 10}{s^2 + 7s + 12}$ 　　　　　（2）$H(s) = \dfrac{2s^2 + 10s + 14}{(s+1)(s+2)(s+3)}$

常用信号的傅里叶变换

序号	名称	时间函数 $f(t)$	频谱函数 $F(\omega)$
1	矩形脉冲 （门函数）	$Ag_\tau(t) = \begin{cases} A & \|t\| < \dfrac{\tau}{2} \\ 0 & \|t\| > \dfrac{\tau}{2} \end{cases}$	$A\tau Sa\left(\dfrac{\omega\tau}{2}\right)$
2	抽样函数	$A\tau Sa\left(\dfrac{\tau t}{2}\right)$	$2\pi A g_\tau(\omega) = \begin{cases} 2\pi A & \|\omega\| < \dfrac{\tau}{2} \\ 0 & \|\omega\| > \dfrac{\tau}{2} \end{cases}$
3	三角函数	$A\Delta_{2\tau}(t) = \begin{cases} A\left(1 - \dfrac{\|t\|}{\tau}\right) & \|t\| < \tau \\ 0 & \|t\| > \tau \end{cases}$	$A\tau Sa^2\left(\dfrac{\omega\tau}{2}\right)$
4	单边 指数函数	$Ae^{-\alpha t}u(t) \quad (\alpha > 0)$	$\dfrac{A}{\alpha + j\omega}$
5	单位 冲激信号	$\delta(t)$	1
6	单位 阶跃信号	$u(t)$	$\pi\delta(\omega) + \dfrac{1}{j\omega}$
7	正负号 信号	$\text{sgn}(t) = \begin{cases} 1 & t > 0 \\ -1 & t < 0 \end{cases}$	$\dfrac{2}{j\omega}$
8	直流信号	A	$2\pi A\delta(\omega)$
9	无时限 余弦信号	$\cos\omega_0 t$	$\pi[\delta(\omega + \omega_0) + \delta(\omega - \omega_0)]$
10	无时限 正弦信号	$\sin\omega_0 t$	$j\pi[\delta(\omega + \omega_0) - \delta(\omega - \omega_0)]$
11	周期信号	$f(t) = \displaystyle\sum_{n=-\infty}^{\infty} F_n e^{jn\omega_0 t}$	$2\pi \displaystyle\sum_{n=-\infty}^{\infty} F_n \delta(\omega - n\omega_0)$
12	单位 冲激序列	$\delta_T(t) = \displaystyle\sum_{n=-\infty}^{\infty} \delta(t - nT)$	$\omega_0 \delta_{\omega_0}(\omega) = \omega_0 \displaystyle\sum_{n=-\infty}^{\infty} \delta(\omega - n\omega_0)$

附录 2
傅里叶变换的基本性质

序号	性质	时域 $f(t)$	频域 $F(\omega)$	时频域对应关系
1	线性性质	$\sum_{i=1}^{n} a_i f_i(t)$	$\sum_{i=1}^{n} a_i F_i(\omega)$	线性
2	对称性质	$F(t)$	$2\pi f(-\omega)$	对称
		$F(-t)$	$2\pi f(\omega)$	
3	尺度变换（比例性）	$f(at), \quad a \neq 0$	$\dfrac{1}{\|a\|}F\left(\dfrac{\omega}{a}\right)$	压缩对应扩展
		$f(-t)$	$F(-\omega)$	翻转对应翻转
4	时移特性	$f(t-t_0)$	$F(\omega)\mathrm{e}^{-\mathrm{j}\omega t_0}$	时域右移 t_0 对应频域乘以 $\mathrm{e}^{-\mathrm{j}\omega t_0}$
		$f(at-t_0), \quad a \neq 0$	$\dfrac{1}{\|a\|}F\left(\dfrac{\omega}{a}\right)\mathrm{e}^{-\mathrm{j}\omega\frac{t_0}{a}}$	
5	频移特性（调制定理）	$f(t)\mathrm{e}^{\mathrm{j}\omega_0 t}$	$F(\omega-\omega_0)$	时域乘以 $\mathrm{e}^{\mathrm{j}\omega_0 t}$ 对应频域右移 ω_0
		$f(t)\cos\omega_0 t$	$\dfrac{1}{2}[F(\omega+\omega_0)+F(\omega-\omega_0)]$	
		$f(t)\sin\omega_0 t$	$\dfrac{\mathrm{j}}{2}[F(\omega+\omega_0)-F(\omega-\omega_0)]$	
6	时域微分	$\dfrac{\mathrm{d}^n}{\mathrm{d}t^n}f(t)$	$(\mathrm{j}\omega)^n F(\omega)$	微分对应乘以（$\mathrm{j}\omega$）
7	时域积分	$\displaystyle\int_{-\infty}^{t} f(\tau)\mathrm{d}\tau$	$\dfrac{F(\omega)}{\mathrm{j}\omega}+\pi F(0)\delta(\omega)$	积分对应除以（$\mathrm{j}\omega$）再补上冲激
8	频域微分	$(-\mathrm{j}t)^n f(t)$	$\dfrac{\mathrm{d}^n}{\mathrm{d}\omega^n}F(\omega)$	乘以（$-\mathrm{j}t$）对应微分
9	频域积分	$\pi f(0)\delta(t)+\dfrac{f(t)}{(-\mathrm{j}t)}$	$\displaystyle\int_{-\infty}^{\omega} F(\Omega)\mathrm{d}\Omega$	除以（$-\mathrm{j}t$）再补上冲激（直流谱的反变换）对应积分
10	时域卷积	$f_1(t)*f_2(t)$	$F_1(\omega)\cdot F_2(\omega)$	卷积对应乘积
11	频域卷积	$f_1(t)\cdot f_2(t)$	$\dfrac{1}{2\pi}F_1(\omega)*F_2(\omega)$	乘积对应卷积
12	能量公式	$\displaystyle\int_{-\infty}^{\infty} f^2(t)\mathrm{d}t$	$\dfrac{1}{2\pi}\displaystyle\int_{-\infty}^{\infty} \|F(\omega)\|^2\mathrm{d}\omega$	信号的能量在时域与在频域一致

常用信号的拉普拉斯变换

序号	$f(t)$	$F(s) = \mathscr{L}[f(t)]$
1	$\delta(t)$	1
2	$u(t)$	$\dfrac{1}{s}$
3	$tu(t)$	$\dfrac{1}{s^2}$
4	$\mathrm{e}^{\pm\alpha t}u(t)$, $\alpha > 0$	$\dfrac{1}{s \mp \alpha}$
5	$\sin\omega_0 tu(t)$	$\dfrac{\omega_0}{s^2 + \omega_0^2}$
6	$\cos\omega_0 tu(t)$	$\dfrac{s}{s^2 + \omega_0^2}$
7	$\mathrm{sh}\,\beta tu(t)$	$\dfrac{\beta}{s^2 - \beta^2}$
8	$\mathrm{ch}\,\beta tu(t)$	$\dfrac{s}{s^2 - \beta^2}$

附录 **4**
拉普拉斯变换的基本性质

序号	名称	时域	复频域
1	线性	$\alpha_1 f_1(t) + \alpha_2 f_2(t)$	$\alpha_1 F_1(s) + \alpha_2 F_2(s)$
2	比例性（尺度变换）	$f(at), \ a > 0$	$\dfrac{1}{a} F\left(\dfrac{s}{a}\right)$
3	时移性	$f(t - t_0)u(t - t_0), \ t_0 > 0$	$F(s)e^{-st_0}$
4	频移性	$f(t)e^{s_0 t}$	$F(s - s_0)$
5	时域微分	$\dfrac{\mathrm{d}f(t)}{\mathrm{d}t}$	$sF(s) - f(0^-)$
6	时域积分	$\displaystyle\int_{-\infty}^{t} f(\zeta)\,\mathrm{d}\zeta$	$\dfrac{F(s)}{s} + \dfrac{1}{s}\displaystyle\int_{-\infty}^{0^-} f(\zeta)\,\mathrm{d}\zeta$
7	复频域微分	$t^n f(t)$	$(-1)^n \dfrac{\mathrm{d}^n}{\mathrm{d}s^n} F(s)$
8	复频域积分	$\dfrac{f(t)}{t}, \ \lim\limits_{t \to 0} f(t) = 0$	$\displaystyle\int_{s}^{\infty} F(s)\,\mathrm{d}s$
9	时域卷积	$f_1(t) * f_2(t)$	$F_1(s) \cdot F_2(s)$
10	初值定理	$f(0^+) = \lim\limits_{t \to 0^+} f(t) = \lim\limits_{s \to \infty} sF(s)$	
11	终值定理	$f(\infty) = \lim\limits_{t \to \infty} f(t) = \lim\limits_{s \to 0} sF(s)$	

附录 5
常用序列的 Z 变换

序号	序列 $f(k)$ $k \geq 0$	Z 变换 $F(z)$	收敛域
1	$\delta(k)$	1	$|z| \geq 0$
2	$u(k)$	$\dfrac{z}{z-1}$	$|z| > 1$
3	$a^k u(k)$	$\dfrac{z}{z-a}$	$|z| > a$
4	$k\,u(k)$	$\dfrac{z}{(z-1)^2}$	$|z| > 1$
5	$\cos\dfrac{\pi}{2}k u(k)$	$\dfrac{z^2}{z^2+1}$	$|z| > 1$
6	$\sin\dfrac{\pi}{2}k u(k)$	$\dfrac{z}{z^2+1}$	$|z| > 1$

附录 6

Z 变换的性质

	名称	时域	Z 域
1	线性	$a_1 f_1(k) + a_2 f_2(k)$	$a_1 F_1(z) + a_2 F_2(z)$
2	移序（移位）性	$f(k+m)$，$m>0$	$z^m \left[F(z) - \sum_{k=0}^{m-1} f(k) z^{-k} \right]$
		$f(k-m)$，$m>0$	$z^{-m} \left[F(z) + \sum_{k=1}^{m} f(-k) z^{k} \right]$
		$f(k-m)u(k-m)$，$m>0$	$z^{-m} F(z)$
3	比例性（尺度变换）	$a^k f(k)$	$F\left(\dfrac{z}{a}\right)$
4	Z 域微分	$kf(k)$	$-z \dfrac{\mathrm{d}F(z)}{\mathrm{d}z}$
		$k^m f(k)$	$\left(-z \dfrac{\mathrm{d}}{\mathrm{d}z}\right)^m F(z)$
5	Z 域积分	$\dfrac{1}{k} f(k)$	$\displaystyle\int_z^\infty F(v) v^{-1} \mathrm{d}v$
		$\dfrac{1}{k+a} f(k)$，$a>0$	$z^a \displaystyle\int_z^\infty F(v) v^{-(a+1)} \mathrm{d}v$
6	时域卷积	$f_1(k) * f_2(k)$	$F_1(z) F_2(z)$
7	时域相乘	$f_1(k) \cdot f_2(k)$	$\dfrac{1}{2\pi \mathrm{j}} \oint_c F_1(v) F_2\left(\dfrac{z}{v}\right) \dfrac{\mathrm{d}v}{v}$
8	序列求和	$\displaystyle\sum_{n=0}^{k} f(n)$	$\dfrac{z}{z-1} F(z)$
9	初值定理	$f(0) = \lim\limits_{z \to \infty} F(z)$	
		$f(m) = \lim\limits_{z \to \infty} z^m \left[F(z) - \sum_{k=0}^{m-1} f(k) z^{-k} \right]$	
10	终值定理	$f(\infty) = \lim\limits_{z \to 1} (z-1) F(z)$	

附录 7

信号与系统常用数学公式

1. 欧拉公式

$$e^{j\theta} = \cos\theta + j\sin\theta \qquad\qquad e^{-j\theta} = \cos\theta - j\sin\theta$$

$$\cos\theta = \frac{1}{2}(e^{j\theta} + e^{-j\theta}) \qquad\qquad \sin\theta = \frac{1}{2j}(e^{j\theta} - e^{-j\theta})$$

2. 三角公式

$$\sin^2\theta + \cos^2\theta = 1$$

$$\sin^2\theta = \frac{1}{2}(1 - \cos 2\theta)$$

$$\cos^2\theta = \frac{1}{2}(1 + \cos 2\theta)$$

$$\sin(\alpha + \beta) = \sin\alpha\cos\beta + \cos\alpha\sin\beta$$

$$\cos(\alpha + \beta) = \cos\alpha\cos\beta - \sin\alpha\sin\beta$$

$$-\cos\alpha = \cos(\alpha - 180°)$$

$$\sin\alpha = \cos(\alpha - 90°)$$

$$-\sin\alpha = \cos(\alpha + 90°)$$

3. 等比级数求和公式

$$\sum_{n=n_1}^{n_2} q^n = \begin{cases} \dfrac{q^{n_1} - q^{n_2+1}}{1-q} & q \neq 1 \\[2mm] n_2 - n_1 + 1 & q = 1 \end{cases} \qquad (n_1 < n_2)$$

4. 求导公式

$$(uv)' = u'v + uv'$$

$$\left(\frac{u}{v}\right)' = \frac{u'v - uv'}{v^2}$$

$$\left(\frac{1}{v}\right)' = \frac{-1}{v^2}$$

附录 8

部分练习题参考答案

第1章

1-1 （1）周期信号 $T=\pi$ （2）非周期信号   （3）周期信号 $T=2\pi$

    （4）非周期信号   （5）周期信号 $T=\dfrac{1}{2}$ （6）周期信号 $T=\dfrac{2}{3}\pi$

1-2 （1）非周期序列   （2）周期序列 $N=8$ （3）周期序列 $N=12$

    （4）非周期序列   （5）非周期序列   （6）周期序列 $N=6$

1-5 $T_{\mathrm{s}}=\dfrac{m}{N}\times\dfrac{2\pi}{\omega_0}$

1-6 （1）功率信号   （2）能量信号   （3）非能量非功率信号

    （4）功率信号   （5）能量信号   （6）非能量非功率信号

    （7）能量信号   （8）功率信号   （9）功率信号

1-7 （1）功率信号   （2）功率信号   （3）能量信号

    （4）能量信号   （5）非能量非功率信号   （6）功率信号

1-8 （1）非线性、时不变   （2）非线性、时不变   （3）非线性、时变

    （4）非线性、时变   （5）线性、时变   （6）非线性、时不变

    （7）非线性、时不变   （8）线性、时变   （9）非线性、时变

    （10）非线性、时变

1-9 （1）线性、时变   （2）非线性、时不变   （3）非线性、时不变

    （4）非线性、时变   （5）线性、时变   （6）线性、时不变

1-10 （1）非因果   （2）因果   （3）因果   （4）非因果

    （5）因果   （6）非因果   （7）因果   （8）非因果

1-11 $y(t)=4+7\mathrm{e}^{-t}-3\mathrm{e}^{-2t}$

1-12 $y_{\mathrm{zi}}(t)=-\mathrm{e}^{-2t}+2\mathrm{e}^{-3t}$ ， $y(t)=6+5\mathrm{e}^{-2t}-7\mathrm{e}^{-3t}$

第2章

2-7 （1） $\dfrac{1}{2}\delta(t-2)$ （2）0   （3） $\dfrac{1}{6}\delta\left(t-\dfrac{1}{3}\right)$

    （4） $\dfrac{1}{2}\mathrm{e}^2\delta(t)$ （5） $-\dfrac{\sqrt{2}}{2}\delta(t+1)+\dfrac{\sqrt{2}}{2}\delta(t-1)$ （6） $\mathrm{e}^{-4}\delta(t-3)$

（7）$-\dfrac{\sqrt{3}}{2}\delta'(t+2)-\dfrac{\pi}{12}\delta(t+2)$ （8）$\delta'(t)+\delta(t)$

2-8 （1）10   （2）0   （3）0   （4）1

   （5）$2\cos 6$ （6）6   （7）$3\mathrm{e}^{-3}$ （8）$-\dfrac{\sqrt{2}}{2}$

2-9 （1）$\dfrac{1}{2}u\left(t-\dfrac{3}{2}\right)$ （2）$-u(t)$ （3）$3u(t-2)$

   （4）-1 （5）$\delta(t)-3\mathrm{e}^{-3t}u(t)$ （6）6

2-10 $h(t)=(3\mathrm{e}^{-2t}-\mathrm{e}^{-t})u(t)$

2-11 $h(t)=\mathrm{e}^{-t}\left(\cos 2t-\dfrac{3}{2}\sin 2t\right)u(t)$

2-12 $h(t)=(1-t)\mathrm{e}^{-2t}u(t)$

2-13 （1）$6(\mathrm{e}^{-2t}-\mathrm{e}^{-3t})u(t)$ （2）$\dfrac{2}{3}$ （3）$(\mathrm{e}^{-t-3}-\mathrm{e}^{-2t-1})u(t-2)$

   （4）$\left[1-\mathrm{e}^{-(t-1)}\right]u(t-1)-\left[1-\mathrm{e}^{-(t-2)}\right]u(t-2)$

   （5）$\left[\dfrac{1}{2}t-\dfrac{1}{4}-\dfrac{1}{4}\mathrm{e}^{-2(t-1)}\right]u(t-1)$

   （6）$(t-5)\mathrm{e}^{-(t-5)}u(t-5)$

   （7）$\dfrac{1}{2}t^2[u(t)-u(t-1)]-\dfrac{1}{2}(t-2)^2[u(t-2)-u(t-3)]$

   （8）$\dfrac{1}{5}\left[\mathrm{e}^{-2(t-2)}-\cos(t-2)+2\sin(t-2)\right]u(t-2)$

   （9）$4\mathrm{e}^{-2t}u(t)-4\mathrm{e}^{t}u(-t)$

   （10）$3\mathrm{e}^{-t}u(t)-2\mathrm{e}^{-2t}u(t)-\mathrm{e}^{t}u(-t)$

2-14 （1）$h(t)=e^{-2(t-3)}u(t-3)$

   （2）$y(t)=-\dfrac{1}{2}[e^{-2(t-2)}-1]\left\{u(t-2)+\dfrac{1}{2}[e^{-2(t-4)}-1]u(t-4)\right\}$

2-15 $y(2)=4,\ y(6)=8$

2-18 $h(t)=\dfrac{1}{4}[u(t)-u(t-4)]$

2-23 （1）$\left(\mathrm{e}^{-t}-\mathrm{e}^{-2t}\right)u(t)$ （2）$\left(-0.5\mathrm{e}^{-t}+2\mathrm{e}^{-2t}-1.5\mathrm{e}^{-3t}\right)u(t)$

   （3）$\left(0.5\mathrm{e}^{-t}-0.8\mathrm{e}^{-2t}+0.3\cos t-0.1\sin t\right)u(t)$

2-25 $h(t)=u(t-1)-2\delta(t)$

2-26 $h(t)=0.5\left(1+e^{-2t}\right)u(t)+\left(e^{-t+1}-e^{-2t+2}\right)u(t-1)$

2-27 （1）$y(t)=4+\dfrac{3}{2}\mathrm{e}^{-t}+\dfrac{1}{2}\mathrm{e}^{-3t}$，$t\geqslant 0$

   $y_{\mathrm{zi}}(t)=3\mathrm{e}^{-t}$，$t\geqslant 0$

   $y_{\mathrm{zs}}(t)=\left(4-\dfrac{3}{2}\mathrm{e}^{-t}+\dfrac{1}{2}\mathrm{e}^{-3t}\right)u(t)$

自然响应 $-\dfrac{3}{2}\mathrm{e}^{-t}$，$t\geqslant 0$

强制响应 $\left(4+\dfrac{1}{2}e^{-3t}\right)u(t)$

暂态响应 $\dfrac{3}{2}e^{-t}+\dfrac{1}{2}e^{-3t}$, $t \geqslant 0$

稳态响应 $4u(t)$

（2）$y(t)=4-\dfrac{7}{2}e^{-t}+\dfrac{1}{2}e^{-3t}$, $t \geqslant 0$

$y_{zi}(t)=-2e^{-t}$, $t \geqslant 0$

第3章

3-4 $f_1(k)+f_2(k)=\begin{cases} 0 & k<0 \\ 1 & k=0 \\ k-1+2^k & k \geqslant 1 \end{cases}$ $f_1(k) \cdot f_2(k)=\begin{cases} 0 & k<1 \\ (k-1)2^k & k \geqslant 1 \end{cases}$

3-5 $f'(t)=2t-1$ $\Delta f(k)=2k$ $\nabla f(k)=2(k-1)$

3-6 $\Delta y(k)=y(k+1)-y(k)=f(k+1)$ $\nabla y(k)=y(k)-y(k-1)=f(k)$

3-9 $\dfrac{1}{5}\left[1-(-4)^k\right]u(k)$

3-10 $\left[2(-1)^k-(0.5)^k\right]u(k)$

3-11 $h(k)=(-1)^{k-2}u(k-2)+2\delta(k-1)$

3-12 （1）$(k-1)u(k-2)$ （2）$\delta(k-1)+2u(k-2)$

（3）$k\dfrac{k+1}{2}u(k)$ （4）$3\left(\dfrac{1}{2}\right)^k u(k)-2\left(\dfrac{1}{3}\right)^k u(k)$

（5）$(k+1)a^k u(k)$ （6）$\begin{cases} \dfrac{k}{2} & k=0,2,4,6,\cdots \\ \dfrac{k+1}{2} & k=1,3,5,\cdots \end{cases}$

3-13 $y(k)=\{16,\underline{-12},22,5,2,7,2\}$

3-14 $y(2)=28$

3-15 $y(4)=13$

3-16 （1）$0.6\left(\dfrac{1}{2}\right)^k u(k)+0.4\left(-\dfrac{1}{3}\right)^k u(k)$

（2）$\left[1.5(-1)^k-0.5\cos\left(\dfrac{\pi}{2}k\right)-1.5\sin\left(\dfrac{\pi}{2}k\right)\right]u(k)$

（3）$\left[\dfrac{4}{15}\left(\dfrac{1}{2}\right)^k-\dfrac{2}{3}(-1)^k+\dfrac{2}{5}(-2)^k\right]u(k)$

（4）$\left[\dfrac{1}{3}k-\dfrac{1}{9}+\dfrac{1}{9}(-2)^k\right]u(k)$

3-17 （1）$y(k)=\{\underline{0},6,12,18,18,12,6\}$ （2）$y(k)=\{\underline{0},1,3,6,8,5\cdots\}$

（3）$y(k)=\left[\dfrac{2^k}{7}-\dfrac{1}{56}\left(\dfrac{1}{4}\right)^k\right]u(k)$ （4）$y(k)=\left(2-2^{-k}\right)u(k)$

3-18　$h(k) = 2\delta(k) + \left(2 + 2^{-k+1}\right)u(k-1)$

3-19（1）$y(t) = \dfrac{5}{2} + \dfrac{7}{6}(0.2)^k - \dfrac{5}{3}(0.5)^k$,　$k \geqslant 0$

　　（2）$y(k) = \dfrac{5}{2} + \dfrac{7}{6}(0.2)^k - \dfrac{5}{3}(0.5)^k$,　$k \geqslant 0$

　　　　　$y(k) = \dfrac{5}{2} + \dfrac{13}{6}(0.2)^k - \dfrac{5}{3}(0.5)^k$,　$k \geqslant 0$

　　　　　$y_{zi}(k) = 2(0.2)^k$,　$k \geqslant 0$

第 4 章

4-1（a）$f(t) = \begin{cases} \displaystyle\sum_{n=1}^{\infty} \dfrac{4}{n\pi} \sin n\pi t & n\text{为奇数} \\[2ex] \displaystyle\sum_{n=-\infty}^{\infty} \dfrac{2}{jn\pi} \mathrm{e}^{jn\pi t} & n\text{为奇数} \end{cases}$　　　（b）$f(t) = \begin{cases} \displaystyle\sum_{n=1}^{\infty} \dfrac{4}{n\pi} \cos n\pi t & n\text{为奇数} \\[2ex] \displaystyle\sum_{n=-\infty}^{\infty} \dfrac{2}{n\pi} \mathrm{e}^{jn\pi t} & n\text{为奇数} \end{cases}$

4-2　$\dfrac{A}{2} - \dfrac{A}{\pi}\displaystyle\sum_{n=1}^{\infty}\dfrac{1}{n}\sin n\omega_0 t$　$\dfrac{A}{2} + \dfrac{jA}{2\pi}\displaystyle\sum_{n=-\infty}^{\infty}\dfrac{1}{n}\mathrm{e}^{jn\omega_0 t}$,　$\omega_0 = \dfrac{2\pi}{T}$

4-7（1）$\dfrac{1}{j\omega + 5}$　　　　　　　　　　（2）$\dfrac{\mathrm{e}^{-5}}{j\omega + 5}$

　　（3）$\dfrac{\mathrm{e}^{j\omega}}{j\omega + 5}$　　　　　　　　　（4）$\dfrac{1}{5 - j\omega}$

　　（5）$\pi\delta(\omega - 5) + \dfrac{1}{j(\omega - 5)}$　　　（6）$\dfrac{\mathrm{e}^{2j\omega + 10} - \mathrm{e}^{-(j\omega + 5)}}{j\omega + 5}$

　　（7）$\dfrac{\pi}{5}\big[u(\omega + 5) - u(\omega - 5)\big]$　（8）$\dfrac{4}{\omega^2 + 4}$

　　（9）$2\pi\mathrm{e}^{-|\omega|}$　　　　　　　　　　（10）$\dfrac{1}{(j\omega + 5)^2}$

4-8（1）$\dfrac{j}{2}\dfrac{\mathrm{d}F\left(\dfrac{\omega}{2}\right)}{\mathrm{d}\omega}$　　　　　　（2）$j\dfrac{\mathrm{d}F(\omega)}{\mathrm{d}\omega}\mathrm{e}^{-3j\omega}$

　　（3）$-F(\omega) - \omega\dfrac{\mathrm{d}F(\omega)}{\mathrm{d}\omega}$　　　（4）$j\dfrac{\mathrm{d}F(-\omega)}{\mathrm{d}\omega}\mathrm{e}^{-2j\omega} - F(-\omega)\mathrm{e}^{-2j\omega}$

　　（5）$F(-\omega)\mathrm{e}^{3j\omega}$　　　　　　　（6）$2j\dfrac{\mathrm{d}F(2\omega)}{\mathrm{d}\omega} - 4F(2\omega)$

4-9（1）$\dfrac{\omega_0}{\pi}Sa(\omega_0 t)$　　　　　　　（2）$t\mathrm{e}^{-8t}u(t)$

　　（3）$\mathrm{e}^{-8(t+1)}u(t)$　　　　　　　（4）$t\,\mathrm{sgn}(t)$

　　（5）$\dfrac{1}{2}\mathrm{sgn}(-t)$　　　　　　　（6）$\mathrm{e}^{-8(t+1)}u(t+1)$

　　（7）$\dfrac{1}{2\pi}\mathrm{e}^{jt}$　　　　　　　　（8）$\mathrm{e}^{-8t}u(t)$

4-10 （a） $Sa^2\left(\dfrac{\omega}{2}\right)$ 　　　（b） $Sa^2\left(\dfrac{\omega}{2}\right)\cos\omega$ 　　　（c） $Sa^2\left(\dfrac{\omega}{2}\right)\mathrm{e}^{-2\mathrm{j}\omega}$

4-11 （a） $\dfrac{2}{5}\left\{Sa\left[\dfrac{2}{5}(\omega+10\pi)\right]+Sa\left[\dfrac{2}{5}(\omega-10\pi)\right]\right\}$

　　 （b） $\dfrac{1}{2}\left[Sa^2\left(\dfrac{\omega+10\pi}{2}\right)+Sa^2\left(\dfrac{\omega-10\pi}{2}\right)\right]$

4-12 （a） $\dfrac{1}{\omega^2}\left[\mathrm{e}^{-\mathrm{j}\omega}+\mathrm{j}\omega\mathrm{e}^{-\mathrm{j}\omega}-1\right]$ 　　（b） $\dfrac{2}{\mathrm{j}\omega}Sa(\omega)$ 　　（c） $\dfrac{1}{\mathrm{j}\omega}\mathrm{e}^{-\mathrm{j}\omega}+\pi\delta(\omega)$

4-13 　$\dfrac{1}{s}$ ， $\omega_0=\dfrac{2\pi}{T}$

4-14 （1） $\dfrac{3}{2}$ 　　　　　　（2） 2π 　　　　　　（3） $\dfrac{8\pi}{3}$

4-15 （1） π 　　　　　　　（2） $\dfrac{\pi}{2}$

4-16 （1） 450Hz，50Hz 　　（2） 300Hz，900Hz，100Hz

4-17 （1） $\dfrac{100}{\pi}$ Hz 　（2） $\dfrac{200}{\pi}$ Hz 　（3） $\dfrac{100}{\pi}$ Hz 　（4） $\dfrac{500}{\pi}$ Hz 　（5） $\dfrac{120}{\pi}$ Hz

4-18 （1） $F(\omega)=10\pi\delta(\omega)+\pi\left[\delta(\omega-2\pi f_s)-\delta(\omega+2\pi f_s)\right]+\dfrac{\pi}{2}\left[\delta(\omega-4\pi f_s)+\delta(\omega+4\pi f_s)\right]$

　　　　 $F_s(\omega)=f_s\displaystyle\sum_{n=-\infty}^{\infty}F(\omega-n\omega_s)$

（3） $2k<f_s<3k$

4-19 　 $f(t)=5+2\cos 2\pi f(t)+\cos 4\pi f(t)$ ， $f=200$ Hz

4-20 （1） $\dfrac{\mathrm{j}\omega+3}{(\mathrm{j}\omega)^2+3\mathrm{j}\omega+2}$ （2） $(2\mathrm{e}^{-t}-\mathrm{e}^{-2t})\varepsilon(t)$ （3） $(2t\mathrm{e}^{-t}-\mathrm{e}^{-t}+\mathrm{e}^{-2t})\varepsilon(t)$

4-21 　 $(1-2\mathrm{e}^{-t})\varepsilon(t)$

4-22 （1） $Y_1(\omega)=\begin{cases}\pi\left(1-\dfrac{\omega}{2}\right)^t & |\omega|<2 \\ 0 & |\omega|>2\end{cases}$

　　 （2） $Y_2(\omega)=\dfrac{\pi}{2}\displaystyle\sum_{n=-\infty}^{\infty}(5-|n|)\delta(\omega-n)$

4-24 　 $Y(\omega)\leftrightarrow\dfrac{2}{\pi}Sa(2t)\cdot\cos 20t$

4-25 （1） $-\dfrac{3}{5}\cos 2t+\dfrac{4}{5}\sin 2t$ 或 $\cos(2t-127°)$ 　　　（2） $-\dfrac{4}{5}\cos 2t-\dfrac{3}{5}\sin 2t$ 或 $\sin(2t-127°)$

第 5 章

5-1 （1） $\dfrac{1}{s+2}$ 　　　　　（2） $\dfrac{\mathrm{e}^{-(s+2)}}{s+2}$ 　　　　　（3） $\dfrac{\mathrm{e}^2}{s+2}$ 　　　　　（4） $\dfrac{\mathrm{e}^{-s}}{s+2}$

5-2　（1）$\dfrac{1-\mathrm{e}^{-2s}}{s}$　　　　　　　　　　（2）$\dfrac{1-\mathrm{e}^{-s}-2s\mathrm{e}^{-s}}{2s^2}$

　　　（3）$\dfrac{1-2\mathrm{e}^{-s}+2\mathrm{e}^{-2s}}{s^2}$　　　　（4）$\dfrac{1-\mathrm{e}^{-s}-s\mathrm{e}^{-s}}{s^2}\cdot\dfrac{1}{1-\mathrm{e}^{-2s}}$

5-3　（1）$aF(as+1)$　　　（2）$aF(as+a^2)$　　　　（3）$\dfrac{1}{a}F\left(\dfrac{as+1}{a^2}\right)$　　　（4）$\dfrac{1}{a}F\left(\dfrac{s+a}{a}\right)$

5-4　（1）$\dfrac{2\mathrm{e}^{-2s}}{s^2+10s+24}$

　　　（2）$\dfrac{2s+5}{s^4+10s^3+39s^2+70s+50}$

　　　（3）$\dfrac{1}{s(s^2+5s+6)}$

5-5　（1）3，0　（2）0，$\dfrac{3}{5}$

5-6　（1）$\dfrac{t}{2a}\sin at u(t)$　　　　（2）$(t-T)\mathrm{e}^{-(t-T)}u(t-T)$　　　　（3）$\dfrac{t}{2a}\mathrm{sh}\,at u(t)$

　　　（4）$t^2\mathrm{e}^{-aT}u(t)$　　　　（5）$(-2t\cos t+2\sin t)u(t)$　　　　（6）$\displaystyle\sum_{n=0}^{\infty}\mathrm{e}^{-(t-2n)}u(t-2n)$

5-7　（1）$(\mathrm{e}^{-t}+2\mathrm{e}^{-2t}-3\mathrm{e}^{-3t})u(t)$　　　　（2）$\mathrm{e}^{-t}\left(2\cos 3t+\dfrac{1}{3}\sin 3t\right)u(t)$

　　　（3）$\delta'(t)+(2\mathrm{e}^{-2t}-4\mathrm{e}^{-4t})u(t)$　　　　（4）$u(t)-\cos 2t u(t)+\sin 2t u(t)$

　　　（5）$(\mathrm{e}^{-t}-\cos t+\sin t)u(t)$　　　　（6）$\left[(t-3)+\left(\dfrac{t^2}{2}+2t+3\right)\mathrm{e}^{-t}\right]u(t)$

5-9　（1）$\mathrm{e}^{t}\sin 2t u(t)+\dfrac{1}{2}\mathrm{e}^{t}\sin 2(t-1)u(t-1)$

　　　（2）$\mathrm{e}^{-t}u(t)+\mathrm{e}^{-(t-1)}u(t-1)+\mathrm{e}^{-(t-2)}u(t-2)$

　　　（3）$\displaystyle\sum_{n=0}^{\infty}(-1)^n\delta(t-n)$

　　　（4）$tu(t)-2(t-1)u(t-1)+(t-2)u(t-2)$

5-10　（1）$(\mathrm{e}^{-t}-\mathrm{e}^{-2t})u(t)$

　　　（2）$(2+6t)\mathrm{e}^{-2t}\ t>0$

　　　（3）$3\mathrm{e}^{-2t}-\mathrm{e}^{-t}$

　　　（4）$y_1(t)=\dfrac{2}{3}+\mathrm{e}^{-t}+\dfrac{1}{3}\mathrm{e}^{-3t}$

　　　　　$y_2(t)=\dfrac{1}{3}+\mathrm{e}^{-t}-\dfrac{1}{3}\mathrm{e}^{-3t}$

5-11　（1）$\dfrac{s^2}{s^2+s+1}$

　　　（2）$h(t)=\delta(t)-\mathrm{e}^{-\frac{t}{2}}\left[\cos\dfrac{\sqrt{3}}{2}t+\dfrac{1}{\sqrt{3}}\sin\dfrac{\sqrt{3}}{2}t\right]u(t)$

5-12　$\mathrm{e}^{-0.5t}\left(\cos\dfrac{\sqrt{3}}{2}t-\dfrac{1}{\sqrt{3}}\sin\dfrac{\sqrt{3}}{2}t\right)$，　$t>0$

5-13 $(\cos t - \cos 2t)u(t)$

5-14 $\dfrac{4s^3 + 15s^2 + 12s}{4s^2 + 16s + 16}$

5-15 $y_{zi}(t) = 3\mathrm{e}^{-t} - 2\mathrm{e}^{-2t}$

$y_{zs}(t) = (\mathrm{e}^{-t} - \mathrm{e}^{-2t} + \mathrm{e}^{-3t})u(t)$

5-16 $u(t)$

5-17 $\mathrm{e}^{-t} + 2\mathrm{e}^{-2t}$, $t > 0$

5-18 $k > -3$

5-19（1）不稳定　　　（2）稳定

第 6 章

6-1（1）$\dfrac{z}{z - \frac{1}{2}}$　　（2）$\dfrac{z}{z + \frac{1}{2}}$　　（3）$\dfrac{z}{z - \frac{1}{2}}$　　（4）$\dfrac{\frac{1}{2}}{z - \frac{1}{2}}$

（5）$1 + \dfrac{1}{2z} + \left(\dfrac{1}{2z}\right)^2$　　（6）$\dfrac{z^2 - \frac{\sqrt{2}}{2}z}{z^2 - \sqrt{2}z + 1}$　　（7）$1 - z^{-3}$　　（8）$1 + 3z^{-1}$

6-2（1）$\dfrac{z}{z+1}$　　（2）$\dfrac{z}{z-1}\left(\dfrac{z^4-1}{z^4}\right)^2$

6-3（1）$\dfrac{4z^2}{4z^2+1}$　　（2）$\dfrac{1}{(z-1)^2}$　　（3）$\dfrac{z^2}{z^2-1}$　　（4）$\dfrac{z^2(z+1)}{(z-1)^4}$

（5）$\dfrac{z+1}{(z-1)^3}$　　（6）$\dfrac{z^4 - 4z + 3}{z^3(z-1)^2}$

6-4（1）$f(k) = 2\left[1 - \cos\dfrac{\pi}{3}k\right]u(k)$　　（2）$f(k) = \dfrac{1}{4}[(-1)^k + 2k - 1]u(k)$

（3）$f(k) = \left[\dfrac{1}{2}(-1)^k - \dfrac{1}{2}\cos\dfrac{\pi}{2}k + \dfrac{1}{2}\sin\dfrac{\pi}{2}k\right]u(k-4)$

（4）$f(k) = (-1)^{k-6}u(k-6)$　　（5）$f(k) = (2k-1)u(k-1)$

（6）$f(k) = -\dfrac{1}{2}\delta(k) + \left[1 + \dfrac{1}{2}(-2)^k\right]u(k)$

6-5（1）$0,1,-2.5$　　（2）$2,5,31$　　（3）$0,1,2$

6-6（1）不能用　　（2）不能用

6-7（1）$a^{k-2}u(k-2)$　　（2）$\dfrac{1-a^k}{1-a}u(k)$　　（3）$\dfrac{b^{k+1}-a^{k+1}}{b-a}u(k)$

6-8（1）$y(k) = -\dfrac{1}{2} + \dfrac{1}{2}(-1)^k + 2^k$, $k \geqslant 0$　　（2）$y(k) = [0.05(3)^k - 0.25(-1)^k + 0.2(-2)^k]\varepsilon(k)$

（3）$y(k) = \dfrac{1}{6} + \dfrac{1}{2}(-1)^k - \dfrac{2}{3}(-2)^k$, $k \geqslant 0$　　（4）$y(k) = 1 + 0.9(0.9)^k$

6-9 $y_{zi}(k) = \dfrac{1}{2}(-1)^k - 2^k$, $y_{zs}(k) = \left[-\dfrac{1}{2} + \dfrac{1}{6}(-1)^k + \dfrac{4}{3}(2)^k\right]u(k)$

6-10　$(0.2)^{k-1}u(k-1)$

6-11（1）$H(z) = \dfrac{z^2}{z^2 - \dfrac{3}{4}z + \dfrac{1}{8}}$

（2）$h(k) = \left[2\left(\dfrac{1}{2}\right)^k - \left(\dfrac{1}{4}\right)^k \right]u(k)$

（3）$y(k) - \dfrac{3}{4}y(k-1) + \dfrac{1}{8}y(k-2) = x(k)$

（4）$g(k) = \left[-2\left(\dfrac{1}{2}\right)^k + \dfrac{1}{3}\left(\dfrac{1}{4}\right)^k + \dfrac{8}{3} \right]u(k)$

6-12（1）$h(k) = \dfrac{3}{2}\delta(k) - 2(-1)^k u(k) + \dfrac{1}{2}(-2)^k u(k)$

（2）$y(k+2) + 3y(k+1) + 2y(k) = x(k+1) + 3x(k)$

6-13　$y_{zs}(k) = 2k\left(\dfrac{1}{2}\right)^k u(k)$

6-14（1）$H(z) = \dfrac{\dfrac{1}{2}z}{z^2 - \dfrac{1}{2}z - \dfrac{1}{2}}$

（2）$y_{zi}(k) = \left[\dfrac{2}{3}\left(-\dfrac{1}{2}\right)^k + \dfrac{4}{3} \right], \quad k \geqslant 0$

（3）$y_{zs}(k) = \left[-\dfrac{3}{20}(-3)^k + \dfrac{1}{15}\left(-\dfrac{1}{2}\right)^k + \dfrac{1}{12} \right]u(k)$

6-15　$f(k) = \left[\dfrac{2}{3} + \dfrac{1}{3}\left(-\dfrac{1}{2}\right)^k \right]u(k)$

6-16（1）不稳定　　　　　　　　（2）稳定　　　　　　　　（3）临界稳定

第 7 章

7-1（a）$\begin{bmatrix} \dot{i}_L \\ \dot{v}_C \end{bmatrix} = \begin{bmatrix} -\dfrac{5}{2} & \dfrac{1}{2} \\ -\dfrac{3}{2} & -\dfrac{1}{2} \end{bmatrix} \begin{bmatrix} i_L \\ v_C \end{bmatrix} + \begin{bmatrix} 0 \\ \dfrac{1}{2} \end{bmatrix} [v_S]$

（b）$\begin{bmatrix} \dot{i}_L \\ \dot{v}_C \end{bmatrix} = \begin{bmatrix} -\dfrac{3}{2} & \dfrac{1}{2} \\ -1 & 0 \end{bmatrix} \begin{bmatrix} i_L \\ v_C \end{bmatrix} + \begin{bmatrix} 1 \\ 1 \end{bmatrix} [i_S]$

7-2　$\begin{bmatrix} \dot{v}_{C1} \\ \dot{v}_{C2} \\ \dot{i}_L \end{bmatrix} = \begin{bmatrix} -1 & 0 & -1 \\ 0 & -1 & 1 \\ 0.5 & -0.5 & 0 \end{bmatrix} \begin{bmatrix} v_{C1} \\ v_{C2} \\ i_L \end{bmatrix} + \begin{bmatrix} 1 \\ 0 \\ 0 \end{bmatrix} [v_S]$

7-3 $\begin{bmatrix} \dot{i}_{L1} \\ \dot{i}_{L2} \\ \dot{v}_C \end{bmatrix} = \begin{bmatrix} -2 & 0 & -1 \\ 0 & -3 & 3 \\ 2 & -2 & 0 \end{bmatrix} \begin{bmatrix} i_{L1} \\ i_{L2} \\ v_C \end{bmatrix} + \begin{bmatrix} 1 & 0 \\ 0 & -3 \\ 0 & 0 \end{bmatrix} \begin{bmatrix} v_{S1} \\ v_{S2} \end{bmatrix}$

7-4 （1） $\begin{bmatrix} \dot{x}_1 \\ \dot{x}_2 \end{bmatrix} = \begin{bmatrix} 0 & 1 \\ -4 & -3 \end{bmatrix} \begin{bmatrix} x_1 \\ x_2 \end{bmatrix} + \begin{bmatrix} 0 \\ 1 \end{bmatrix} [f]$

（2） $\begin{bmatrix} \dot{x}_1 \\ \dot{x}_2 \\ \dot{x}_3 \end{bmatrix} = \begin{bmatrix} 0 & 1 & 0 \\ 0 & 0 & 1 \\ -6 & -5 & -4 \end{bmatrix} \begin{bmatrix} x_1 \\ x_2 \\ x_3 \end{bmatrix} + \begin{bmatrix} 0 \\ 0 \\ 1 \end{bmatrix} [f]$

7-5 $\begin{bmatrix} \dot{x}_1 \\ \dot{x}_2 \\ \dot{x}_3 \\ \dot{x}_4 \end{bmatrix} = \begin{bmatrix} 0 & -4 & 1 & 0 \\ 0 & -5 & 1 & 0 \\ 0 & 0 & 0 & 1 \\ 0 & 0 & 0 & -2 \end{bmatrix} \begin{bmatrix} x_1 \\ x_2 \\ x_3 \\ x_4 \end{bmatrix} + \begin{bmatrix} 0 \\ 0 \\ 0 \\ 1 \end{bmatrix} [f]$

$[y] = \begin{bmatrix} 1 & 0 & 0 & 0 \end{bmatrix} \begin{bmatrix} x_1 \\ x_2 \\ x_3 \\ x_4 \end{bmatrix}$

7-6 并联各支路的积分器输出端信号从上往下分别设为 x_3, x_2, x_1，状态方程和输出方程分别为

$$\begin{bmatrix} \dot{x}_1 \\ \dot{x}_2 \\ \dot{x}_3 \end{bmatrix} = \begin{bmatrix} -5 & 0 & 0 \\ 0 & -2 & 0 \\ 0 & 0 & 0 \end{bmatrix} \begin{bmatrix} x_1 \\ x_2 \\ x_3 \end{bmatrix} + \begin{bmatrix} 1 \\ 1 \\ 1 \end{bmatrix} [f]$$

$$[y] = \begin{bmatrix} \dfrac{4}{3} & \dfrac{5}{6} & \dfrac{1}{2} \end{bmatrix} \begin{bmatrix} x_1 \\ x_2 \\ x_3 \end{bmatrix}$$

7-7 级联的积分器输出端信号分别设为 x_3, x_2, x_1，状态方程和输出方程分别为

$$\begin{bmatrix} \dot{x}_1 \\ \dot{x}_2 \\ \dot{x}_3 \end{bmatrix} = \begin{bmatrix} 0 & 1 & 0 \\ 1 & 0 & 0 \\ -6 & -5 & -4 \end{bmatrix} \begin{bmatrix} x_1 \\ x_2 \\ x_3 \end{bmatrix} + \begin{bmatrix} 0 \\ 0 \\ 1 \end{bmatrix} [f],$$

$$[y] = \begin{bmatrix} 5 & 4 & 0 \end{bmatrix} \begin{bmatrix} x_1 \\ x_2 \\ x_3 \end{bmatrix}$$